Juan Manuel Hernánde

SOCIOLINGÜÍSTICA BRITÁNICA

Introducción a la obra de Peter Trudgill

Primera edición: noviembre de 1993

© Derechos exclusivos de edición:
Ediciones OCTAEDRO, S.L.
Passeig Lluís Companys, 15, 3°, 1ª
08003 Barcelona
Tel.: 268 16 00 Fax: 268 40 23

ISBN: 84-8063-049-3
Depósito legal: B. 35.334-1993

Impresión: Limpergraf, S. A.
Encuadernación: Maro, S.A.

Impreso en España
Printed in Spain

ÍNDICE

AGRADECIMIENTOS

Las páginas de este libro ocultan la esmerada labor de una serie de personas que han influido decisivamente a su realización y a las que deseamos expresar nuestra gratitud. Queremos agradecer muy sinceramente a los profesores Rafael Monroy y Francisco Gutiérrez sus sugerencias a las versiones anteriores del manuscrito. De igual manera, queremos destacar a María Jesús Zapata, Domingo Beltrán y Antonio Bañón, por su fina observación y sus advertencias a propósito de las imprecisiones que el texto presentaba. Debemos confesar igualmente nuestra inmensa deuda y agradecimiento al profesor y amigo José María Jiménez Cano, mentor del proyecto, por sus consejos, su decisiva contribución y su aliento a lo largo de todo el proceso de realización del mismo. Indudablemente, la colaboración de todos ellos facilitará al lector la tarea de lectura. La presencia de cualquier imprecisión en la versión definitiva sólo podrá atribuirse al autor. Deseamos finalmente expresar nuestra gratitud al profesor Peter Trudgill por habernos transmitido todo su entusiasmo por la *Sociolingüística*.

Juan Manuel Hernández Campoy
Murcia, junio de 1993.

INTRODUCCIÓN

Peter Trudgill nació en Norwich, Inglaterra, en 1943, obtuvo su Licenciatura en Lenguas Modernas (B.A.) en la Universidad de Cambridge, y un Diploma en Lingüística y el Doctorado, con la tesis *The Social Differentiation of English in Norwich*, en la Universidad de Edimburgo en 1971. Fue Catedrático en el Departamento de Ciencia Lingüística en la Universidad de Reading hasta 1986; ha llevado a cabo trabajos de campo sociolingüísticos en Inglaterra, Grecia y Noruega, país éste último donde, al igual que en Suecia, Dinamarca, Alemania, Bélgica, Holanda, India, Japón, Hong Kong, Malawi, Tailandia, Canadá, Estados Unidos, Australia y Nueva Zelanda, ha ejercido como profesor. Desde 1986 hasta 1992 ha sido catedrático de Sociolingüística en el Departamento de Lengua y Lingüística de la Universidad de Essex, en Colchester (Inglaterra), donde ha estado impartiendo los cursos de **Variedades del Inglés**, **Sociolingüística**, e **Historia de la Lengua Inglesa**. Actualmente, Peter Trudgill es miembro de la Academia Británica (FBA), y desde Enero de 1993 desempeña labores docentes e investigadoras en la Universidad de Lausanne (Suiza).

Fue el pionero de la sociolingüística laboviana (conocida como *Lingüística Secular*) en el Reino Unido. Su investigación se centra en la *Sociolingüística* y *Dialectología*, especialmente en el mundo británico, y cubre aspectos tan interesantes como éstos: la sociolingüística del cambio lingüístico, el contacto de lenguas y dialectos, la lingüística geográfica, las minorías lingüísticas, la lingüística escandinava, la sociolingüística de los Balcanes, las variedades del inglés, incluyendo lenguas pidgins y criollas, y la historia de la lengua inglesa. Ha publicado con asiduidad en todas estas áreas —hasta 1992—: 16 libros, 39 artículos, 11 reseñas, 2 informes para el Consejo de Investigación de Ciencias Sociales (SSRC) y un informe para el Consejo de Investigación Económico y Social (ESRC) (*cf.* **BIBLIOGRAFÍA**). Por otra parte, es el Editor General de la serie *Language in Society* de la editorial Blackwell y pertenece al equipo editorial de las revistas *English World-Wide*, *Language Variation and Change*, *UEA Papers in Linguistics*, y de la muy reciente *International Journal of Applied Linguistics*.

El principal objetivo de este estudio es presentar la obra científica que Peter Trudgill ha desarrollado durante los últimos 25 años y en la que ha proyectado toda su experiencia y perspicacia. Es ciertamente lamentable que el pionero de la sociolingüística laboviana en Europa sea prácticamente desconocido en el mundo de la Sociolingüística Española. En efecto, por sorprendente que pueda parecer, no hay *ningún* trabajo de Trudgill traducido al español y las muy pocas referencias hechas sobre éstos, o están relacionadas con aspectos muy específicos e incluso superficiales de la *Sociolingüística*, o aparecen en traducciones al español de libros introductorios, escritos por investigadores británicos que no son, en absoluto, sociolingüistas, en el sentido trudgilliano del término; es decir, *practicantes* de la disciplina. Así que, el presente trabajo desea cubrir, en la medida de nuestras posibilidades, esta laguna, mediante la selección y presentación de las contribuciones más relevantes de Peter Trudgill. Será entonces, un estudio de naturaleza marcadamente descriptiva; de hecho, el posiblemente excesivo uso de citas a lo largo del trabajo encuentra su fundamentación tanto en nuestro deseo de cumplir lo más rigurosamente posible el **Reglamento 6.5.c** de la Universidad de Essex, referido, literalmente, al 'uso de medios sucios', como en nuestra intención de dejar al maestro expresar sus ideas por sí mismo. La 'columna vertebral' de esta presentación será, junto con la exhaustiva lectura y el análisis de sus trabajos escritos hasta 1992, su curso de **Sociolingüística** (LG432) del año académico 1990/91, impartido en la Universidad de Essex. Esta selección y presentación no exime, en modo alguno, de la lectura de la obra de Peter Trudgill, sino que más bien puede considerarse como una guía de lectura de la misma para aquellos que quieran profundizar más en el tema. En este sentido, queremos también pedir disculpas por cualquier posible omisión de aspectos relevantes presentes en sus trabajos, lo cual debe siempre atribuirse a nuestra falta de experiencia.

Además, el objetivo introductorio de este estudio justificaría la escasa presencia de conclusiones finales, que debieran, a nuestro entender, ser valoradas, fundamentalmente, como recordatorio sistemático de sus contribuciones.

En cuanto a la estructura de nuestro trabajo, hemos de decir que en el **Capítulo I** ofreceremos un bosquejo de los orígenes de la *Sociolingüística* en el marco de la Lingüística del siglo XX y una amplia selección de las diferentes definiciones encontradas en el corpus de trabajos de Peter Trudgill. En el **Capítulo II** discutiremos y delimitaremos este campo de estudio a través del análisis de las diferentes direcciones que, bajo la denominación *lenguaje* y *sociedad*, propone Trudgill. En el **Capítulo III** intentaremos clarificar algunos conceptos fundamentales a tener en cuenta en la corriente sociolingüística del estudio del lenguaje. En el **Capítulo IV** describiremos la metodología sociolingüística utilizada por Peter Trudgill en su tesis doctoral, que ha llegado a ser considerada como la primera aplicación a gran escala de los principios y métodos labovianos de investigación sociolingüística a una comunidad de habla en las Islas Británicas. En el **Capítulo V** daremos cuenta de los resultados e implicaciones teóricas de la correlación de parámetros lingüísticos, sociológicos y contextuales. En el **Capítulo VI** nos detendremos en un fenómeno 'fascinante y enigmático' de la naturaleza intrínseca del lenguaje: el cambio lingüístico y su difusión. La **Conclusión** intentará responder a la pregunta relativa a cuáles son las contribuciones de Peter Trudgill a la *Lingüística*, en general, y a la *Sociolingüística*, en particular. El **Apéndice** contiene una entrevista con el profesor Peter Trudgill mantenida en el Departamento de Lengua y Lingüística de la Universidad de Essex. El **Glosario** es un breve diccionario de términos relacionados con el campo de la *Sociolingüística*. La **Bibliografía**, antes de enumerar todas las referencias aparecidas a lo largo de nuestro trabajo, ofrece nuestra clasificación del corpus de trabajos de Peter Trudgill según diferentes temas generales.

Finalmente, no queremos olvidarnos de subrayar el hecho de que esta presentación en España de la obra de Peter John Trudgill también tiene como propósito ser un homenaje no sólo a sus 25 años de trabajo en la **Ciencia Lingüística**, siempre dispuesto a compartir su sabiduría con todos nosotros, sino también a él mismo como SER HUMANO, con mayúsculas.

Capítulo I:

ORÍGENES Y DEFINICIÓN DE LA SOCIOLINGÜÍSTICA

«Debo expresar mi especial agradecimiento a William Labov, quien lo empezó todo, y de quien he aprendido mucho.»

Peter Trudgill (1974 a: ix)

I.1. ORÍGENES DE LA SOCIOLINGÜÍSTICA

Dentro del campo de acción del estudio científico del lenguaje, la ***Sociolingüística*** es una disciplina relativamente nueva que se ha desarrollado, como área con autonomía propia, en especial durante los últimos treinta años. Sus orígenes, por simplificarlos de algún modo, se encuentran en el contexto del *idiolecto*, en las nociones estructuralistas de *langue/parole* (lengua/habla) y *diacronía/sincronía* postuladas por Ferdinand de Saussure, en las posteriores nociones generativistas de *competencia/actuación* propuestas por Noam Chomsky, y en las teorías y metodologías de la tradición dialectológica.

Langue está directamente relacionada con la *lingüística interna*, o **microlingüística**, que solamente se ocupa de la estructura de los sistemas lingüísticos y trabaja con la **Fonología**, **Morfología**, **Sintaxis** y **Semántica** como niveles de análisis. *Parole* está directamente relacionada con la *lingüística externa*, o **macrolingüística**, que se ocupa del lenguaje en un sentido amplio: se interesa por la adquisición y uso del lenguaje, la interdependencia de la cultura, la sociedad y la lengua, los mecanismos implicados en el comportamiento de la lengua, etc. (Lyons 1981: 36). La sistemática homogeneidad de la noción saussureana de 'lengua' está relacionada con la *competencia* chomskyana, centrada en «el hablante-oyente ideal que domina su lengua perfectamente en una comunidad de habla completamente homogénea...» (Chomsky 1965 : 3), mientras que 'habla' está relacionada con *actuación*, concepto relacionado con las expresiones concretas producidas por los hablantes en situaciones reales, independientemente del sistema abstracto de reglas. Las lenguas fueron vistas como sistemas autosuficientes, autónomos y coherentes, y los lingüistas sólo estaban interesados en los rasgos formales de una lengua idealizada (Stern 1983 : 218). En otras palabras, en el pasado los lingüistas se centraron en la **microlingüística**, la sistemática homogeneidad de la *lengua* y la *competencia* del hablante, ignorando deliberadamente el nivel **macrolingüístico** con el *habla* regularmente heterogénea y la *actuación* del hablante. La noción bloomfieldiana de *variación libre* servía para explicar cualquier tipo de variabilidad lingüística.[1]

Peter Trudgill[2] relaciona la *Dialectología Tradicional* con los orígenes de la *Sociolingüística*, siendo la segunda una derivación urbana de la tradición dialectológica rural (véase **II.3.1** y **II.3.2**). De esta manera, cabe hablar, como muy bien indica Keith Walters (1988 : 120), de una transformación en los cometidos teóricos: del estudio de los dialectos y de su descripción, se pasa al estudio del dialecto y de su naturaleza. Trudgill ofrece una valoración general de las insuficiencias que los movimientos teórico-lingüísticos anteriores tuvieron al ignorar el contexto social, la dimensión social del lenguaje:

---

1. Para un desarrollo histórico más pormenorizado de la *Sociolingüística* como disciplina lingüística, véase William Labov (1972 a), «Introduction» en John J. Gumperz y Dell Hymes (eds) (1972), Roger T. Bell (1976), W. Nelson Francis (1983), etc. Las introducciones generales a esta disciplina son muy numerosas a nivel internacional: John Pride & Janet Holmes (1972), Pier Paolo Giglioli (ed) (1972), Richard Anthony Hudson (1980), Peter Trudgill (1983 a), William Downes (1984), Ralph Fasold (1984), Ronald Wardhaugh (1986), Ulrich Ammon, Norbert Dittmar y Klaus Mattheier (eds)(1987/1988), Lesley Milroy (1987), Frederick Newmeyer (ed)(1988, vol. IV), Ralph Fasold (1990), Janet Holmes (1992), entre otros. Dentro del ámbito hispánico destacan las de Oscar Uribe Villegas (1970), Paul Garvin y Yolanda Lastra (eds) (1974), Francisco Abad Nebot (1977), Humberto López Morales (1978), Beatriz Lavandera (1984), Francisco Moreno Fernández (1988), Karmele Rotaetxe Amusategi (1988), Carmen Silva Corvalán (1988), Humberto López Morales (1989), Francisco Gimeno Menéndez (1990), Francisco Moreno Fernández (1990) y Francisco García Marcos (1993).

2. Cf. Jack K. Chambers y Peter Trudgill (1980: Capítulos 2 y 3) y Trudgill (1983 a: pp. 37-39).

> 'Todo el mundo sabe que el lenguaje es variable', dijo Edward Sapir en 1925. Sin embargo, a lo largo de la historia de la lingüística, los lingüistas han tendido a actuar como si no lo fuera. La mayor parte de las teorías han partido de la asunción de que la variabilidad en el lenguaje es inmanejable, o poco interesante, o ambas cosas. Por consiguiente, ha habido una tendencia a rehuir los datos variables que los lingüistas encontraban inevitablemente para comenzar el análisis en un 'nivel' algo más homogéneo.
>
> *J.K. Chambers y P.J. Trudgill (1980 : 145)*

El hecho de que «si no todas, la mayoría de las comunidades de habla sean más o menos heterogéneas desde el punto de vista social y lingüístico» es una realidad que hace las cosas mucho más difíciles para cualquier lingüista que desee describir una variedad particular (Trudgill 1983 a: 37). Y así, durante muchos años, los lingüistas decidieron obviar las causas y consecuencias de esta compleja situación, y concentraron sus esfuerzos en el estudio del *idiolecto*, y del habla de informantes rurales, concretamente de ancianos con deficiente educación escolar y escasa experiencia de viajes, o de pequeños pueblos aislados, siempre a la búsqueda obsesiva de los dialectos 'puros' o 'reales'. Pero, evidentemente, el idiolecto, «el habla de una persona concreta en un momento y estilos concretos», no puede ser, precisamente, más regular que el habla de la comunidad como conjunto y, por otra parte, el dialecto homogéneo, 'puro' o 'real', resulta ser una quimera:

> Resulta que el dialecto homogéneo 'puro' es en gran medida un concepto mítico: toda lengua está sujeta a diferenciación estilística y social, porque todas las comunidades humanas se diferencian funcionalmente y son heterogéneas en diferentes grados. Todas las variedades de lengua también están sujetas a cambios. Hay, por tanto, un elemento de diferenciación incluso en el más aislado y conservador dialecto rural.
>
> *Peter Trudgill (1983 a: 37)*

Poco a poco, los dialectólogos se concienciaron de su error: investigando sólo el habla de este tipo de informantes estaban obteniendo una inexacta e imperfecta descripción del habla de diferentes áreas. De hecho, jóvenes hablantes nativos de una particular región a menudo se sorprendían al descubrir que el habla grabada en estudios de campo de su región por dialectólogos era completamente ajena a algo que pudiera parecerles familiar (Chambers y Trudgill 1980).

Un sistema lingüístico monolítico era, por consiguiente, incapaz de explicar el hecho de que la estructura social pudiera mantener alguna relación *causal* con esas variaciones presentes en el lenguaje (López Morales 1989: 21). Hubo una reacción lógica contra este modelo teórico que tuvo como consecuencia un cambio fundamental: de la noción de comunidad de habla *sistemáticamente homogénea* se pasa a la noción de comunidad de habla *regularmente heterogénea* (cf. Weinreich, Labov y Herzof 1968 : 100):

> Sólo recientemente ha habido un movimiento significativo a favor de analizar la variabilidad misma, y cada vez más lingüistas se están percatando de que la variabilidad no es sólo interesante sino que también puede ser manejable e integrada en la teoría lingüística.
>
> *J.K. Chambers y P.J. Trudgill (1980: 145)*

Además de la dimensión geográfica, los dialectólogos comenzaron a incorporar una dimensión social en sus descripciones lingüísticas. Después de la Segunda Guerra Mundial, observaron que, limitando los estudios dialectales a áreas rurales, estaban ignorando el habla de la inmensa mayoría de la población; esto es: el habla de las grandes áreas urbanas, difícilmente investigables aplicando los métodos de la tradicional dialectología rural:

> Sin embargo, como ya hemos indicado, el lenguaje ciertamente es un fenómeno social. Un estudio del lenguaje sin hacer referencia en absoluto a su contexto social inevitablemente conduce a la omisión de algunos de los aspectos más complejos e interesantes del lenguaje y a la pérdida de oportunidades para un mayor progreso teórico. Uno de los principales factores que ha conducido al desarrollo de la investigación sociolingüística ha sido el reconocimiento de la importancia de que el lenguaje es un fenómeno muy variable, y que esta variabilidad puede tener que ver tanto con la sociedad como con el lenguaje. Una lengua no es un código sencillo y único utilizado del mismo modo por todo el mundo en todas las situaciones, y la lingüística ha llegado ya a un punto en el que es tanto posible como beneficioso el comenzar a abordar esta complejidad.
>
> *Peter Trudgill (1983 a: 32)*

Fue principalmente desde los años sesenta cuando, gracias a la colaboración de científicos sociales y a la presunción de la naturaleza heterogénea de las comunidades lingüísticas, algunos lingüistas se interesaron por la tan olvidada **macrolingüística**, la *lingüística externa*, y se decidieron a acometer las complejas realidades del uso de la lengua en la sociedad, utilizando los niveles de análisis microlingüísticos (**fonología**, **morfología**, **sintaxis**, y **semántica**) como variables lingüísticas. De este modo, la Dialectología Urbana apareció combinando una función tanto lingüística como social:

> Aquellos dialectólogos urbanos que reconocieron que así era la realidad se vieron forzados, por tanto, a dilucidar cómo tenían que describir, de manera *completa* y *precisa*, el habla de grandes ciudades, y fue en respuesta a este problema por lo que la dialectología urbana, con el tiempo, llegó a ser sociolingüística (sociológica y lingüística, concretamente).
>
> *Peter Trudgill (1983 a: 38)*

El siguiente cuadro resume la orientación teórica básica que preside los orígenes de esta disciplina:

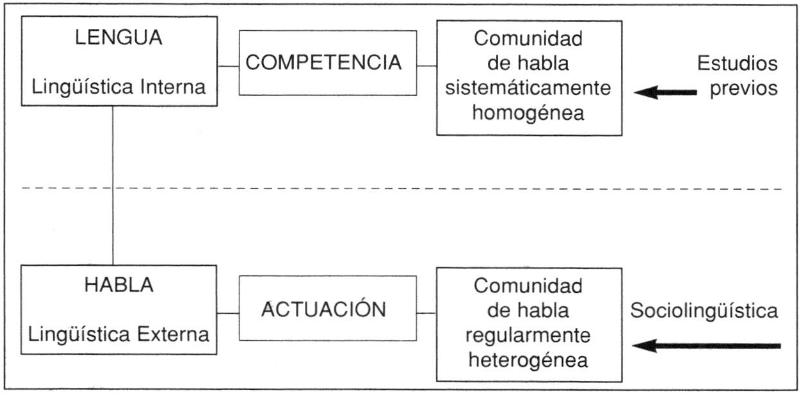

Desde un punto de vista histórico, la aplicación de técnicas sociológicas a material lingüístico supuso un avance significativo en el estudio científico del lenguaje, puesto que no sólo se reconoció la diversidad lingüística sino que también se desarrolló una metodología para tratarla (Trudgill 1974 a: 2). La **Sociolingüística** comenzó a desarrollarse como un campo de estudio distinto, con un gran número de simposios y conferencias[3] celebradas y con un constante aumento de la literatura sociolingüística tanto en forma de libros como de artículos de revistas: William Labov (1963) *The Social Motivation of a Sound Change*, Dell Hymes (1964) *Language in Culture and Society*, J.O. Hertzler (1965) *The Sociology of Language*, William Bright (1966) *Proceedings of the UCLA Sociolinguistics Conference*, William Labov (1966) *The Social Stratification of English in New York City*, A. Capell (1966) *Studies in Sociolinguistics*, Joshua Fishman (1968) *Readings in the Sociology of Language*, Peter Trudgill (1971) *The Social Differentiation of English in Norwich*, John Gumperz y Dell Hymes (1972) *Directions in Sociolinguistics*, John Pride y Janet Holmes (1972) *Sociolinguistics*, Pier Paolo Giglioli (1972) *Language and Social Context*, Charles James Bailey y Roger Shuy (1973) *New Ways in Analyzing Variation in English*, Dell Hymes (1974) *Foundations in Sociolinguistics*, y muchos otros. En 1972 también apareció, como revista especializada en este campo de estudio, *Language in Society*, editada por Dell Hymes, y dos años más tarde *The International Journal of the Sociology of Language*, con Joshua Fishman como editor general.

El mayor impulso técnico epistemológico a «este movimiento favorable a analizar la variabilidad misma» vino dado, como hemos indicado antes, por dialectólogos urbanos, especialmente por el norteamericano William Labov, «quien lo empezó todo», teórica y metodológicamente hablando, con su trabajo empírico *The Social Stratification of English in New York City* (1966) y su posterior *Sociolinguistic Patterns* (1972). Asumiendo que «si no todas, la mayoría de las comunidades de habla son más o menos heterogéneas lingüística y socialmente» y que la variación lingüística está socialmente condicionada, William Labov «aplicó una metodología sociológica a una comunidad lingüística heterogénea con resultados que tuvieron diversas

---

3. En 1964 hubo una **Conferencia sobre Sociolingüística** (del 11 al 13 de Mayo) patrocinada por el UCLA Center for Research in Languages and Linguistics. Esta fue probablemente la primera conferencia centrada en el campo de *Sociolingüística* que estaba teniendo un vertiginoso desarrollo. Las ponencias de esta conferencia fueron publicadas por William Bright en 1966 en su *Sociolinguistics: Proceedings of the UCLA Sociolinguistics Conference, 1964*, La Haya: Mouton.

e importantes implicaciones teóricas para la Lingüística» (Trudgill 1974 a: pp. 2-3). La metodología laboviana, etiquetada como *lingüística secular*[4] por él mismo, se basa en el trabajo empírico sobre la lengua tal y como ésta es hablada en su contexto social, tal y como es realmente utilizada en la vida de cada día. Su interés radica en el progresivo conocimiento de determinados fenómenos lingüísticos; por ejemplo, los mecanismos del cambio lingüístico, la naturaleza de la variabilidad lingüística, y la estructura de los sistemas lingüísticos (Trudgill 1978 b: 11).

Si William Labov fue el primer practicante en los Estados Unidos[5] de este nuevo campo de estudio ocupado de la variación lingüística, en el Reino Unido fue Peter John Trudgill, claramente alineado con la nueva metodología de estudio laboviana, quien apareció como el complemento británico para esta *Lingüística Secular*, a la que él llama 'sociolingüística auténtica', con sus trabajos *The Social Differentiation of English in Norwich*[6] y *Sociolinguistic Patterns in British English.*[7] Este claro alineamiento con la sociolingüística laboviana no debe interpretarse en modo alguno como ausencia de aportaciones teórico-metodológicas propias. En realidad, su obra, según él mismo confiesa,[8] es una síntesis de la corriente británica de Bob Le Page y de la metodología norteamericana de William Labov.

---

4. *Lingüística Secular* en el sentido de lingüística 'del mundo real', empírica, en lugar de lingüística 'de sillón', teórica, intuitiva e introspectiva. «Sin embargo, el término no se hizo popular entre los lingüistas en ninguna parte y según parece ha sido ya abandonado (probablemente porque, en su uso más común, el término 'secular' implica el complementario de lingüística 'eclesiástica', que difícilmente parece posible)» (Chambers y Trudgill 1980 : 207). Véase **II.3.2.**

5. Para una guía bibliográfica crítica sobre la Sociolingüística en los Estados Unidos, véase el trabajo de Francisco Moreno Fernández (1988).

6. Su Tesis Doctoral (1971) por la Universidad de Edimburgo dirigida por Bill Jones y Jim Mather y publicada por Cambridge University Press en 1974. William Labov publicó su *The Social Stratification of English in New York City* en 1966 y Peter Trudgill comenzó a trabajar en su tesis en 1967.

7. El mismo Peter Trudgill admite la influencia laboviana en su Sociolingüística y el uso deliberado del título del libro de Labov, *Sociolinguistic Patterns*, para su *Sociolinguistic Patterns* in *British English*: «La influencia de la obra de Labov, además, es evidente desde el principio hasta el final, y es un reconocimiento de ésto el que el título de este trabajo incluya el título del propio libro de Labov, *Sociolinguistic Patterns*» (Trudgill 1978 b: 12).

8. Comunicación personal (véase **APÉNDICE**).

I.2. DEFINICIÓN DE LA *SOCIOLINGÜÍSTICA*

Una vez que la ***Sociolingüística*** ha sido ubicada, muy a grandes rasgos, dentro de la historia de la Lingüística del siglo XX y justificada su existencia por la importante necesidad de estudios socialmente *contextualizados,*[9] es necesario perfilar la definición que caracteriza su campo de estudio. Como Kingsley Bolton (1992 : 8) indica, desde sus comienzos, la ***Sociolingüística*** ha tenido que hacer frente a toda una serie de problemas relacionados con su definición, cuestionándose incluso su estatus como campo de estudio. Así, unos, más reticentes, la consideran como una 'tentativa' interdisciplinar; otros, una disciplina como tal con identidad propia; otros como una parte de la Lingüística General; y otros, más radicales, como el núcleo central de toda la Lingüística —argumentando que 'toda la sociolingüística es lingüística y toda la lingüística es sociolingüística'—. Para William Labov (1972 a), por ejemplo, la Sociolingüística es «el estudio del lenguaje en su contexto social»; para Richard Anthony Hudson (1980) la dimensión social es también evidente: «el estudio del lenguaje en conexión con la sociedad»; Beatriz Lavandera (1988), por otro lado, hace explícita la dimensión cultural de la disciplina, a la que define como «el estudio del lenguaje en su contexto socio-cultural». Si examinamos el corpus de trabajos de Peter Trudgill, desde su primera publicación hasta el presente,[10] podemos seleccionar cinco definiciones explícitamente formuladas de la noción de este campo lingüístico. En esas definiciones pueden observarse cuatro características inherentes a la disciplina:

1) Es una ciencia:

> La sociolingüística es la ciencia que se ocupa de la relación entre lenguaje y sociedad.
>
> *Peter Trudgill (1984 a: vii)*

---

9. Frente a los estudios previos socialmente *descontextualizados*.

10. Su primera publicación se remonta a 1972, «Sex Covert Prestige and Linguistic Change in the Urban British English of Norwich», en *Language in Society*, vol. 1, 1972, pp. 179-195. Su último trabajo realizado hasta el momento es *Introducing Language and Society*, Harmondsworth, Inglaterra: Penguin Books, 1992.

2) Es una rama de la Lingüística, como puede encontrarse en casi todas sus definiciones; en su opinión, si la ***Sociolingüística*** es algo, es un tipo de *Lingüística*; en palabras de Labov, «una forma de hacer lingüística».

3) Mira al lenguaje como fenómeno social y cultural:

> La sociolingüística, entonces, es esa parte de la lingüística que se ocupa del lenguaje como fenómeno social y cultural.
>
> *Peter Trudgill (1983 a: 32)*

4) Estudia el lenguaje en su contexto social, en situaciones de la vida real, por medio de la investigación empírica:

> La sociolingüística es un área de estudio que se ocupa de cómo los seres humanos usan realmente el lenguaje en la interacción social de sus vidas diarias.
>
> *Peter Trudgill (1984 a: ix)*

5) Está relacionada con la metodología y contenidos de las ciencias sociales, principalmente la Antropología Social y la Sociología:

> ... esa parte de la lingüística que de algún modo está relacionada con la metodología y/o contenidos de las ciencias sociales (principalmente la antropología social y la sociología).
>
> *Peter Trudgill (1972 b: 306)*

Para Peter Trudgill, en última instancia, lo que la ***Sociolingüística*** *es* queda claramente definido en los siguientes términos: «La sociolingüística puede ser caracterizada como esa área de la lingüística que se ocupa de las relaciones entre el lenguaje y la sociedad, y de los estudios hechos de las lenguas en su contexto social (más que en despachos y laboratorios).» (Trudgill 1975 c: 28).

La controversia, en este área de estudio, llega con el término empleado, *sociolingüística*, dado que «significa muchas cosas diferentes para mucha gente diferente». Los límites entre '*lenguaje y sociedad*' y '***sociolingüística***' han sido entendidos y trazados en diferentes puntos por diversos autores, y por tanto los objetivos varían considerablemente, dando lugar a una amplia gama de orientaciones teóricas en el ámbito de las relaciones entre el *lenguaje* y la *sociedad*.

Capítulo II:

DIRECCIONES EN LENGUAJE Y SOCIEDAD

> *«... si bien todo el mundo estaría de acuerdo en que la sociolingüística tiene* ***algo*** *que ver con lenguaje y sociedad, también es cierto que no está relacionada con* ***todo*** *lo que pudiera ser considerado 'lenguaje y sociedad'. El problema, por tanto, reside en el trazado de la línea entre* ***lenguaje y sociedad****, y* ***sociolingüística****. Obviamente, diferentes académicos trazan la línea en diferentes puntos.»*
>
> Peter Trudgill (1978 b: 1)

Las diferentes direcciones dentro del espectro de *lenguaje* y *sociedad* han sido motivo de desavenencias que afectan a la aceptación del nombre de la disciplina y, por tanto, a la interpretación pertinente a propósito de su potencial cobertura teórico-práctica y de su verdadera homogeneidad; así lo ha subrayado Peter Trudgill en diversas ocasiones (*cf.* Trudgill 1978 b y 1983 b). Durante muchos años William Labov se opuso al término 'sociolingüística', considerado por él un «uso de algún modo engañoso de un término curiosamente redundante» (Labov 1972 a : 183), «puesto que implica que puede haber una teoría o práctica lingüística exitosa que no sea social» (Labov 1972 a : xix).[11] Pero, si bien Trudgill opina que, «llámese o no a algo *sociolingüística*, en último extremo, no importa mucho», lo cierto es que admite que el término como tal, causa problemas de interpretación entre los especialistas de este campo: «es un término que significa muchas cosas dife-

11. Labov pensaba que esta disciplina, en verdad, debería haberse llamado simplemente *lingüística* en lugar de *sociolingüística*.

rentes para mucha gente diferente».[12] Ahora bien, ¿por qué 'sociolingüística' resulta ser un concepto tan polisémico? Según él, los lingüistas no tienen en cuenta el hecho de que la relación entre *Sociolingüística*, como disciplina, y *lenguaje* y *sociedad*, como espectro, no es bidireccional, ya que, si bien toda la *sociolingüística* es *lenguaje y sociedad*, no todo el *lenguaje y sociedad* es *sociolingüística*:

> La dificultad del término *sociolingüística*, entonces, radica en que es un término que significa muchas cosas diferentes a mucha gente diferente. Esta multiplicidad de interpretaciones se debe probablemente al hecho de que, si bien todo el mundo estaría de acuerdo en que la sociolingüística tiene **algo** que ver con lenguaje y sociedad, también es cierto que no está relacionada con **todo** lo que pudiera ser considerado 'lenguaje y sociedad'. El problema, por tanto, reside en el trazado de la línea entre **lenguaje y sociedad** y **sociolingüística**. Obviamente, diferentes académicos trazan la línea en diferentes puntos.
>
> *Peter Trudgill (1978 b: 1)*

Las razones que Peter Trudgill da para mantener este argumento tienen su fundamento en cómo varían los *objetivos* de los investigadores de este campo, aun utilizando los mismos datos e incluso la misma metodología, puesto que una cosa es investigar las relaciones entre *lenguaje* y *sociedad* con el propósito de una mayor comprensión de la estructura y naturaleza del lenguaje y cómo las lenguas funcionan en la interacción social, y otra cosa muy diferente es investigar esas relaciones con el fin de comprender mejor la sociedad. Así que, atendiendo a los *objetivos*, según él, es posible dividir los estudios de *lenguaje* y *sociedad* en tres grupos:

---

12. De hecho, afirma que la transcendencia que el término *sociolingüística* tiene en Europa, concretamente en Alemania, es diferente de la que tiene en los Estados Unidos y Gran Bretaña (Trudgill 1983 b: 1). Según él, la Sociolingüística Alemana tradicionalmente ha estado mucho menos orientada al tipo de trabajo laboviano que la Sociolingüística Británica; muchos académicos en Alemania, que se consideran a sí mismos como *sociolingüistas*, estaban muy interesados en el trabajo de Basil Bernstein, a pesar de que éste no es en absoluto un lingüista (véase **II.1**), y si la *Sociolingüística* es algo, es un tipo de Lingüística (comunicación personal; véase **APÉNDICE**). Según Stephen Barbour y Patrick Stevenson (1990 : 20), la Sociolingüística en Alemania se centró inicialmente en problemas de interés más social o político que propiamente lingüístico como era, por ejemplo, la crisis del sistema educativo alemán, que provocó el interés por Bersntein para su solución.

• **Objetivos Sociológicos:** aquellos estudios en los que los objetivos son completamente sociológicos, o científico-sociales: la *Etnometodología.*

• **Objetivos Sociológicos y Lingüísticos:** aquellos estudios en los que los objetivos son en parte sociológicos y en parte lingüísticos. Él incluye aquí: la *Sociología del Lenguaje*, la *Psicología Social del Lenguaje*, la *Lingüística Antropológica*, el *Análisis del Discurso*, y la *Etnografía de la Comunicación.*

• **Objetivos Lingüísticos:** aquellos estudios en los que los objetivos son puramente lingüísticos: la *Dialectología Tradicional*, la *Lingüística Secular*, y la *Geolingüística.*

De este modo, diferencia aquellos estudios que considera sociolingüísticos por naturaleza (utilizan datos sociológicos para fines lingüísticos, o ambos) de aquellos que claramente no lo son, puesto que utilizan datos lingüísticos sólo con fines sociológicos:[13]

> Y pienso que probablemente podemos estar de acuerdo en que llegamos a un punto en el que los datos lingüísticos se utilizan para hablarnos no sobre el lenguaje sino sólo sobre la sociedad, éste es el punto entonces en el que, a pesar de que el juicio lingüístico podría ser útil al sociólogo, el estudiante de lenguaje y sociedad y el estudio de la sociolingüística tienen que admitir que están haciendo cosas diferentes.
>
> *Peter Trudgill (1983 b: 6)*

A continuación, en las secciones **II.1, II.2** y **II.3**, procederemos a discutir los tres objetivos diferentes dentro de la ***Sociolingüística*** y a describir sus diferentes subáreas de estudio, no con la intención de reproducir contenidos, que, por otra parte, serían fácilmente localiza-

---

13. Una visión crítica de la Sociolingüística desde el punto de vista de la Sociología, enfatizando el lado sociológico más que el lingüístico de la disciplina, es el trabajo de Glyn Williams (1992). Karol Janicki (1990) ofrece una visión crítica aplicando el pensamiento de Karl Popper. Una visión del campo de *lenguaje y sociedad* desde un punto de vista marxista es el ofrecido por Jean Baptiste Marcellesi y Abdou Elimam (1987). Trabajos que se ocupan de las nuevas perspectivas en la *Sociolingüística* son los de Nessa Wolfson (1987), y Kingsley Bolton y Helen Kwok (eds) (1992).

bles en manuales generales y monografías, sino de mostrar los aspectos más relevantes, según Peter Trudgill, dentro del campo de estudio de cada subdisciplina. Algunos de estos aspectos estarán basados en referencias que él hace en sus trabajos, y otros, probablemente la mayoría, en su Curso de Sociolingüística, impartido en el año académico 1990/91 en la Universidad de Essex, Reino Unido. Al final de cada subárea descrita, incluiremos alguna bibliografía monográfica, que puede resultar de interés al lector de este libro.

II.1. OBJETIVOS SOCIOLÓGICOS: LA ETNOMETODOLOGÍA

Este es el grupo que Peter Trudgill (1978 b: 2) considera como «estudios de lenguaje y sociedad que son puramente científico-sociales en su propósito», y por tanto sin objetivos lingüísticos. Incluye en esta categoría tanto la *Etnometodología* como la obra de Basil Bernstein, catedrático de Sociología de la Educación en el Instituto de Educación de la Universidad de Londres y persona muy influyente entre los sociolingüistas alemanes, de H. Garfinkel y de R. Turner. La *Etnometodología* es, según Trudgill, «un modo de hacer la etnografía o sociología que estudia el razonamiento práctico de la gente y el conocimiento del sentido común de su sociedad y el modo en que funciona». Esta disciplina trabaja empleando datos lingüísticos, describe cómo es utilizada la lengua en la interacción social (particularmente la *conversación* pero no el *habla*), y no para hablarnos sobre el lenguaje sino sobre la sociedad, lo que hace evidente el hecho de que no pueda considerarse como un área sociolingüística:

> En líneas generales, sin embargo, parece claro que la etnometodología, a pesar de que pueda ocuparse del lenguaje y la sociedad, es bastante evidente que no es lingüística, y por tanto tampoco sociolingüística. El lenguaje ('la conversación') se utiliza como dato, pero los objetivos son completamente científico-sociales. Lo importante es usar los datos lingüísticos para alcanzar el conocimiento social que hay tras él, no para fomentar nuestro entendimiento sobre el lenguaje.
>
> *Peter Trudgill (1983 b: 4-5)*

La *Etnometodología* coincide en parte con algunos aspectos del *Análisis del Discurso* relacionados con la conversación; la diferencia reside en los objetivos: sociológicos en la primera y sociológico-lingüísticos en la segunda. Por ejemplo, a pesar de no haber una conexión lingüística evidente entre la pregunta de **A** y la respuesta de **B**, una secuencia conversacional como la siguiente es indudablemente una fracción de discurso perfectamente coherente:

A: *Are you going to work tomorrow?*	**A:** *¿Vas a trabajar mañana?*
B: *I'm on jury duty.*	**B:** *Tengo que ejercer como jurado.*

donde la proposición conocida tanto por **A** como por **B**, el que la respuesta de **B** pueda percibirse como una aseveración, es que a la gente que tiene que ejercer de jurado no le está permitido trabajar (Trudgill 1978 b: 6). En un ejemplo como este, la *Etnometodología* se interesaría por el estudio del *contenido* de la proposición y el conocimiento del mundo del hablante, mientras que el *Análisis del Discurso* se interesaría por la *forma* de la regla del discurso en sí y por la *realidad* de la proposición (cf. Trudgill 1978 b y 1983 b).

La incorporación a las descripciones o a las gramáticas de todo lo que los hablantes saben acerca del mundo en que están inmersos sería una tarea imposible. La *Etnometodología*, por tanto, no puede considerarse como un área lingüística en *lenguaje y sociedad*.[14]

II.2. OBJETIVOS SOCIOLÓGICOS Y LINGÜÍSTICOS:

Este es el grupo que Peter Trudgill considera compuesto de «estudios de lenguaje y sociedad que son, en niveles variables, tanto sociológicos como lingüísticos en su propósito» (Trudgill 1978 b: 4). Es en este

14. Para más detalles sobre la *Etnometodología*, véase H. Garfinkel (1967), R. Turner (ed) (1974), G. Psathas (ed) (1979), K. Leiter (1980) y Jürgen Streeck (1987), entre otros.

terreno donde los investigadores vacilan más a la hora de situar la línea divisoria entre *lenguaje y sociedad* y ***Sociolingüística:*** «... algunos investigadores incluirían toda esta categoría dentro de la sociolingüística; otros la excluirían en su totalidad; y otros incluirían algunas áreas pero no todas» (Trudgill 1983 b: 3). De hecho, dentro de este segundo grupo hay una serie de áreas de estudio que de algún modo coinciden en determinados aspectos.

Como campos de estudio sociolingüísticos con objetivos sociológicos y lingüísticos, discutiremos los siguientes: la *Sociología del Lenguaje*, la *Psicología Social del Lenguaje*, la *Lingüística Antropológica*, el *Análisis del Discurso* y la *Etnografía de la Comunicación.*

II.2.1. *LA SOCIOLOGÍA DEL LENGUAJE*

«Se ocupa del estudio de quién habla qué lengua (o variedad) con quién, y con la aplicación de estos descubrimientos a problemas sociales, políticos y educativos» (Trudgill 1983 a: 32-33), y está asociada principalmente con el trabajo de Joshua Fishman. Esta disciplina trata temas como la *planificación lingüística*, el *bilingüismo*, la *diglosia*, el *repertorio verbal*, el *cambio de código*, la *lealtad lingüística*, etc., aunque a veces coincide en parte con aspectos del *Análisis del Discurso*, la *Lingüística Antropológica* y la *Psicología Social del Lenguaje*. La *planificación lingüística* ha venido a ser una actividad gubernamental, o cuasi gubernamental, diseñada para solucionar los problemas de las comunidades multilingües por medio del estudio de las diferentes lenguas o dialectos que utilizan, y del posterior desarrollo de políticas relacionadas con la selección y uso de esas diferentes lenguas. Una de esas actividades se ocupa, por ejemplo, de un problema que llegó a ser de gran importancia para los profesores y para todos aquellos que, de una manera u otra, estaban implicados en la política educativa a finales de los sesenta y principios de los setenta, no sólo en el Reino Unido y Estados Unidos, sino también en muchos otros lugares (por ejemplo, en los países en vías de desarrollo): *qué* lengua o lenguas deberían utilizarse como medio de enseñanza en las escuelas de naciones con más de una variedad de habla (John Platt

1977). Todo esto debe entenderse en el contexto de las nuevas perspectivas basadas en datos empíricos que surgieron con la corriente sociolingüística: los lingüistas se dieron cuenta de que todas las variedades son dignas de investigación y que las no estándares no son precisamente desviaciones de la estándar. El trabajo pionero sobre este tema fue llevado a cabo por lingüistas norteamericanos tales como William Labov, Roger Shuy, Ralph Fasold y Walt Wolfram. En el Reino Unido, Peter Trudgill también contribuyó a la solución de este problema de los dialectos no estándares en la enseñanza principalmente con su *Accent, Dialect and the School* (1975).[15] Estos problemas educativos están relacionados con las dificultades que los niños hablantes de BVE[16] y otros niños hablantes de variedades del inglés no estándar (normalmente clase trabajadora) tienen al aprender a leer y escribir el estándar; sus dificultades son mayores que las de los niños hablantes de inglés estándar (normalmente de clase media), porque esos hablantes de variedades no estándares «no sólo tienen que aprender la mecánica de leer y escribir, sino que también tienen que aprender el inglés estándar» (Trudgill 1983 a: 70). De este modo, si el profesor, por ejemplo, no es lo suficientemente consciente de la posibilidad de diferencias acentuales, puede darse, como ciertamente ha ocurrido, un conflicto entre, por un lado, la lengua de los profesores y la escuela (inglés estándar) y, por otro lado, la lengua de muchos niños (hablantes de no estándar). Este hecho puede ilustrarse con el siguiente incidente entre una profesora en prácticas que no estaba familiarizada con el acento de Norwich y un alumno de primaria. Digamos, previamente, que en los acentos de Norwich palabras como *rowed* y *road* (que son homófonas en RP) suenan como *road* y *rude* en RP* respectivamente. Trudgill describe así el suceso:

---

* RP: Received Pronunciation

15. Además de Trudgill (1975 a), también ha tratado este problema en otros trabajos tales como Trudgill *et al* (1974), Trudgill (1975 c, 1975 d, 1976, 1977, 1979, 1982 a, 1983 a, 1983 b), Trudgill y Jahr (1979), Trudgill y Cheshire (1989), y Andersson y Trudgill (1990), soportando incluso ataques fuertes y a menudo personales en la prensa por haber sido malinterpretado (*Sunday Telegraph*, 28 Nov. 1975; *Daily Mail*, 3 Dic. 1975; *Reading Evening Post*, 28 Nov. 1975; *The Guardian*, Sección de Educación, 12 Ag. 1975).

16. Black Vernacular English: variedad vernácula hablada principalmente por la población negra.

> En el caso en cuestión, un niño tenía que leer en voz alta la palabra *road*, y lo hizo correctamente, pero en su acento de Norwich. La profesora en prácticas, sin embargo, lo entendió mal y pensó que estaba diciendo *rude*. Ella, por tanto, decía: 'No, no es *rude*, es *road*'. Pero debido a las diferencias entre sus acentos, el niño pensó que ella estaba diciendo: 'No, no es *road*, es *rowed*'. Un lío total.
>
> *Peter Trudgill (1975 a: 49)*

Por tanto, las diferencias dialectales en las escuelas británicas constituyen un problema educativo cuando se exige el inglés estándar a niños que tienen una variedad no estándar como dialecto materno: educativamente hablando, sufren por la sencilla razón de que el inglés estándar no es su lengua materna. Según Peter Trudgill, en los círculos educativos este contraste entre el estándar y los dialectos no estándares en las escuelas es todavía un foco considerable de debate, dado que el inglés estándar es el dialecto de la enseñanza, es hablado por la mayoría de los profesores, es el dialecto normalmente utilizado en la escritura y es premiado en los exámenes; sin embargo, la mayoría de niños británicos no son hablantes nativos de esta variedad concreta. Consciente de este problema, él formula las siguientes preguntas:

> ... ¿deberíamos continuar enseñando (y premiando) el uso del inglés estándar en las escuelas, e intentar resolver los problemas causados por los dialectos no estándares lo mejor que podamos? ¿O deberíamos permitir a los niños hablar y escribir aquellas formas gramaticales que les son más naturales a ellos, evitando de este modo dar ventaja a aquellos que ya hablan el inglés estándar?
>
> *Peter Trudgill (1975 a: 65)*

Con el propósito de encontrar una solución, evalúa los tres enfoques que habían sido utilizados previamente para la solución de este problema desde que la enseñanza se extendió en el mundo de habla inglesa: el enfoque más tradicional es el llamado **'Eliminación del inglés no estándar'**, que sostiene que los dialectos no estándares son inglés 'incorrecto' o 'indecente' y que la mejor forma de solucionar el conflicto dialectal es simplemente eliminarlos, afirmando que los niños sufren por la sencilla razón de que no hablan inglés estándar. Se piensa que este enfoque es equivocado desde un punto de vista psicológico, social y pragmático. En primer lugar, es erróneo psicológicamente porque la lengua no sólo es un medio de comunicación sino también un símbolo de identidad y de militancia grupal. Esto significa que «sugerir a un niño que su lengua y la de aquéllos con los que se identifica, es inferior de algún modo es insinuar que él es inferior», lo que «a su vez, es probable que conduzca a la alienación de la escuela y de los valores de ésta o al rechazo del grupo al cual pertenece» (Trudgill 1983 a: 74) e incluso a la producción de cierta *inseguridad lingüística* en los niños. En segundo lugar, es socialmente erróneo porque puede conducir a la estigmatización social de la lengua no estándar, llegándose a hablar de una variedad 'incorrecta' o 'inferior', la no estándar, hablada por la clase baja, y una variedad 'correcta' o superior, la estándar, hablada por la clase alta. Finalmente, es equivocado el enfoque desde un punto de vista práctico porque nunca podría funcionar: aprender un dialecto diferente a la variedad materna de uno es incluso más difícil que aprender una lengua nueva, y nadie quiere cambiar su variedad materna, entre otras cosas, por la solidaridad e identificación con el grupo, y también porque uno no consigue ventajas en la comunicación. El segundo enfoque es el llamado **'Bidialectismo'**, que reconoce la validez lingüística y corrección tanto de los dialectos estándares como no estándares, y trata a ambos como variedades distintas, con una determinada función social asignada a cada una. De algún modo es una situación de *diglosia*[17] en la que los hablantes pueden utilizar el mecanismo de *cambio de código*, esto es, «pasar de una variedad de lengua a otra cuando la situación lo requiera» (Trudgill 1983 a: 75). Esto implicaría, a su vez, un respeto por los sentimientos de los hablantes en relación con su propia lengua. El tercer enfoque, el más reciente de todos, es el conocido como **'Apreciación de las diferencias dialectales'**. Sostiene que la solución no es cambiar la lengua sino las actitudes frente a ésta: si los niños de clase trabajadora, o los hablantes de BVE, sienten rechazo a causa de los usos no estándares de su lengua, lo que debe hacerse es capacitar a esta gente para leer el inglés estándar, y lo que es más importante, «educar a nuestra sociedad para una mayor comprensión, aprecio y tolerancia por los dialectos no estándares como sistemas lingüísticos

---

17. Trudgill (1983 a: 113-14) prefiere mantener el concepto de *diglosia* en el sentido original introducido por Charles Ferguson (1959).

complejos, válidos y adecuados» (Trudgill 1983 a: 76). Sobre este particular, Peter Trudgill, defensor de la diversidad lingüística y cultural, mantiene que «Inglaterra sería un lugar más pobre sin su rico mosaico de dialectos regionales»:[18]

> Los dialectos tradicionales y los dialectos modernos de Inglaterra son parte de nuestro entorno lingüístico, y deberían ser protegidos, exactamente de la misma manera que nuestro entorno físico.
>
> *Peter Trudgill (1990 a: 126)*

Después de leer esta cita, no es en absoluto difícil intuir aquello por lo que él aboga: la mejor solución al problema es la combinación de los dos últimos enfoques, **Bidialectismo** y **Apreciación de las diferencias dialectales**; esto es, enseñar el inglés estándar en las escuelas, mediante el método del bidialectismo, a la vez que intentar cultivar la tolerancia del dialecto, lo que probablemente sería más fácil que cambiar los hábitos lingüísticos de la mayoría de la población (Trudgill 1983 b: 199):

> Desde el punto de vista del lingüista, por tanto, la solución más satisfactoria al problema de los hablantes de inglés no estándar en una cultura dominada por el estándar es la adopción en las escuelas de una combinación de los dos enfoques, bidialectismo y apreciación de las diferencias dialectales, teniendo en cuenta que es probable que el bidialectismo sea exitoso sólo parcialmente (y entonces probablemente sólo en el caso de la escritura) y puede ser peligroso, concretamente si es utilizado intensamente, desde el punto de vista del fomento de la inseguridad lingüística.
>
> *Peter Trudgill (1983 a: 76-77)*

Lo que hemos visto es una actividad de *planificación lingüística* en una, digamos, comunidad *multi-dialectal* como es la británica. Pero otros estudios también dentro del campo de acción de la *Sociología del Lenguaje* son actividades de planificación lingüística en co-

18. De hecho, trabajos tales como Trudgill y Hannah (1982), Hughes y Trudgill (1979), Trudgill (1984 a) y Trudgill y Chambers (1990) están, de manera implícita, destinados a apoyar y subsanar la carencia de información instruida sobre la diversidad lingüística en las Islas Británicas y en el mundo de habla inglesa en general. Otro trabajo muy completo sobre la situación sociolingüística actual en los países de habla inglesa es el de Jenny Cheshire (ed) (1991).

munidades de habla multilingües. Si hay un fenómeno que es común a casi todos los países del mundo ese es el *multilingüismo*: «la inmensa mayoría de las naciones-estado del mundo tienen más de una lengua hablada como materna dentro de sus fronteras» (Trudgill 1983 a: 141), y lo difícil es encontrar un país genuinamente *mono*lingüe. Incluso en Europa, a pesar de lo que estamos acostumbrados a pensar, casi todos los países son multilingües y contienen minorías lingüísticas, esto es, «grupos de hablantes que tienen como variedad materna una lengua diferente de la oficial, dominante o principal en el país donde viven» (Trudgill 1983 a: 141-42). Este fenómeno del multilingüismo causa disfunciones, principalmente educativas, tanto a los miembros de las minorías lingüísticas como a los propios gobiernos. A una escala diferente, y posiblemente con dificultades considerablemente mayores, es el mismo caso que el discutido antes sobre las posturas adoptadas con respecto a los dialectos no estándares en el Reino Unido, puesto que los niños de esas minorías lingüísticas tienen que aprender a leer y escribir en una lengua que es esencialmente diferente de la suya materna. El enfoque de **'Eliminación del habla no estándar'** ha sido durante muchos años la política oficial en muchos países. En el Reino Unido, donde lenguas celtas tales como el gaélico, irlandés, galés, córnico y manx[19] siempre habían constituido otras variedades habladas en las Islas Británicas además del inglés, hubo un decreto en 1871, la Ley de Educación (the Education Act), que dispuso de manera obligatoria que el inglés debía ser la lengua de la enseñanza. Pero, según Peter Trudgill (1983 a: 147), «afortunadamente, este enfoque y su actitud casi ha desaparecido de la escena docente en el Reino Unido». Desde 1918 el gaélico está autorizado en las escuelas de las áreas de Escocia hablantes de tal variedad, y desde 1953 el galés oficialmente es, además del inglés, la lengua que se enseña en las escuelas de Gales. Con esta solución, basada en el enfoque del **Bidialectismo**,

---

19. Además de estas lenguas celtas, hay otras minorías lingüísticas tales como el húngaro, italiano, judeo-alemán, polaco, bengalí, punjabí, griego y maltés, que son lenguas llevadas a Inglaterra durante los últimos cien años aproximadamente por refugiados e inmigrantes. El romaní (o caló), anglo-romaní, shelta y polari son variedades, o más bien jergas de grupos excluyentes, habladas por viajeros y otros grupos ambulantes. Para más detalles sobre todas estas variedades en las Islas Británicas, véase Trudgill (1984 b).

la enseñanza de lenguas minoritarias a niños de grupos minoritarios tiene la ventaja de reconocer la integridad e identidad cultural y social del niño, sin que eso implique privación alguna al acceso de la lengua mayoritaria ni restricción de sus posibilidades de ascenso social.

A veces uno de los problemas del multilingüismo para los gobiernos nacionales es que, como ya hemos mencionado, la lengua actúa como un símbolo muy importante de conciencia y solidaridad de grupo —una señal de identidad grupal— y, donde la lengua constituye una característica *definidora*[20] de un grupo étnico minoritario que reivindica independencia, ésto ciertamente juega un papel decisivo. Si un gobierno determinado considera a una minoría, y a su lengua, como un foco subversivo, y por tanto una amenaza para la integridad de la nación, perseguirá la subyugación lingüística como estrategia previa a la subyugación grupal (o unificación). Ese fue el caso del catalán. En otros casos, especialmente en los países nuevos, donde las diversidades lingüísticas son la consecuencia de ignorar la distribución geográfica de los diferentes grupos étnicos cuando sus fronteras fueron trazadas por las potencias coloniales, el multilingüismo es también un problema para los gobiernos. En estos contextos, los gobiernos no sólo tienen que seleccionar una lengua nacional sino también establecerla, potenciarla y estandarizarla. El uso de una *lingua franca*, «una lengua que se utiliza como medio de comunicación entre gente que no tiene una lengua materna común» (Trudgill 1983 a: 157), como solución a problemas de este tipo ha dado resultado. Una solución diferente que se ha indicado ha sido el uso del esperanto, aunque actualmente parece improbable que funcione. Otra solución para los casos de multilingüismo es la aportada por Noruega, que, según Peter Trudgill (1983 a: 161), constituye «uno de los ejemplos más interesantes de actividad gubernamental en el campo de la planificación lingüística y estandarización de lenguas» y es ciertamente único en Europa:

> En mi opinión, es, por muchas razones, una situación muy buena, puesto que implica que muchos más noruegos de los que en otro caso serían, pueden leer y, si lo desean, escribir, hablar y expresarse ellos mismos en una lengua estándar

---

20. Véase Trudgill (1983 a: Ch. 3) y Sección V.5. en este estudio para más detalles sobre el simbolismo social del lenguaje y sus características *definidoras* e *identificadoras*.

que se parece muy fielmente a su variedad materna (siendo bastante considerable la variación dialectal en Noruega). Muchos menos niños noruegos, por tanto, se ven en la difícil situación de los escoceses de las tierras bajas (Lowlands Scots) o de los negros hablantes de inglés.

Peter Trudgill (1983 a: 162)

En Noruega hay dos lenguas estándares oficiales, ambas comprensibles: **nynorsk** ('el nuevo noruego'), que procede del Landsmål ('lengua del país'), y **bokmål** ('lengua de los libros'), que procede del Riksmål ('lengua del estado'). La segunda se utiliza en la lengua de la prensa nacional y como medio de enseñanza, y la primera se utiliza en la prensa y literatura locales. Todos los documentos oficiales están escritos en ambas lenguas estándares; los niños tienen que aprender a leer y escribir en las dos variedades, cuya frecuencia de uso en radio y televisión resulta ser similar. Incluso la variedad estándar que se utiliza en anuncios públicos y en los distritos escolares se decide democráticamente.

Como hemos visto, desde esta perspectiva, la ***Sociolingüística*** se centra en las comunidades de habla y las lenguas como instituciones sociales, intentando encontrar soluciones donde ambas, las comunidades de habla y las lenguas, no estén completamente identificadas.[21]

II.2.2. *LA PSICOLOGÍA SOCIAL DEL LENGUAJE*

Un aspecto importante de la compleja psicología social de las comunidades lingüísticas es la respuesta emocional e intelectual de los miembros de la sociedad a las lenguas y variedades en su entorno social. La *Psicología Social del Lenguaje* «es un área de estudio que se

---

21. Para más información sobre la *Sociología del Lenguaje*, véase Robert Le Page (1964) y Joshua Fishman (1968, 1972). Otros trabajos sobre aspectos específicos de este campo son, entre muchos otros, los de Einar Haugen (1966), Michael Stubbs (1980), John Gumperz (ed) (1982 a), James Milroy y Lesley Milroy (1985), Robert B. Le Page y Andrée Tabouret-Keller (1985), Ronald Wardhaugh (1987), James Paul Gee (1990) y Robert Cooper y Bernard Spolsky (eds) (1991). Sobre esta disciplina, la revista internacional *International Journal of the Sociology of Language* es la más importante, junto con *Language in Society*.

ocupa de las actitudes frente a las variedades de lengua, y del modo en que los hablantes interaccionan recíprocamente a través de la conversación» (Trudgill 1984 a: 2). Las actitudes frente a las diferentes variedades del inglés británico han sido puestas de manifiesto en trabajos de psicólogos sociales tan prestigiosos como Howard Giles, quien demostró (*cf.* Giles 1971 a y 1971 b) que en Gran Bretaña a los hablantes con acento RP (Received Pronunciation) se les atribuye tener más competencia —en el sentido de ser más inteligentes, más fiables y más cultos— pero menos integridad y atractivo social —en el sentido de sinceridad y bondad (menos simpáticos y menos sociables)— que los hablantes con acentos regionales. Estos resultados se obtienen por medio de lo que se ha llamado experimentos de *matched guise*, o 'ajuste disfrazado' según Beatriz Lavandera (1984 : 162), en los que los informantes, aunque creen que están evaluando a diferentes hablantes, reaccionan ante el mismo hablante, que utiliza diferentes acentos: un número dado de hablantes, todos con diferentes acentos del inglés, es grabado leyendo el mismo pasaje en prosa, pero uno de ellos es grabado dos veces, cada vez leyendo el pasaje con una acento diferente. Se les pone estas grabaciones a unos grupos de informantes y se les pide que den su opinión sobre los hablantes en lo que respecta a sus atributos y aptitudes —todo ello sólo por sus voces— y situándolos en escalas que oscilan de 'muy inteligente' a 'muy poco inteligente', de 'muy culto' a 'muy poco culto', y de 'muy simpático' a 'muy poco simpático'. De este modo, el mismo hablante era evaluado de manera radicalmente distinta según el acento utilizado: con un acento local, eran percibidos como menos inteligentes y menos cultos pero más simpáticos, pero con el acento RP, el *mismo* hablante era juzgado totalmente al contrario, más inteligente, más culto y menos simpático. A este respecto, Trudgill comenta lo siguiente:

> Esto demuestra cómo confiamos en estereotipos cuando conocemos e interaccionamos con alguien por primera vez [...] y utilizamos la manera en que habla para hacernos una idea del tipo de persona que creemos que es. Un hablante de RP puede percibirse, tan pronto como empiece a hablar, como arrogante y antipático por un no hablante de RP, a no ser que, y hasta que, pueda demostrar lo contrario. Él es, como si dijéramos, culpable hasta que se demuestre su inocencia.
>
> *Peter Trudgill (1983 a: 139-40)*

Igualmente, estas actitudes pueden también aplicarse al problema de los niños con acentos de clase obrera y los dialectos en las escuelas. Hemos visto en **II.2.1** que las diferencias dialectales en las escuelas británicas constituyen un problema educativo toda vez que el inglés estándar se le exige a niños que tienen alguna variedad no estándar como dialecto materno, principalmente niños hablantes de BVE y de clase baja en general y niños escoceses. Desde un punto de vista educativo, ellos sufren simplemente porque el inglés estándar no es su lengua materna y, por tanto, no lo hacen tan bien en la escuela como los niños hablantes del estándar, normalmente de clase media, con la misma inteligencia. Este problema, a su vez, se agrava si los profesores no son lo suficientemente conscientes de esas diferencias dialectales y acentuales y si tienen actitudes desfavorables frente a los no estándares: esos niños «pueden ser evaluados por algunos profesores como si tuvieran menos potencial educativo que aquellos con dialectos y acentos de la clase media, a no ser que también se les dé la adecuada oportunidad para demostrar lo contrario» (Trudgill 1983 a: 140); hecho que, según Peter Trudgill, es obviamente más preocupante que el problema anterior referido a las actitudes hacia los hablantes de RP. Estas actitudes desfavorables hacia los dialectos no estándares de los niños tienen su origen en las malinterpretaciones, tergiversaciones y empleos erróneos de las teorías de Basil Bernstein[22] sobre *código elaborado* y *código restringido*, y en la hipótesis de la *privación verbal*, o *déficit lingüístico*. Bernstein postuló que hay dos variedades de lengua diferentes —el 'código elaborado', una lengua sofisticada utilizada en las situaciones formales, y un 'código restringido', una lengua simple utilizada en situaciones informales— y estableció una conexión entre ambas y los dialectos de clase social: mientras que los niños de clase media emplean ambos códigos, los de clase trabajadora solo emplean el 'código restringido'. Esto condujo erróneamente a vincular el 'código restringido' con los dialectos no estándares, y por ello a favorecer, e incluso fortalecer, la creencia, difundida entre muchos profesores y educadores, de que hay algo intrínsecamente infe-

22. Peter Trudgill ha criticado tanto las teorías de Bernstein como sus malinterpretaciones en Trudgill (1975 a, 1975 d y 1983 a).

rior en la lengua de la clase obrera, el inglés no estándar, lo que hace que los niños pertenecientes a esta clase estén, según aquéllos, *privados verbalmente* y sean *cognitivamente deficientes*.

Otro ejemplo de *arbitrariedad* y *subjetividad* total en las actitudes sociales frente al prestigio de las variedades lingüísticas es el fenómeno del *rotacismo* (*rhoticism*). Según John Wells (1982 : 212), hay ciertos desarrollos fonológicos que ocurrieron en las Islas Británicas y que no se difundieron por todos los diferentes acentos, aunque sí por la mayoría. Estos rasgos caracterizan a los acentos británicos como innovadores o conservadores según el grado de aceptación o rechazo de las tendencias fonológicas surgidas en la lengua hablada. Una de estas innovaciones es **r-dropping**, esto es, la eliminación de una /r/ histórica (excepto cuando le sigue vocal), por medio de la cual podemos dividir los diferentes acentos británicos en aquéllos que sufrieron este proceso (*acentos no róticos*), y que, por ello son considerados innovadores, y aquéllos que no (*acentos róticos*), y que, por ello, son considerados conservadores. Trudgill (1990 a: 51) incluye Escocia, Irlanda, y Central Lancashire (Blackburn, Burnley, Accrington) y Southwest (Bristol, Reading, Cornwall, Devon, etc.), en Inglaterra, como áreas donde este rasgo conservador rótico permanece, aunque la gente más joven lo está perdiendo; el resto utiliza la pronunciación innovadora no-rótica (véase figura en la página 41).

El hecho es que, en Inglaterra, los acentos no-róticos tienen más prestigio y son considerados más 'correctos' que los róticos, los cuales son calificados como rurales, incultos, o ambas cosas a la vez.[23] Esta pronunciación rótica está socialmente estigmatizada en Inglaterra, y cuanto más alta sea la escala social de un hablante, menos probabilidad de uso de /r/ postvocálica hay. Por el contrario, en algunas zonas de los Estados Unidos, Nueva York y otras ciudades, la situación es precisamente la opuesta, siendo los acentos con /r/ postvocálica los que tienen más prestigio y los son considerados más 'correctos' frente a aquéllos que carecen de este rasgo rótico. Este contraste en las actitudes ante a

23. Como Peter Trudgill indica (1983 a: 21), muy frecuentemente, el rasgo rótico, la pronunciación de la /r/ postvocálica, se emplea con fines cómicos en las series de humor de la radio y la televisión para indicar que un personaje es rural, inculto, o ambas cosas a la vez.

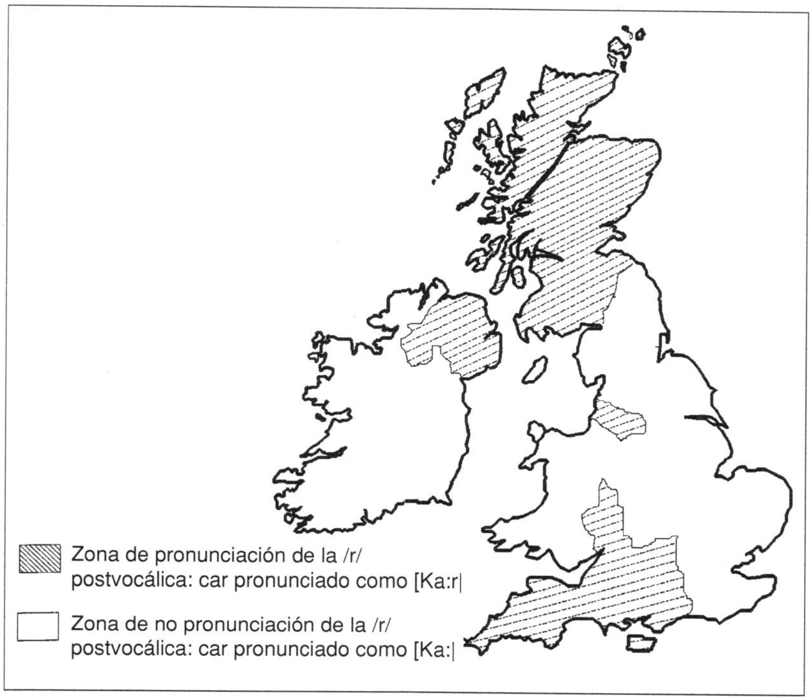

las formas de la lengua demuestra algo muy importante para los psicólogos sociales, y los sociolingüistas en general: que «la sociedad evalúa las diferentes variedades lingüísticas de distinta forma»:

> ... los juicios de valor sobre la lengua son, desde un punto de vista lingüístico, completamente arbitrarios. No hay nada inherente en la /r/ postvocálica que sea bueno o malo, correcto o incorrecto, sofisticado o inculto. Juicios de este tipo son juicios sociales basados en las connotaciones sociales que un rasgo particular tiene en el área en cuestión.
>
> *Peter Trudgill (1983 a: 21)*

El estudio de estas actitudes subjetivas frente a determinadas formas lingüísticas nos lleva a encontrar, igualmente, explicaciones que a menudo son útiles para el estudio del cambio lingüístico, puesto que hay indicios suficientes para sugerir que las actitudes subjetivas son la causa más que el efecto de muchos de estos cambios, los cuales pueden tener lugar no sólo en la dirección de una forma prestigiosa sino incluso en la opuesta. Una investigación del habla de la ciudad de Nueva York y Martha's Vineyard demuestra este hecho. Hemos dicho que en Nueva York el rotacismo es un rasgo de prestigio; sin embargo, esta situación no ha sido siempre la misma: se sabe que Nueva York había sido una región que pronunciaba la <r> en el siglo XVIII pero pasó a omitirse completamente desde el XIX hasta la Segunda Guerra Mundial. Desde ese momento, la pronunciación de la <r> fue adquiriendo, de nuevo, una valoración prestigiosa, y el cambio en la frecuencia de uso de la /r/ postvocálica aumentó en el habla de la clase media alta, probablemente como consecuencia de la afluencia a la ciudad de hablantes procedentes de áreas donde la /r/ postvocálica era un rasgo estándar o de prestigio, y también probablemente como consecuencia de un cambio en las actitudes subjetivas de los neoyorquinos frente a este tipo de pronunciación —de una clara indiferencia a un deseo general por adoptar tal pronunciación—. Esto puede verse en una investigación llevada a cabo por William Labov (1966) sobre las actitudes subjetivas de los informantes para comprobar cómo evaluaban la pronunciación de la <r>. El siguiente cuadro muestra el porcentaje de hablantes de clase media alta en tres grupos 'r-positiva'[24] de la misma edad junto con el porcentaje medio de /r/ postvocálicas utilizadas por los tres mismos grupos en el habla normal. Los resultados de este experimento son los siguientes:

Actitudes frente a y uso de la /r/ postvocálica: clase media alta en la ciudad de Nueva York

edad	% informantes r-positiva	% /r/ usada
8-19	100	48
20-39	100	34
40 +	62	9

Fuente: Trudgill (1983 a: 22)

24. Aquellos que la consideraban como un marcador de prestigio fueron etiquetados 'r-positiva'.

Puede observarse que hay un brusco aumento en la evaluación favorable de la pronunciación de la <r> entre los hablantes menores de cuarenta años, y que cuanto más jóvenes son los hablantes más emplean la /r/ postvocálica. Un cambio lingüístico sufrido en la dirección no precisamente de un modelo prestigioso sino en el opuesto es el caso de Martha's Vineyard, una isla a tres millas de la costa de Massachussets, en Nueva Inglaterra. Antiguamente Martha's Vineyard estaba aislada; tenía una pequeña población permanente de alrededor de 6.000 habitantes, pero comenzó a sufrir un considerable aumento del número de turistas durante los meses de verano, lo que provocó cambios sociales sorprendentes que también tuvieron en la isla consecuencias lingüísticas, de las que dió sobrada cuenta William Labov (1966). Labov centró su atención en la manera en que los nativos de esta isla pronunciaban los diptongos en los dos grupos de palabras *out*, *house* y *trout*, por un lado, y *while*, *pie* y *night*, por otro. De hecho, había dos pronunciaciones diferentes de cada diptongo: una es la poco prestigiosa, anticuada, típica de la isla, [aʊ] en el grupo de out y [aɪ] en el de *while*; la otra es la más reciente en la isla y se parece mucho más a los diptongos de RP y a algunos acentos prestigiosos del EE.UU. continental, [əʊ] en *out* y [əɪ] en *while*. En su estudio, Labov observó que aumentaba el uso de la forma 'anticuada', haciéndose más exagerada y siendo más frecuente en el habla de un cada vez mayor número de hablantes. La posible explicación de este cambio lingüístico estaría muy relacionada con las actitudes subjetivas de los hablantes: los residentes han exagerado la pronunciación 'anticuada' para mostrar sus diferencias respecto de la población de verano:

> Los nativos de la isla se han sentido agraviados por la invasión de forasteros y el cambio y la explotación económica que ello conlleva. Por ello, aquella gente que más se identifica con el modo de vida de la isla ha comenzado a exagerar la pronunciación típica del lugar, con el propósito de indicar su diferente identidad social y cultural, y para subrayar su creencia en los viejos valores. Esto hace que la pronunciación 'anticuada' sea, de hecho, la más en boga entre ciertos sectores de la comunidad más joven.
>
> *Peter Trudgill (1983 a: 23)*

Si el caso de Martha's Vineyard demuestra que las actitudes frente a la lengua pueden ser una poderosa ayuda para la difusión de cambios lingüísticos, también es cierto que la acomodación lingüística entre los hablantes promueve modificaciones lingüísticas en la interacción directa, e incluso, la difusión del cambio lingüístico (*cf.* **VI.2**). Howard Giles y sus colaboradores,[25] como psicólogos sociales del lenguaje que utilizan datos lingüísticos, desarrollaron lo que se conoce como *teoría de la acomodación*, que se centra en el habla y trata de explicar por qué los hablantes modifican su lengua en presencia de otros del modo y grado en que lo hacen (Trudgill 1986 a : 2):

> Esto, en pocas palabras, trata de explicar los ajustes temporales o a largo plazo en la pronunciación y en otros aspectos de la conducta lingüística en términos de mecanismos para aproximar la lengua de uno a la de los interlocutores, si se les considera socialmente atractivos y/o demuestra buena voluntad hacia ellos. A menudo consiste en reducir la frecuencia de formas lingüísticas socialmente estigmatizadas en presencia de hablantes de variedades de mayor prestigio. La teoría también prevé el efecto opuesto: el distanciamiento de la lengua de uno con respecto a la de los hablantes de los que uno quiere disociarse, o con el propósito de afirmar la identidad propia.
>
> *Peter Trudgill (1983 b: 143)*

El primer caso se relacionaría con lo que Howard Giles llamó proceso de *convergencia acentual*, «si el emisor en una situación dual desea conseguir la aprobación social del receptor, entonces puede adaptar sus modelos acentuales en la dirección de los de esta persona, esto es, reducir las diferencias de pronunciación» (Giles 1973, citado en Trudgill 1986 a: 2). El segundo caso, el proceso opuesto, cuando los hablantes desean disociarse mutuamente o mostrar desaprobación de otros, estaría relacionado con la *divergencia acentual* de Giles. De esta manera, el uso de un estilo formal en una situación informal, por ejemplo, puede utilizarse como broma o para indicar desaprobación o distancia social. Pero la teoría de la acomodación no sólo se ocupa de ajustes de acentos de prestigio alto-bajo sino también de acentos geográficamente diferentes.

También dentro del espectro de la *Psicología Social del Lenguaje* está el problema de los juicios de valor sobre la **corrección, adecua-**

25. Véase Giles (1973), Giles y Smith (1979) y Trudgill (1981 a).

ción y **estética** de los acentos, dialectos y lenguas en general, el uso de **tacos** y los **marcadores del discurso** —o rellenos— entre los hablantes jóvenes del Reino Unido. En este estudio serán discutidos en secciones independientes (véase **III.6** y **III.10**) debido a su relevancia.

Como hemos visto, las diferentes variedades de lengua son asociadas a menudo a respuestas emocionales profundamente arraigadas, actitudes sociales en definitiva, tales como pensamientos, sentimientos, estereotipos y prejuicios sobre la gente, grupos sociales, étnicos y religiosos, y sobre entidades políticas. La *Psicología Social del Lenguaje*, por tanto, se ocupa del lenguaje teniendo en cuenta estos factores extralingüísticos.[26]

II.2.3. *LA LINGÜÍSTICA ANTROPOLÓGICA*

Es bien sabido que el estudio de una lengua requiere, frecuentemente, una interpretación del significado socialmente determinado, y, viceversa, el estudio de diferentes aspectos de la cultura requiere una comprensión de los aspectos verbales de ésta (Stern 1983 : 201). La *Lingüística Antropológica*, o *Antropolingüística*, aparece como esa disciplina que «estudia la variación lingüística y uso en relación a los modelos culturales y creencias del hombre, tal y como se investiga con las teorías y métodos de la antropología».[27] A través del estudio de la lengua de una comunidad, los lingüistas antropológicos investigan los *sistemas familiares, los sistemas de tabúes lingüísticos* y la *relatividad lingüística* con el fin de saber más sobre el lenguaje, la

---

26. Para más detalles sobre la *Psicología Social del Lenguaje*, véase Howard Giles y Robert St Clair (eds) (1979), H. Giles, W.P. Robinson y P.M. Smith (eds) (1980), T. Hermann (1982), Howard Giles y Peter Robinson (eds) (1990). Algunas revistas internacionales, tanto específicas como más generales e incluso interdisciplinares, que tratan esta disciplina son: *Journal of Language and Social Psychology, Journal of Social Issues, Journal of Personality and Social Psychology, Journal of Social Psychology* y *Language in Society*. Peter Trudgill trata esta área en Trudgill *et al.* (1974), Trudgill (1975 a, 1975 c, 1983 a, 1983 b), Trudgill y Giles (1978) y Andersson y Trudgill (1990).

27. Definición tomada de David Crystal (1985) *A Dictionary of Linguistics and Phonetics*, Oxford: Basil Blackwell, p. 18.

estructura y los valores de una comunidad. Las complejas interrelaciones entre lenguaje y sociedad pueden darse en diferentes direcciones: la influencia de la sociedad en la lengua (palabras tabúes y los sistemas familiares), la covariación de fenómenos lingüísticos y sociales, y la influencia de la lengua en la sociedad (relatividad lingüística).

II.2.3.a. Palabras tabúes

Las palabras tabúes tienen mucho que ver con los diferentes modos de estructurar el mundo, en concreto con cómo son expresadas en el lenguaje las significaciones culturales, los valores de una sociedad. El papel jugado por los tabúes sociales en la conducta lingüística corresponde al campo de acción de la ***Sociolingüística***, puesto que son, obviamente, una realidad lingüística y social: repercuten sobre la significación social y expresiva de las palabras. *Tabú* es una palabra polinesia referida a un fenómeno de conducta general concebido como inmoral, mágico, prohibido desde el punto de vista sobrenatural y aparentemente irracional. Su infracción conduce a la obscenidad, a la blasfemia, a la grosería, a la inmoralidad, etc.: «los antropólogos lo emplean comúnmente para referirse a prohibiciones que son explícitas y que están apoyadas por sentimientos de pecado y sanciones sobrenaturales a un nivel consciente» (Leach 1964 : 30). Del mismo modo que hay cosas que se supone que no debemos hacer, también hay palabras que se supone que no debemos decir: ciertas cosas no se dicen, no porque no se pueda, sino porque la gente no habla sobre ellas (*tabúes lingüísticos*); o, si se hace, es de manera muy indirecta (*eufemismos*). De hecho, como Trudgill (1983 a: 29) indica, «un fallo al adherirse a estas reglas a menudo estrictas que rigen su uso puede conducir al castigo o la vergüenza pública».

El tipo de palabras que se declaran tabúes en una lengua determinada es generalmente un buen reflejo de al menos parte del sistema de valores y creencias de una sociedad. Lo declarado tabú puede variar notablemente de una comunidad a otra: la suegra de uno, ciertos animales de juego, la muerte y diversos aspectos religiosos, la excreción, el sexo, la mano izquierda (el origen del *mal*). En algunas comunidades la palabra mágica juega un papel importante en la religión, e incluso ciertas palabras consideradas como poderosas se emplean en hechizos y conjuros. En las sociedades occidentales, también hay tabúes relacionados con el sexo, la religión, las funciones corporales, los grupos étnicos, la comida, la suciedad y la muerte, y, como Andersson y Trudgill (1990 : 14) indican, «el inglés no es diferente a otras lenguas a la hora de concebir palabras y expresiones que se supone que nadie debe decir pero que todos las dicen —o casi todos—». El antropólogo británico Edmund Leach (1964 : 26) ha sugerido que las palabras tabúes en inglés pueden incluirse en tres categorías principales que, en la práctica, no son radicalmente distintas sino de alguna manera interrelacionadas:

1. Las palabras obscenas, normalmente referidas al sexo y a la excreción;
2. La blasfemia y la profanación; y
3. La injuria con nombres de animales.

En el mundo de habla inglesa algunos de los tabúes más duros están asociados con el sexo y la excreción. Algunos de ellos se convierten fácilmente en *tacos*.[28] Palabras como *fuck* ('follar') tienen unas connotaciones sociales muy diferentes a *make love*, *have sex*, o *sexual intercourse* ('hacer el amor', 'tener relaciones sexuales', o 'coito' respectivamente). De hecho, el uso en la imprenta de las palabras *fuck* y *cunt* ('coño'/'puta') solía dar lugar a procesamiento e incluso encarcelamiento, y aún ahora no se emplean comúnmente en la prensa. Como Trudgill (1983 a: 30) indica, para demostrar que el tabú es una realidad tan lingüística como sociológica, el uso de palabras tabúes en contextos no permitidos (es el caso de la televisión) genera reacciones violentas e irracionales contra determinadas palabras, y no contra un concepto: es perfectamente legítimo decir en una emisión televisiva *sexual intercourse* ('relaciones sexuales'/'coito'), pero no lo es decir *fuck*. Incluso la actividad misma, no sólo la palabra que se prohíbe, está culturalmente regida por algunas normas fundadas en estereotipos colectivos concretos:

---

28. Uno viola las reglas a propósito para mostrar su fuerza; véase **III.6.4.**

> Decir que una determinada área de la vida es tabú no es decir que esté prohibida en conjunto, sino que está regulada por reglas conscientes o inconscientes. Por supuesto que no está prohibido ni es indecoroso tener relaciones sexuales, dado el momento, el lugar y la persona oportunos y quizás la motivación apropiada. El cónyuge debe ser bastante próximo en muchas culturas (una determinada clase social, grupo, color, etc.) pero no demasiado próximo (incesto), y por supuesto debería ser un ser humano (no un animal —bestialismo—).
>
> *Lars Andersson y Peter Trudgill (1990: pp. 55-6)*

Hay algunas funciones corporales 'innombrables', relacionadas con la excreción, sobre las cuales no queremos hablar. Hay que buscar denominaciones alternativas que respeten las reglas: *urinate* ('orinar') y *defecate* ('defecar') en lugar de *piss* ('mear') y *shit* ('cagar'), y *urine* ('orines') y *faeces* ('heces'/'excrementos') en lugar de *piss* ('meados') y *shit* ('mierda'), respectivamente. Del mismo modo, las actividades correspondientes a estas funciones corporales también están regidas culturalmente:

> Estas actividades no están prohibidas, naturalmente. Por el contrario, son absolutamente necesarias para la supervivencia, aunque hay determinados lugares ocultos adecuados para ellas.
>
> *Lars Andersson y Peter Trudgill (1990 : 56)*

Según Leach (1964 : 29), cualquier teoría sobre el carácter sagrado de seres sobrenaturales puede implicar un concepto de sacrilegio que justificaría las emociones provocadas por la profanación y la blasfemia. En los países católicos y ortodoxos hay tabúes asociados a la religión, y así, por ejemplo, en estos países pueden encontrarse muchas más expresiones relacionadas con la Virgen María —expresiones sacrílegas— que en los protestantes (Andersson y Trudgill 1990 : 57). De hecho, en Noruega, algunas de las expresiones prohibidas —declaradas tabúes— más enérgicamente son las relacionadas con el diablo (Trudgill 1983 a: 30).

La tercera categoría sugerida por Edmund Leach se refiere a 'la injuria con nombres de animales', proceso mediante el cual un ser humano es equiparado a un animal. Leach se interroga en estos términos: «¿por qué expresiones como *you son of a bitch* ['hijo de perra'] o *you swine* ['cerdo'] deberían de tener las connotaciones que tienen, cuando *you son of a kangaroo* ['hijo de canguro'] o *you polar bear* ['oso polar'] no tienen ningún sentido por el estilo?» (Leach 1964 : 29). Sostiene que en este contexto estamos ante una interrelación de los tabúes relacionados con la comida con el modo mismo en que discriminamos el *ego* del mundo mismo. Hay una relación de comestibilidad y valoración social de los animales; esto es, hay una determinación cultural y lingüística, pero no natural, de los valores de la comida, y, como sabemos, algunos animales está reconocidos como comida en algunas culturas pero no en otras. En consecuencia, la mayoría de las culturas tienen tres categorías de animales desde el punto de vista de la comestibilidad:

1. Sustancias comestibles reconocidas como comida y consumidas como parte de la dieta normal.

2. Sustancias comestibles reconocidas como posible comida, pero prohibidas, o bien autorizadas para comerse sólo en condiciones especiales (rituales). Éstas son las sustancias *declaradas tabúes conscientemente.*

3. Sustancias comestibles que no están en absoluto reconocidas como comida por la cultura y la lengua. Estas sustancias son las *declaradas tabúes inconscientemente.*

A modo de ejemplo, podemos tener en cuenta las prohibiciones de la carne de cerdo entre los judíos, las de la carne de vaca entre los brahamanes e incluso la actitud cristiana frente al pan y al vino, elementos sacramentales. Leach (1964 : 47) advierte de la existencia de algún tipo de culpabilidad en el mundo de habla inglesa por matar y comer animales grandes: una vez muertos, el toro castrado (*bullock*) pasa a ser *beef*; el cerdo (*pig*) pasa a ser *pork*; la oveja (*sheep*) a *mutton*; el ternero (*calf*) a *veal*, y el ciervo (*deer*) a *venison.* A su vez, también es relevante el modo en que separamos el *yo* humano del resto del mundo. Fenómenos anómalos o de algún modo contradictorios frecuentemente se declaran tabúes: divinidades encarnadas, madres vírgenes, monstruos sobrenaturales que son medio hombre y medio animal, excreciones del cuerpo, mechones de pelo (ni yo ni no-yo, esto es: ni mío ni no-mío), etc. El tabú, por tanto, se aplica a categorías que son anómalas con respecto a otras bien definidas y socialmente establecidas.[29] Separamos el yo humano del resto del mundo, que, a su vez, también se divide en zonas o categorías de distancia social. El hueco entre dos categorías diferentes desde un punto de vista lógico, este mundo/otro mundo, se cubre con la ambigüedad declarada tabú. En la lengua inglesa, según Edmund Leach, se establece de la siguiente manera:

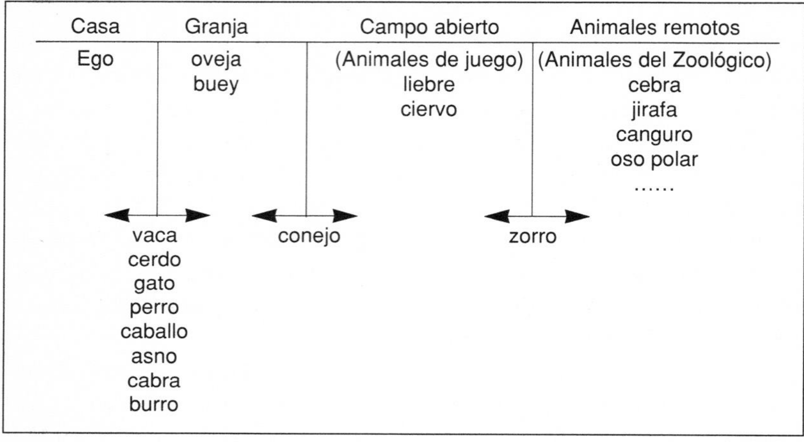

Así, aquellos animales que pertenecen a dos categorías diferentes son considerados anómalos, implicando una ambigüedad declarada tabú, y por tanto se emplean como insulto:

> Si te ofendes si alguien te llama *bitch* —perra—, pero no si te llaman *kangaroo* —canguro—, puede que ésto tenga que ver con que a los perros, si bien no son humanos por supuesto, se les relaciona en nuestra sociedad con los humanos y se piensa que tienen, al menos, algunos atributos humanos. Son, por tanto, en lo que a los animales concierne, anómalos.
>
> *Lars Andersson y Peter Trudgill (1990 : 16)*

29. De hecho, Edmund Leach (1964 : 34) postula que estas categorías son adquiridas por el niño, quien percibe el entorno físico y social primero como un continuum, y más tarde, a su debido tiempo, se le enseña a imponer sobre este entorno una especie de *rejilla* espesa que sirve para percibir el mundo como si estuviese compuesto de un gran número de cosas diferentes, cada una de ellas etiquetada lingüísticamente.

A veces, hay palabras que son tabúes por razones lingüísticas, y más concretamente fonéticas: en algunas circunstancias, hay un fuerte rechazo por parte de los hablantes a pronunciar ciertas palabras que son fonéticamente similares a otras que son tabúes. En inglés se prefiere emplear las palabras *rabbit*, *rooster* (en EE.UU.), y *donkey* ('conejo', 'gallo' y 'burro', respectivamente) antes que *coney* (más antigua), *cock*, y *arse* (británica)/*ass* (americana) respectivamente. Según Otto Jespersen (1922), entre los indios del Caribe, sólo se permitía utilizar a los varones adultos algunas palabras cuando sus guerreros estaban en pie de guerra, y se creía que acarrearía mala suerte el que esas palabras fueran empleadas por mujeres o muchachos no iniciados. En algunas culturas del área de las islas situadas al norte de Australia, concretamente en la cultura Tiwi, el nombre propio de una persona fallecida es tabú, e incluso las palabras que suenan de manera similar también se convierten en tabú. Mary Haas (1951) ha indicado que algunos tabúes puramente lingüísticos surgen de situaciones bilingües, a los cuales se les califica como *palabras tabúes interlinguales*. Esto se puede observar, por ejemplo, entre alumnos tailandeses que aprenden inglés en un entorno precisamente inglés: evitan palabras tailandesas como *fâg* ('preservativo'), *fág* ('incubar'), *phríg* ('pimiento picante'/'chili'), *chíd* ('estar cerca, próximo'), y *khán* ('aplastar, exprimir'), en presencia de anglófonos, por su parecido fonético con algunas inglesas que se consideran tabúes —*fuck* para *fâg* y *fág*, *freak* para *phríg*, *shit* para *chíd*, y *cunt* para *khán*—. También se sufre el problema a la inversa, porque los hablantes de tailandés también encuentran embarazoso decir las palabras inglesas *yet* ('todavía'/'ya') y *key* ('llave'/'clave'), que suenan casi como las tailandesas *jed*, una palabra vulgar que expresa el concepto 'tener relaciones sexuales', y *khîí*, que se refiere a 'excremento', respectivamente. Del mismo modo, se dice que las jóvenes indias norteamericanas hablantes de Nootka se muestran poco dispuestas a emplear la palabra inglesa *such* ('tal'/'tan') debido a su gran parecido fonético con el término de Nootka equivalente a *vagina*.

En realidad, los modelos de tabúes cambian de la misma manera que las lenguas. 'Infringir las reglas' actualmente es menos dramático de lo que solía ser. Un ejemplo de cambio social que refleja también un cambio en la conducta lingüística es el taco inglés *bloody* ('maldito') (originariamente *by our Lady*), que ahora es relativamente inofensivo.[30]

II.2.3.b. Sistemas familiares

El vocabulario referido a los sistemas familiares también tiene que ver con los diferentes modos de estructurar el mundo, ya que si bien todos los seres humanos tienen las mismas relaciones de *parentesco*, no todos las etiquetan o se refieren a los parientes de una familia de la misma forma. La terminología familiar demuestra lo básico que son los sistemas de clasificación en el lenguaje y en la sociedad: el sistema familiar de una sociedad se refleja generalmente en su vocabulario de parentesco. El inglés, en concreto, tiene once términos familiares:

Father - Mother	*Son - Daughter*	*Nephew - Niece*
Brother - Sister	*Uncle - Aunt*	*Cousin*
Padre - Madre	Hijo - Hija	Sobrino - Sobrina
Hermano - Hermana	Tío - Tía	Primo - Prima

Algunos de ellos son de relación recíproca pero otros no. Esto es, si yo soy tu padre —*father*— o tío —*uncle*—, evidentemente tú no eres mi padre o tío, pero si tú eres mi primo —*cousin*— naturalmente yo también soy tu primo. Hay cuatro sistemas de modificación de estos once términos familiares:

1) Mediante los términos *great/grand*, que sólo se aplican a aquellas relaciones que no son recíprocas. Indican generaciones atrás, aunque no siempre se emplean como términos de tratamiento, a pesar de ser términos de referencia: *great-great-grandparents* (tatarabuelos), *great-great-grandfather* (tatarabuelo), *great-great-grandmother* (tata-

30. Un estudio histórico muy interesante y completo de la blasfemia en inglés es el de Geoffrey Hughes (1991).

rabuela), *great-great-grandson* (tataranieto), *great-great-granddaughter*, (tataranieta), *great-grandparents* (bisabuelos), *great-grandfather* (bisabuelo), *great-grand mother* (bisabuela), *great-grandson* (bisnieto), *great-uncle* (tío abuelo), *great-aunt* (tía abuela), *great-nephew* (sobrinonieto), *great-niece* (sobrinanieta), *grandparents* (abuelos), *grandfather* (abuelo), *grandmother* (abuela), *grandson* (nieto), *granddaughter* (nieta).

2) Mediante el sistema in-law, que tiene que ver con el matrimonio. Sólo van con las relaciones *father/mother, brother/sister* y *son/daughter: father-in-law* (suegro, padre político), *mother-in-law*, (suegra, madre política), *brother-in-law* (cuñado, hermano político), *sister-in-law* (cuñada, hermana política), *son-in-law* (yerno, hijo político), *daughter-in-law* (nuera, hija política).

3) Mediante el sistema *by marriage*, que se aplica a *uncle/aunt* y *nephew/niece: uncle by marriage* (tío político), *niece by marriage* (sobrina política), etc.

4) Mediante la modificación con 'cousin': *first/second/third cousin* (primo primero/segundo/tercero, o prima), *once/twice (generations from ancestor) removed.*

Pero estas relaciones de parentesco son susceptibles, también, de alguna otra división, mediante la utilización de: *eldest/youngest son/daughter*, *older/younger brother/sister*, *paternal/maternal uncle/aunt*. La terminología moderna, *step* y *half*, tiene que ver con segundos casamientos: *half-brother* (medio hermano), *half-sister* (media hermana), *step-brother* (hermanastro), *step-sister* (hermanastra), *step-father* (padrastro), *step-mother* (madrastra), *step-son* (hijastro), *step-daughter* (hijastra). Si o bien tu padre o bien tu madre se vuelve a casar, esa persona nueva será tu *step-father/mother* (padrastro/madrastra), y cualquier hijo nacido como fruto de ese nuevo matrimonio será tu *half-brother/sister* (medio hermano/hermana). Pero si esa persona, tu padrastro/madrastra, trae consigo un hijo que fue fruto de un matrimonio anterior, ese hijo será el *step-brother/sister* (hermanastro/-a) de uno. En lo que se refiere a la correspondencia de términos de tratamiento y términos de referencia, esta no es total; *mother-in-law* y *father-in-law*, por ejemplo, son correctos como términos de referencia pero no como términos de tratamiento, al igual que en español.

El modo en que la cultura organiza las relaciones de parentesco y lo relevantes que son en términos de uso da lugar a diferentes léxicos de la familia. Cuanto más diferente es una cultura, más diferente es su sistema familiar. Robbins Burling (1970) describió el sistema familiar de los njamal, una tribu de aboríneges australianos. Un estudio de los términos de njamal comparado con los equivalentes ingleses, o españoles, revela mucho acerca de las diferencias entre ambas sociedades. Por sorprendente que parezca a un hablante del mundo occidental, en la sociedad njamal la distinción entre *father* y *father's brother* —padre y tío paterno respectivamente— no es tan relevante como en inglés o en español. El término *mama* en njamal se emplea para todos los varones de la generación del padre, mientras que el inglés tiene *father*, *uncle*, *male cousin of parent*, etc. Sin embargo, mientras que el Njamal distingue entre *mama*, también para referirse al *father's brother* ('hermano del padre') y al *mother's sister's husband* ('marido de la hermana de la madre'), y *karna*, para referirse al *mother's brother* ('hermano de la madre') y al *father's sister's husband* ('marido de la hermana del padre'), el inglés sólo emplea *uncle* para ambos casos. Además, otros términos njamal de parentesco (*maili*, por ejemplo) no distinguen relaciones, como sí haría el inglés o el español, sino distancia generacional: se refiere tanto al *father's father* ('el padre del padre') como a la *daughter's son's wife's sister* ('hermana de la mujer del hijo de la hija'), que implica dos generaciones atrás.

En Australia central el sistema familiar alyawarra también refleja algunas diferencias sorprendentes en su modo de organizar las relaciones de parentesco de esa sociedad:

aringiya:	PaPa	(padre del padre: abuelo paterno)
	HnoPaPa	(hermano del padre del padre: tío abuelo paterno)
	HnaPaPa	(hermana del padre del padre: tía abuela paterna)
	HjoHjoHno	(hijo del hijo del hermano: sobrinonieto)
	HjaHjoHno	(hija del hijo del hermano: sobrinanieta)
	HjoHjo	(hijo del hijo: bisnieto; solo para hablantes *varones*)
	HjaHjo	(hija del hijo: bisnieta; solo para hablantes *varones*)
nyanya:	MaMa	(madre de la madre: abuela materna)
	HnoMaMa	(hermano de la madre de la madre: tío abuelo materno)

	HnaMaMa	(hermana de la madre de la madre: tía abuela materna)
	HjoHjaHna	(hijo de la hija de la hermana: sobrinonieto)
	HjaHjaHna	(hija de la hija de la hermana: sobrinanieta)
	HjoHja	(hijo de la hija: nieto; solo para hablantes *femeninos*)
	HjaHja	(hija de la hija: nieta; solo para hablantes *femeninos*)
akngiya:	Pa	(padre)
	HnoPa	(hermano del padre: tío paterno)
amatjia:	Ma	(madre)
	HnaMa	(hermana de la madre: tía materna)
awuniya:	HnaPa	(hermana del padre: tía paterna)
apmaliya:	HnoMa	(hermano de la madre: tío materno)
awiyatjia:	Hno mayor	(hermano mayor)
	HjoHnoPa mayor	(hijo mayor del hermano del padre: primo paterno mayor)
	HjoHnaMa mayor	(hijo mayor de la hermana de la madre: primo materno mayor)

Pa: padre	Hno: hermano	Hjo: hijo
Ma: madre	Hna: hermana	Hja: hija

Los términos familiares en alyawarra indican la generación, y a veces el sexo, de la persona referida o ego —la persona de la cual parte la relación—, y en ocasiones la edad de otro con respecto al ego —en cuanto a si es mayor o menor—. Los términos *aringiya* y *nyanya* están dos generaciones atrás en relación con el ego. En esta sociedad, no es relevante distinguir *abuelos* (grandparents), *tíos/tías abuelos/abuelas* (great-uncles/aunts), *sobrinonietos/sobrinanietas* (great-nephews / nieces), ni *nietos/nietas* (grandsons/granddaughters), y, como son términos que implican relaciones recíprocas, tanto un nieto como un abuelo, por ejemplo, pueden llamarse mutuamente *aringiya*, si es paterno, o *nyanya*, si es materno. Sin embargo, ellos distinguen el sexo del hablante para aludir a un *nieto* o a una *nieta*: *aringiya* para hablantes masculinos y *nyanya* para femeninos. También es interesante tener en cuenta el hecho de que el hermano del padre, el *tío paterno* (paternal uncle), y la hermana de la madre, *la tía materna* (maternal aunt), tienen obligaciones muy próximas al padre y a la madre respectivamente; de ahí el uso del mismo término para referirse, por un lado, al padre y al hermano del padre, *akngiya*, y, por otro lado, a la madre y a la hermana de la madre, *amatjia*. La edad de otro con respecto al ego —en cuanto a ser mayor o menor— es relevante al aludir a *hermanos* y *primos*: el término *awiyatjia* se refiere tanto a *hermanos mayores* (older brothers) como a *primos mayores* (older male cousins).

El Miri es una lengua tibetana/birmana que se habla en el norte de la India y su sistema familiar también refleja algunas características particulares si se compara con el de las relaciones de parentesco en inglés o incluso en español. Tomando al ego como la persona de la que parte la relación, en miri los términos familiares varían según la naturaleza de los *tíos* y *tías*: dependiendo de si éstos son hermanos/hermanas del padre o la madre o no. Si en la estructura de una familia participa una *tía* que es la hermana del padre y un *tío* que es el hermano de la madre, la terminología miri sería la que aparece en el siguiente cuadro:

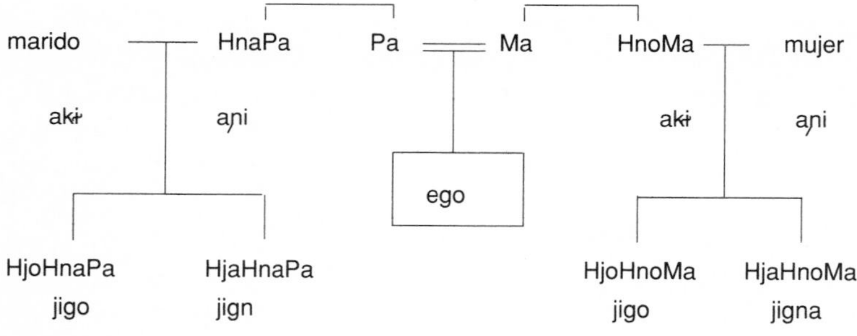

Sin embargo, si en la estructura de la familia participa una *tía* que es la hermana de la madre y a un *tío* que es hermano del padre, la terminología miri sería como muestra el cuadro de la página siguiente:[31]

31. Los ejemplos de los sistemas familiares en Alyawarra y Miri están tomados de una sesión sobre la *Lingüística Antropológica* del Curso 1990/91 de ***Sociolingüística*** de Peter Trudgill en la Universidad de Essex.

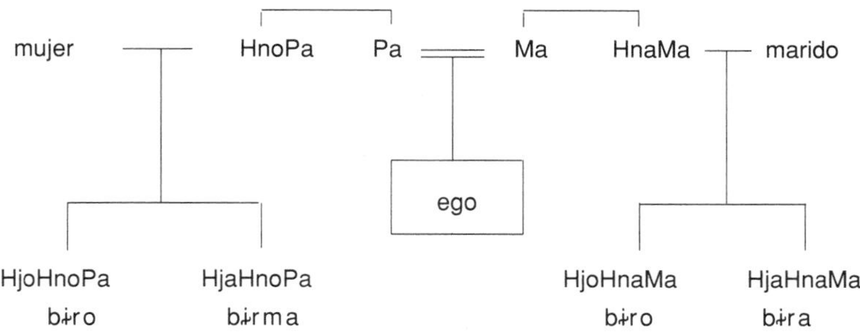

Como el lenguaje es en cierto modo un reflejo de la sociedad, un cambio social puede también producir un correspondiente cambio lingüístico (Trudgill 1983 a: 28). En el mundo de habla inglesa, las relaciones de parentesco no son tan próximas geográficamente como solían ser, y, por ello, términos como *second cousin* (primo segundo) son cada vez menos relevantes. En Rusia, desde 1860 hasta ahora, la estructura de su sistema familiar ha sufrido un cambio radical como consecuencia también de varios cambios sociales que le afectaron muy directamente. De este modo, antes de 1860 los términos *shurin* y *neveska* se utilizaban para referirse al hermano de la mujer y a la mujer del hermano respectivamente, pero ahora es simplemente *brat zheny* ('hermano de la mujer') y *zhena brata* ('mujer del hermano'). Igualmente el término *yatrov*, en origen una palabra bastante importante que se refería a la mujer del hermano del marido, ha desaparecido por completo en la actualidad. Las sociedades también difieren en los criterios sobre el *incesto*, concretamente en casos de primos primeros. En algunos países, normalmente sociedades católicas, no está autorizado. En otras sociedades un varón puede casarse con su prima primera dependiendo de qué prima sea: hija de la hermana del padre, hija del hermano de la madre, hija del hermano del padre, o hija del hermano de la madre.

Además de los sistemas familiares, la influencia de la sociedad en el lenguaje y el modo en que el entorno se refleja en la lengua puede ilustrarse con algunos otros ejemplos: los pronombres de tratamiento, los términos referidos a colores, las estructuras léxicas, etc., ámbitos todos ellos que también varían de una cultura a otra. Ejemplos conocidos sobre la influencia de la cultura en el lenguaje son la amplia gama de palabras diferentes que la lengua esquimal tiene para *nieve* (snow), o la también diversa variedad de palabras que las lenguas sami (el lapón) del norte de Escandinavia tienen relacionadas con *reno* (reindeer), e incluso el amplio vocabulario que el árabe beduino tiene para *camello* (camel). Con respecto a este ejemplo sobre el esquimal, John Lyons (1981 : 306) indica lo siguiente: «por ejemplo, de la misma manera que se dice que el esquimal no tiene una única palabra para nieve, parece ser que la mayoría de las lenguas australianas no tienen una palabra que signifique 'arena', sino muchas que denotan varios tipos de arena. La causa es lo suficientemente evidente en cada caso. La diferencia entre un tipo de nieve o de arena y otra es de gran importancia en la vida cotidiana del esquimal, por un lado, y del aborigen australiano, por otro». Lyons (1981 : 305-6), al igual que Brown y Lenneberg (1954 : 245), al tratar las diferencias culturales que afectan a una lengua, habla de *codificabilidad* (*codability*), que no es necesariamente constante y uniforme incluso en toda una misma comunidad lingüística. La gente tiende a recordar aquellas cosas que son codificables en su lengua; esto es, aquellas cosas que entran dentro del campo de acción de las palabras y expresiones fácilmente asequibles y que están regidas por el hecho de ser o no ser relevantes en una cultura: las diferentes palabras para *nieve* en esquimal son tan relevantes en Australia como las diferentes palabras para *arena* en la sociedad esquimal.

II.2.3.c. Relatividad lingüística

La influencia de la lengua en la sociedad es el objetivo central de estudio de la llamada *relatividad lingüística*, también conocida como la *Hipótesis Sapir-Whorf* o simplemente la *Hipótesis Whorfiniana*. Esta tercera dirección fue expuesta por primera vez en el siglo XIX gracias al etnólogo alemán Wilhelm von Humboldt, y en este siglo fue desarrollada por el lingüista Edward Sapir y su discípulo Benjamin Lee Whorf.[32] El determinismo lingüístico de Humboldt sostiene que el lenguaje determina al pensamiento: la estructura de una lengua de-

32. Ingeniero químico por formación, bombero por vocación y lingüista por recomendación (Wardhaugh 1986 : 212).

fine el modo en que la gente percibe y organiza el mundo. «La lengua de un hablante nativo configura una serie de categorías que actúan como una especie de rejilla a través de la cual él categoriza y conceptualiza diferentes fenómenos.» (Trudgill 1983 a: 24):

> Los seres humanos no viven sólo en el mundo objetivo, ni en el mundo de la actividad social tal y como se entiende normalmente, sino que están muy a merced de la lengua particular que se ha convertido en el medio de expresión de su sociedad. Es bastante iluso pensar que uno se ajusta a la realidad básicamente sin el uso del lenguaje y que el lenguaje es un medio meramente casual para solucionar problemas concretos de comunicación o de reflexión. La pura verdad es que el 'mundo real' está en gran parte construido sobre los hábitos lingüísticos del grupo [...] Vemos y oímos y además experimentamos en gran medida así porque los hábitos lingüísticos de nuestra comunidad predisponen ciertas opciones de interpretación.
>
> *Edward Sapir (1929 : 207)*

Diferentes hablantes, por tanto, verán el mundo de manera distinta por cuanto que las lenguas que hablan difieren estructuralmente. De este modo, si la mayoría de países occidentales son tan parecidos culturalmente es, según esta opinión, porque la gramática de la mayoría de las lenguas europeas, colectivamente llamadas *Standard Average European* (SAE) —media estándar europea—, tales como el inglés, alemán, español, francés, portugués, italiano, etc., comparten muchos rasgos estructurales. Precisamente para demostrar que las diferencias lingüísticas pueden ocasionar diferencias cognitivas, tendremos que comparar grupos de lenguas muy diferentes y culturalmente distantes (Trudgill 1983 a: 24-5). Si las lenguas europeas SAE, hacen uso de los tiempos, algunas variedades amerindias no tienen sistemas de tiempos, al menos como nosotros los concebimos, y posiblemente su concepto del tiempo también es de algún modo diferente: en las SAE los acontecimientos ocurren, han ocurrido, u ocurrirán, en un espacio y tiempo determinados (presente, pasado, o futuro), mientras que en esas lenguas amerindias no se concibe que los acontecimientos tengan lugar de esa manera, lo que importa es la *validez* y la *evidencia*, más que el *tiempo*; se trata de saber si se puede garantizar que un evento ha ocurrido, está ocurriendo, se espera que ocurra o no. Los indios Hopi de Nuevo Mexico, en Estados Unidos, por ejemplo, tienen matices diferentes del las SAE para las siguientes oraciones:

1. *I see that it is new* (veo que eso es nuevo)
2. *I see that it is red* (veo que eso es rojo)
3. *I hear that it is new* (oigo que eso es nuevo)
4. *I hear that it is red* (oigo que eso es rojo)

Si en inglés, cada oración está compuesta de dos mitades conectadas con la palabra *that*, en hopi el equivalente de la oración 1 incluye una palabra para *that*, la oración 2 tiene otra, y la 3 y 4 comparten otra, conllevando diferentes distinciones o matices, porque en esa cultura amerindia hay implicados tres tipos de 'presentación a los sentidos'. Peter Trudgill explica estas diferentes distinciones:

> En la oración 1 la novedad del objeto en cuestión la deduce el hablante de una serie de diferentes indicios visuales y de su experiencia pasada. En la oración 2, por otro lado, lo rojo del objeto impacta en la conciencia del hablante directamente por medio de un estímulo del sentido de la vista. Los procesos implicados son diferentes, y esta diferencia se transmite en la lengua [...] En la 3 y 4 la presentación a los sentidos es distinta nuevamente: lo rojo y lo novedoso se perciben directamente por medio de un estímulo auditivo. En este caso, sin embargo, ambas características se establecen del mismo modo, y por ello sólo una palabra está implicada en la diferenciación.
>
> *Peter Trudgill (1983 a: 26)*

Parece claro, pues, que las diferencias lingüísticas pueden conllevar, en algunos casos, diferencias en la percepción del mundo: el hablante hopi percibe normalmente su entorno de un modo diferente al inglés, quien a su vez tiene problemas para captar otras distinciones normales en hopi. Edward Sapir y Bejamin Lee Whorf basaron sus ideas en el estudio de lenguas amerindias, principalmente la lengua hopi de Nuevo Mexico. Sin embargo, según Peter Trudgill (1983 a: 26), no se puede aceptar ninguna versión sólida de la hipótesis Sapir-Whorf: se puede sostener que el pensamiento está hasta cierto punto condicionado, pero no ciertamente limitado, por el lenguaje, entre otras cosas, debido a todas las posibilidades de comprensión de las distinciones en hopi —a pesar de la existencia de algunos problemas de apreciación— y de traducción entre hopi e inglés.

Hemos visto, en definitiva, que el lenguaje y la sociedad están ciertamente muy interrelacionados. Estas complejas interrelaciones pueden darse en diferentes direcciones: la influencia de la sociedad en la lengua, que era el caso de las palabras tabúes, los sistemas familiares, la terminología de colores, los pronombres de tratamiento y las estructuras léxicas, la co-variación de fenómenos sociales y lingüísticos, que es el caso más común y más controvertido, y la influencia de la lengua en la sociedad, que es el caso de la relatividad lingüística. Estudiar los valores culturales de una sociedad puede ayudar a conocer más sobre una determinada lengua. La *Lingüística Antropológica*, por tanto, se ocupa del estudio de la variación y uso de la lengua con relación a los modelos culturales y creencias del hombre, tal como se investiga con las teorías y métodos de la *Antropología*.[33]

II.2.4. *EL ANÁLISIS DEL DISCURSO*

«Analiza de diferentes modos los textos y la interacción conversacional con la intención de obtener un mayor entendimiento de la cohesión y coherencia textual, y de las reglas para llevar a cabo e interpretar las conversaciones» (Trudgill 1984 a: 3), pero ésto no debe identificarse totalmente con el 'análisis del discurso' referido a la gramática textual o el análisis gramatical de unidades mayores que la oración; esto es, con el discurso textual o el análisis textual.[34] Hemos dicho en **II.1** que la *Etnometodología* coincide, con algunos aspectos del *Análisis del Discurso* en sus estudios del discurso conversacional, y que la

33. Para más detalles sobre la *Lingüística Antropológica*, véase Edwin Ardener (ed) (1971), Dell Hymes (1983) y Florian Coulmas (1987). Algunas revistas internacionales que tratan esta disciplina son *Anthropological Linguistics*, *American Anthropologist* y *Language in Society*.

34. Según Ralph Fasold (1990 : 65), el *Análisis del Discurso* puede considerarse como el campo dentro de la ***Sociolingüística*** que ha tenido más actividad investigadora que ninguno en estos últimos años. Él subdivide el *Análisis del Discurso* en el estudio de los *textos*, que es un área destacada de la Lingüística en Europa y a menudo es llamada *lingüística textual*, y el estudio de los *actos interactivos*.

diferencia radica en los objetivos sociológicos de la primera y los sociológico-lingüísticos de la segunda: los estudios etnometodológicos en el análisis conversacional se ocupan sólo de la *significación social* que implica la conversación, mientras que el Análisis del Discurso se ocupa de su *organización* (el estudio de las reglas para la interacción conversacional, la estructura del discurso y la interpretación del mismo).

Dell Hymes (1968 : 110), basándose en las *funciones del lenguaje* de Roman Jakobson,[35] habla de siete factores básicos que están necesariamente implicados en cualquier acto de habla: un EMISOR *(sender* o *addresser)*, un RECEPTOR *(receiver* o *addressee)*, un MENSAJE *(message form)*, un CANAL *(channel)*, un CÓDIGO *(code)*, un TEMA *(topic)*, y una SITUACIÓN *(setting, scene* o *situation)*. Estos siete factores son el marco que caracteriza la interacción social, y por tanto, son el principio básico e invariable que se necesita en cualquier actividad conversacional: quién habla con quién, cuándo, cómo, qué y con qué fin.

Harvey Sacks, Emanuel Schegloff y Gail Jefferson, en Sacks *et al.* (1974), hicieron la propuesta más influyente sobre la organización de los actos interactivos: después de examinar grabaciones de conversaciones reales, afirmaron que la conversación es una especie de sistema organizado de intercambio de habla que se basa en el mecanismo de *toma de turno* (turn-taking) y está regido por unas reglas: **i**) un 'turno' consiste no sólo en el derecho sino también en la obligación de hablar: «Si alguien estuviera informando acerca de una conversación entre Joan y Mary, podría llegar el momento en el que éste dijera 'y entonces Mary no dijo nada' a pesar de que en ese momento en cuestión ni Joan ni Mary dijeron nada. Lo importante es, naturalmente, que era el 'turno' de Mary, y eso es por lo que hay alguien que cree que ella ha permanecido en silencio» (Trudgill 1983 a: 126); **ii**) los cambios de hablantes se repiten, o al menos se dan, por medio de los *pares de adyacencia* (adjacency pairs), secuencias de estímulo-más-respuesta; **iii**) la inmensa mayoría de las veces es una parte la que habla en un momento dado, aunque casos de más de un hablante a la vez son frecuentes pero breves; **iv**) los cambios de turno (transiciones de

35. Véase Roman Jakobson (1981) «Linguistics and Poetics», *Selected Writings III: Poetry of Grammar and Grammar of Poetry*. La Haya: Mouton.

uno a otro) sin vacíos ni solapamientos (no gap, no overlap) son frecuentes, aunque se combinan con casos de sólo muy breves vacíos o solapamientos en la inmensa mayoría de las veces; **v**) hay técnicas de asignación de turno, por medio de las cuales la persona que está hablando en ese momento puede seleccionar a la siguiente, o incluso esta siguiente persona puede auto-seleccionarse; y **vi**) el orden, duración y distribución de los turnos propios de cada hablante, así como el tema o incluso los participantes no están predeterminados. Esto es, las situaciones conversacionales son espontáneas y naturales, lo que provoca, por un lado, que si ambas partes no se conocen mutuamente, «deban comenzar rápidamente a hacer juicios» sobre lo que ellos pueden llevar a cabo una vez que comienzan a *descifrarse* el uno al otro con el fin de saber el tipo de lenguaje que pueden emplear (Wardhaugh 1985 : 24); por otro lado, el funcionamiento mediante pares de adyacencia provoca la improvisación durante el curso de la conversación:

> El significado de una conversación, por tanto, es algo que, más que expresarse directamente, se negocia durante el desarrollo de ésta. Lo que ocurre, lo que se quiere decir, depende de lo que ha acontecido antes, de lo que está teniendo lugar en ese momento, y de lo que pueda o no pueda ocurrir. No está fijado sino sujeto a una constante revisión y reinterpretación.
>
> *Ronald Wardhaugh (1985 : 33).*

Esto significa, como John Laver y Peter Trudgill (1979 : 28) indican, que en una conversación, «ser un oyente del habla no es diferente a ser un detective. El oyente no sólo tiene que establecer qué es lo que se dice, sino que también tiene que construir, a partir de una serie de pistas, el estado afectivo del hablante y el perfil de su identidad».

La interacción conversacional también promueve el uso de rutinas y modelos estereotipados ('trozos *congelados*' [*frozen* chunks]) para pedir, aconsejar, disculparse, informar, ponerse/estar de acuerdo, prometer, introducir temas nuevos, turnos, interrupciones, terminaciones, silencios, etc., y todo ello implica una especie de ritual. Una conversación tiene un principio, un desarrollo y una conclusión con sus propias reglas. El principio de la conversación generalmente implica un intercambio de saludos, y una vez que se ha comenzado y que las fórmulas de apertura se han intercambiado, es necesario establecer un tema sobre el que conversar. Durante el desarrollo del tema en la interacción, los *feedbacks* (gestos del oyente tales como cabezadas de aprobación: *mhm*, *sí*, etc.), el momento preciso para una interrupción[36] («*perdona que interrumpa*») y las *secuencias de inserción* en una situación conversacional interrumpida («*Como iba diciendo*», «*Bueno, ¿qué estaba yo diciendo?*») son elementos importantes que garantizan la continuación de un turno en el proceso de *toma de turno*. Finalmente, cuando la conversación debe alcanzar un final, hay *señales de pre-cierre* que sirven para negociar éste. De este modo, como Paul Grice (1975: 45) afirma, la conversación se caracteriza por conllevar una actitud cooperativa, esto es, implica una conducta cooperativa, y de ahí que pueda considerarse como una especie de negocio:

> La conversación implica una especie de negocio entre beneficio público y ganancia personal: tú tienes que dar para conseguir. Si tú no provees a los otros con respuestas, *feedback* y apoyo, los encontrarás reacios a ser recíprocos.
>
> *Ronald Wardhaugh (1985: 60)*

El silencio mismo es una poderosa arma comunicativa. El emparejamiento de enunciados (pares de adyacencias) en situaciones conversacionales es tan fuerte que un corte intencionado de esta relación doble, debido a un fallo al suministrar el segundo miembro del par, puede considerarse como un acto intencionado y nada cooperativo. De hecho, en una conversación entre dos hablantes ingleses, se dice que un silencio de más de cuatro segundos no está permitido: si no se dice nada después de cuatro segundos, hay una especie de desconcierto colectivo y un sentimiento de obligación a decir algo; incluso un comentario sobre el tiempo es útil normalmente.

Si nos centramos expresamente en la estructura del discurso, podemos observar que las conversaciones se componen de secuencias de enunciados estructurados, aunque no aleatoriamente, sí de la mis-

36. «Incluso hay momentos en la estructura de una conversación en los que es posible, y momentos en los que no lo es, interrumpir a un hablante (un hecho molesto en los niños pequeños es que no siempre saben las 'reglas' acerca de cuándo son esos momentos)» (Trudgill 1983 a: 126-7).

ma manera que las oraciones se componen de palabras. En efecto, en la mayoría de los casos, las conversaciones se organizan de forma que las preguntas van seguidas de respuestas. Esto es, una típica estructura del discurso es la que se caracteriza por el uso del siguiente modelo (Trudgill 1978 b: 5):

$$(\mathbf{P_1\,R_1})\,(\mathbf{P_2\,R_2})\,(\mathbf{P_3R_3})$$

donde $\mathbf{P_1}$, $\mathbf{P_2}$ y $\mathbf{P_3}$ son preguntas, emparejadas con sus respuestas correspondientes, $\mathbf{R_1}$, $\mathbf{R_2}$ y $\mathbf{R_3}$. En Trudgill (1983 a: 127) podemos encontrar un ejemplo siguiendo este modelo:

$\mathbf{Q_1}$:	*Have you written to John yet?*	$\mathbf{P_1}$:	*¿Le has escrito ya a Juan?*
$\mathbf{A_1}$:	*No, not yet.*	$\mathbf{R_1}$:	*No, aún no.*
$\mathbf{Q_2}$:	*Are you going to write?*	$\mathbf{P_2}$:	*¿Vas a escribirle?*
$\mathbf{A_2}$:	*Yes, eventually.*	$\mathbf{R_2}$:	*Sí, dentro de poco.*

Sin embargo, también es posible encontrar secuencias más complejas en las conversaciones: preguntas y respuestas pueden aparecer incrustadas unas dentro de otras siguiendo este modelo:

$$(\mathbf{P_1\,(P_2\,(P_3\,R_3)\,R_2)\,R_1})$$

Erving Goffman (1976 : 259) examinó el diálogo conversacional; en su «Replies and Responses» podemos encontrar un ejemplo de este tipo:

$\mathbf{Q_1}$:	*Have you got the time?*	$\mathbf{P_1}$:	*¿Tienes hora?*
$\mathbf{Q_2}$:	*Standard or Daylight Saving?*	$\mathbf{P_2}$:	*¿La estándar o la del cambio de hora?*
$\mathbf{Q_3}$:	*What are you running on?*	$\mathbf{P_3}$:	*¿Cuál llevas?*
$\mathbf{A_3}$:	*Standard.*	$\mathbf{R_3}$:	*La estándar.*
$\mathbf{A_2}$:	*Standard then.*	$\mathbf{R_2}$:	*La estándar entonces.*
$\mathbf{A_1}$:	*It's five o'clock.*	$\mathbf{R_1}$:	*Son las cinco en punto.*

En Trudgill (1983 a: 127) también podemos encontrar un ejemplo que sigue este modelo incrustado:

Q_1: *Have you seen John yet?*	**P_1:** *¿Has visto ya a Juan?*
Q_2: *Is he back?*	**P_2:** *¿Ha vuelto?*
Q_3: *Didn't you know?*	**P_3:** *¿No lo sabías?*
A_3: *No, I didn't.*	**R_3:** *No, no lo sabía.*
A_2: *He's back all right.*	**R_2:** *Ha vuelto bien.*
A_1: *Well, I haven't seen him.*	**R_1:** *Pues no lo he visto.*

Si examinamos las llamadas (summonses), podemos ver que, al igual que las preguntas, normalmente también van seguidas de respuestas (Trudgill 1983 a: 127):

Bill, **S_1:** *John!*	Bill, **Ll_1:** *John!*
John, **A_1:** *Coming!*	John, **R_1:** *¡Voy!*

Sin embargo, las llamadas, a diferencia de las secuencias pregunta-respuesta, no consienten la incrustación en su estructura. Emanuel Schegloff (1968) se preguntó por qué es la persona que coge el teléfono, en lugar de la que hace la llamada, quien habla primero. Schegloff sugirió que es el timbre del teléfono mismo lo que se interpreta como la parte de *llamada* (summons) en una secuencia de discurso *llamada-respuesta* (summons-answer); esta es la razón por la que normalmente respondemos «*¿Sí, dígame?*» («Hello?»).

La naturaleza de la cohesión del discurso conversacional también se estudia dentro del *Análisis del Discurso*. La estructura del discurso conversacional se mantiene mediante la repetición de elementos léxicos entre los hablantes, la pronominalización, y el uso de *marcadores discursivos* (palabras sin contenido léxico). Deborah Schiffrin (1987) sostiene que ni los marcadores ni el discurso en el que éstos funcionan pueden entenderse desde un punto de vista únicamente, sino como un conglomerado de factores estructurales, semánticos, pragmáticos y sociales. Llevó a cabo un análisis comparativo de los marcadores en el discurso conversacional y llegó a la conclusión de que éstos proveen las coordenadas contextuales que contribuyen en la producción e interpretación de la conversación coherente a nivel de organización particular y global. Los marcadores discursivos, tanto las partículas *mhm, uhuh, oh, well, now, then, actually, you know, I mean* como los conectores *so, because, and, but, or, anyway,* etc., desempeñan importantes funciones en la conversación. Trataremos este asunto en **III.10**.

El *Análisis del Discurso* también se ocupa de las reglas de interpretación del mismo. Sabemos que las oraciones, sin entrar en más detalle, pueden dividirse en *aseveraciones*, *preguntas*, y *mandatos*, según su **forma**, y en *enunciativas, interrogativas* y *exhortativas*, según su **función:**

Aseveraciones:	(S-V-O)	◄———►	Enunciativas
Preguntas:	(V-S-O)	◄———►	Interrogativas
Mandatos:	(V-O)	◄———►	Exhortativas

Sin embargo, no hay una correspondencia exacta entre ellas, puesto que, por ejemplo, una aseveración puede funcionar como una afirmación y como una exhortación; una pregunta puede funcionar como una petición y como una afirmación; un mandato puede funcionar como una exhortación y como una petición; y así sucesivamente. Cabría preguntarse entonces cómo es posible distinguir entre conversaciones que son coherentes y las que no lo son. En este sentido, Peter Trudgill (1983a: 128) indica que «normalmente es posible, al menos para los adultos, distinguir entre secuencias de enunciados coherentes de tipo conversacional y secuencias hechas al azar». Por consiguiente, no debería ser difícil distinguir entre la secuencia pregunta-respuesta (a):

(a)	**A:** *Are you going on holiday this year?*	**A:** *¿Te vas de vacaciones este año?*
	B: *I haven't got any money.*	**B:** *No tengo dinero.*

y la secuencia pregunta-respuesta (b):

(b)	**A:** *Are you going on holiday this year?*	**A:** *¿Te vas de vacaciones este año?*
	B: *My favourite colour is yellow.*	**B:** *Mi color favorito es el amarillo.*

Obviamente, el ejemplo (b) no tiene sentido alguno, mientras que (a) puede interpretarse perfectamente. William Labov (1972 b) demostró que es posible desarrollar reglas para la interpretación del discurso. Esto es, hay una serie de reglas de interpretación del discurso conversacional que los adultos ya dominan pero los niños no; de ahí que estos últimos no siempre las entiendan. Al igual que el ejemplo (a), según Labov, el siguiente caso también es un fragmento de discurso perfectamente coherente, aunque no haya una relación *lingüística* evidente entre la pregunta de **A** y la respuesta de **B**:

A: *Are you going to work tomorrow?*	**A:** *¿Vas a trabajar mañana?*
B: *I'm on jury duty.*	**B:** *Tengo que ejercer como jurado.*

Si no hay una relación lingüística clara entre la pregunta de **A** y la respuesta de **B**, siendo, como es, un fragmento de discurso perfectamente coherente, ¿cuál sería la relación? William Labov afirma que este tipo de cohesión puede estar regida por una regla discursiva como la siguiente:

> Si A hace una petición de información **Q-**$\mathbf{S_1}$, y **B** hace una aseveración $\mathbf{S_2}$ como respuesta que no puede ser desarrollada con las reglas de elipsis a la forma $\mathbf{XS_1Y}$, entonces $\mathbf{S_2}$ se entiende como una afirmación de que existe una proposición **P** conocida tanto por **A** como **B**:
>
> Si $\mathbf{S_2}$, entonces (E)$\mathbf{S_1}$
>
> donde (E) es un operador existencial, y de esta proposición se deduce una respuesta a la petición de **A**: (E)$\mathbf{S_1}$.

regla que Peter Trudgill (1983 a: 128) interpreta de la siguiente manera:

> ... si un hablante A hace una petición de información y la respuesta del hablante B no está relacionada lingüísticamente con la pregunta [...] entonces esa respuesta debe interpretarse como una afirmación de que existe una proposición, conocida tanto por A como por B, que no tiene conexión, y de la que se puede deducir una respuesta a la pregunta de A.

En el caso del ejemplo anterior, la proposición conocida tanto por **A** como **B**, el que la respuesta de **B** pueda percibirse como una aseveración, es que a la gente que tiene que ejercer como jurado no le está permitido trabajar (Trudgill 1978 b: 6).[37]

---

37. Al tratar los cometidos de los estudios etnometodológicos en **II.1**, hemos visto que en un ejemplo como éste, la *Etnometodología* estaría interesada en el estudio del *contenido* de la proposición y en el conocimiento del mundo del hablante, mientras que el *Análisis del Discurso* se interesaría por la *forma* de la regla del discurso en sí y la *realidad* de la proposición (*cf.* Peter Trudgill 1978 b, 1983 a y 1983 b).

Walt Wolfram y Todd Wolfram (1977) demostraron que la ruptura de ciertas reglas presupone, lógicamente, la existencia de las mismas. Investigando las reacciones de la gente ante preguntas del tipo «*¿y eso?*» en contextos como:

A: *How old are you?*	**A:** *¿Cuántos años tienes?*
B: *Thirty-three.*	**B:** *Treinta y tres.*
A: *How come?*	**A:** *¿Y eso?*

conseguían romper la regla del discurso mediante la afirmación, por deducción, de que no es evidente que alguien, **B** en este caso, tenga treinta y tres años: hay una regla del discurso que interpreta una pregunta «*¿y eso?*» como una afirmación de que hay una proposición no evidente conocida por **B**, pero no por **A**. Las reacciones ante esta pregunta confirmaban claramente que algo había ido mal en la conversación; esto es, que ciertamente una regla había sido rota. Alguna gente se reía y/o se desconcertaba, otros respondían de manera divertida, y otros incluso buscaban alguna proposición no evidente que le diera sentido al intercambio, tales como «*I look older than 33 because ...*» o «*I'm still a student because ...*».[38]

Dijimos antes que hay una serie de reglas para la interpretación del discurso conversacional que los adultos dominan y que los niños no entienden simplemente porque no las dominan aún. Según Dell Hymes (1972), durante el proceso de adquisición de competencia en la gramática de la primera lengua (la competencia chomskyana), los niños también adquieren lo que él llama *competencia comunicativa*, esto es, hacerse *comunicativamente competente* en la interacción conversacional; en palabras de Trudgill:

> Los niños tienen que aprender no sólo la pronunciación, la gramática y el vocabulario de su lengua; también tienen que aprender a *usar* la lengua en la interacción conversacional para ser capaces de establecer relaciones sociales y participar en la comunicación a dos bandas (más que monólogos).
>
> *Peter Trudgill (1983 a: 126)*

38. «*Parezco mayor de 33 porque ...*» o «*Todavía soy un estudiante porque ...*».

Pero tal competencia comunicativa «se alimenta con la experiencia social» (Hymes 1972: 278), y por tanto necesita más tiempo para ser adquirida. Esta es la razón por la que en algunas ocasiones los niños tienen problemas para interpretar ciertas secuencias conversacionales, principalmente cuando se enfrentan con situaciones comunicativas cuyas reglas particulares de interpretación o proposiciones afirmadas todavía son desconocidas para ellos. Esto puede observarse en el siguiente fragmento de una conversación adulto-niño:

Child: *Are we going on holiday this year?*	**Niño:** *¿Nos vamos a ir de vacaciones este año?*
Adult: *We haven't got any money.*	**Adulto:** *No tenemos dinero.*
Child: *But are we going on holiday?*	**Niño:** *Pero ¿nos vamos a ir de vacaciones?*

o en éste:

Linus: *Do you want to play with me, Violet?*	**Lino:** *¿Quieres jugar conmigo, Violeta?*
Violet: *You're younger than me.* [Shuts the door]	**Violeta:** *Tú eres menor que yo.* [Cierra la puerta]
Linus: [puzzled] *She didn't answer my question.*	**Lino:** [confundido] *No contestó a mi pregunta.*

Walt Wolfram (Wolfram y Wolfram 1977) también confirmó este hecho utilizando a su hijo Todd para que realizase el mismo ejercicio. La reacción del informante fue la siguiente:

Todd Wolfram: *How old are you?*	**Todd Wolfram:** *¿Cuántos años tienes?*
Informant: *Thirty-three.*	**Informante:** *Treinta y tres.*
Todd Wolfram: *How come?*	**Todd Wolfram:** *¿Y eso?*
Informant: *Because I was born in 1940.*	**Informante:** *Porque nací en 1940.*

Estos ejemplos demuestran, por tanto, que las proposiciones que son evidentes para un adulto pueden no serlo para un niño, simplemente porque estos últimos todavía no son tan competentes comunicativamente hablando como los adultos.

Como Peter Trudgill (1983 a: 128) afirma, «las conversaciones, entonces, son secuencias de enunciados estructuradas, regladas, y no aleatorias». Dentro de la ***Sociolingüística***, el *Análisis del Discurso*, por consiguiente, se ocupa del análisis lingüístico del discurso tanto escrito como oral; estudia la *organización* de la interacción conversacional: reglas para la interacción conversacional, reglas para la estructura del discurso y también reglas para su interpretación.[39]

II.2.5. *LA ETNOGRAFÍA DE LA COMUNICACIÓN*

En 1962, Dell Hymes (1962) propuso un campo de estudio cuyo objetivo principal fuera desarrollar una teoría de la comunicación lingüística basada en el análisis comparativo de un gran número de comunidades y de sus particularidades lingüísticas. La *Etnografía de la Comunicación*, también conocida como la *Etnografía del Habla*[40] o *Etnolingüística* es, por tanto, un campo de estudio que «se centra en el papel que el lenguaje desempeña en la 'conducta comunicativa de las comunidades' —las maneras en que el lenguaje realmente se utiliza en las diferentes culturas—. Examina las funciones y usos de los estilos, los dialectos y las lenguas, y se centra en el modo en que las artes verbales y actos de habla se interpretan y se ejecutan en determinadas comunidades» (Trudgill 1978 b: 7). En otras palabras, la *Etnografía de*

---

39. Trabajos muy útiles en el *Análisis del Discurso* son D. Burton y M. Stubbs (1975), Michael Stubbs (1983), Gillian Brown y George Yule (1983), Ronald Wardhaugh (1985), Derek Roger y Peter Bull (1989), Guy Cook (1989). Otros trabajos también muy interesantes pero mucho más puntuales son, entre otros muchos, los de John Gumperz (1982 b), Dan Sperber y Deirdre Wilson (1986), Graham Button y John Lee (eds) (1987), Deborah Schiffrin (1987), Deborah Tannen (1989), Allen Grimshaw (ed) (1990) y Nikolas Coupland, Howard Giles y John Wiemann (eds) (1991). Revistas que se ocupan de esta disciplina son *Language in Society*, *Discourse Processes*, *Text* o *International Journal of the Sociology of Language*.

40. Ralph Fasold (1990) considera la etiqueta *Etnografía de la Comunicación* más apropiada que la de *Etnografía del Habla*, puesto que la primera sugiere un campo de estudio más amplio que la segunda. En gran medida, el término *ethnography of speaking* tenía su razón de ser en el uso, por parte de Dell Hymes (1974), de la palabra 'SPEAKING' como siglas de los factores más relevantes en la conversación: **Setting/scene, Participants, Ends, Act sequence, Key, Instrumentalities, Norms of interaction and interpretation** y **Genre** (véase Ronald Wardhaugh 1986 : 238-243).

la Comunicación se ocupa del cómo y del porqué se utiliza y de cómo su uso varía según las culturas. Además de la *Lingüística*, recoge aspectos de la *Sociología*, la *Antropología Social*, la *Teoría de la Educación*, el *Folklore*, la *Poética* y el *Análisis del Discurso*, aunque tiende a estar basada en la variación intercultural de estos aspectos más que éste último. Los orígenes del trabajo en este campo radican, en buena parte, en el reconocimiento de que aprender una lengua de una cultura determinada no es sólo aprender una gran cantidad de palabras en esa lengua, o una infinita variedad de construcciones oracionales, sino que también es aprender a conversar e interaccionar de la misma manera que un nativo. Cuando hemos tratado el *Análisis del Discurso*, hemos dicho que hay una serie de reglas para la interpretación del discurso conversacional que los adultos dominan y que, sin embargo, los niños desconocen. Hemos de recordar sobre ésto que, durante el proceso de adquisición de competencia en la gramática de la primera lengua, en el sentido de Noam Chomsky, los niños también adquieren *competencia comunicativa*, en el sentido de Dell Hymes, esto es, aprenden a ser *comunicativamente competentes* en la interacción conversacional. Igualmente, desde el punto de vista de la **enseñanza y aprendizaje de una segunda lengua**, los estudiantes de idiomas, a pesar de poseer competencia comunicativa en su lengua materna, tienen que aprender series de fórmulas de la *target language* (lengua objeto de estudio, o también lengua meta) y tienen que entender los valores culturales[41] que subyacen al habla de la comunidad objeto de estudio para emplearlas adecuadamente en cualquier situación y para interpretar, con exactitud, lo que se dice, puesto que las reglas para el uso correcto del habla cambian considerablemente de una sociedad a otra.

Peter Trudgill[42] menciona diversos aspectos que siempre están presentes en todo acto de interacción conversacional y que son variables interculturalmente (requieren normas específicas para utilizar la

41. «Uno tiene que aprender a emplear qué variedad y cuándo; qué fórmulas lingüísticas utilizar y cómo ser cortés, descortés, simpático, antipático, etc., de manera adecuada» (Trudgill 1978 b: 8).

42. En una sesión sobre la *Etnografía de la Comunicación* del Curso 1990/91 de ***Sociolingüística*** en la Universidad de Essex (Reino Unido).

lengua en una determinada comunidad): las **fórmulas**, el **silencio**, el **volumen**, el **carácter directo/indirecto**, el **comportamiento telefónico** y la **distancia**. En lo que concierne a las **fórmulas**, un aspecto lógico en la adquisición de la competencia comunicativa, que a menudo sorprende a los estudiantes de idiomas, lo constituye el uso de rutinas, modelos estereotipados ('*frozen* chunks') para comienzos, salutaciones, agradecimientos, disculpas, introducción de temas, turnos, interrupciones, terminaciones, etc, conllevando una especie de ritual. Los hablantes ingleses, por ejemplo, a menudo se sienten 'limitados' por la ausencia de un verdadero equivalente para *please* ('por favor') en las lenguas escandinavas, y de igual modo se sienten los europeos del continente por la ausencia en inglés de un verdadero equivalente para *bon appétit* (francés) o *buen provecho* (español), o por la función de *please*, mucho más limitada que *bitte/prego*, etc. Trudgill (1978 b: 8) examinó el uso relativamente reciente en Inglaterra de la forma *cheers!*, que afecta no sólo a los hablantes no ingleses en general sino también, dentro del mundo de habla inglesa, a los hablantes de inglés no británicos. Originariamente esta forma era para el brindis, pero ahora funciona como fórmula tanto de despedida como de agradecimiento. El problema de los hablantes de inglés no británicos radica en saber distinguir cuándo se emplea *cheers!* y cuándo no, puesto que, por ejemplo, no puede utilizarse como fórmula de despedida en un caso como el siguiente:

A: *Well, my dear, take care of yourself, and I'll see you in six months' time.*
B: **Cheers!*

A: *Bueno cariño, cuídate, y te veré dentro de seis meses.*
B: **¡Hasta ahora!*

e, igualmente, tampoco se puede utilizar como fórmula de agradecimiento en un caso de invitación muy formal como el siguiente:

A: *I'd like to take you out to dinner tomorrow night.*
B: **Cheers!*

A: *Me gustaría invitarle a cenar mañana noche.*
B: **¡Qué chachi!*

Las funciones precisas de la forma *cheers!* las esboza Trudgill (1978 b: 8) de la siguiente manera:

> De hecho parece que, entre ciertos sectores de la comunidad, '*Cheers!*' puede emplearse (a) como brindis, pero de modo más particular (b) como forma de darle las gracias a alguien que nos ha pagado una ronda de bebidas, y probablemente por extensión (c) como forma de darle las gracias a alguien por un servicio sin importancia que nos acaba de hacer en nuestra presencia —el abrirnos una puerta, cogernos un lápiz caído, o algo similar—. Y también se *utiliza* como una fórmula de despedida (quizás por extensión de un '*thanks and goodbye*' ['gracias y adiós'] y/o del componente '*your good health*' ['a tu salud'] del brindis) pero sólo en conversaciones telefónicas informales, en cartas familiares, o si la despedida es una rutina o sin importancia. Otros usos menos frecuentes son: como equivalente a '*Hello*! ['¡Hola!'] en encuentros fugaces donde no va a haber más conversación; y para el '*here you are*' ['aquí tienes'] (cf. *bitte, prego*, antes) al dar algo a alguien.

Si en las sociedades europeas hay diferencias en el uso de estas fórmulas, en otras culturas más remotas, las diferencias son todavía más sorprendentes. En «*How to Ask for a Drink in Subanun*», Frake (1964) describe las normas de la lengua subanun de Filipinas, que emplea ciertos modos de habla en encuentros para beber. Sabemos que el mecanismo de toma de turno permite sólo a una persona hablar a un tiempo, y que cada parte tiene su turno en un momento determinado gracias al cambio de funciones. Si las sociedades occidentales tienen una regla de '*no gap, no overlap*' (ni vacíos, ni solapamientos) para la toma de turno conversacional (Fasold 1990 : 40), hay otras, algunas comunidades caribeñas como Antigua, donde se espera que todos los interlocutores hablen y es perfectamente normal además que lo hagan a la vez, al menos en ciertas situaciones (Trudgill 1983 a: 131).

Por lo que se refiere a las pausas, en las conversaciones hay incluso reglas sobre el **silencio**. Hay culturas, tales como las occidentales, en las que el emparejamiento de enunciados *(pares de adyacencia)* en las situaciones conversacionales es, como advertíamos anteriormente, muy fuerte. Existen, sin embargo, otras sociedades en las que la gente no habla a no ser que tengan algo importante que decir, y por ello se toleran silencios bastante prolongados en sus situaciones conversacionales (Trudgill 1983 a: 131-2). Este es el caso de las lenguas indias de América del Norte tales como las de los Azabaskos, Apaches y Navajos.

El **volumen** en las conversaciones también varía significativamente de una sociedad a otra. Se sabe que, en la interacción social, los americanos hablan más alto que los británicos. La lingüista Deborah Tannen, del Departamento de Lingüística de la Universidad de Georgetown (Washington, D.C.), creció en una comunidad judía de Nueva York; a los dieciocho años de edad se fue a la Universidad de Georgetown, donde descubrió que tenía problemas de audición por un oído y empezó a utilizar un audífono en algunas ocasiones. Al irse a Inglaterra lo necesitaba continuamente.

Las reglas que rigen el **comportamiento telefónico** también varían de una sociedad a otra (Trudgill 1983 a: 130-1). En una conversación telefónica, en el mundo occidental, quien responde es quien habla primero; por el contrario, en Japón, quien llama es quien se espera que sea el primero en hablar. Incluso entre las mismas sociedades occidentales hay diferencias en el comportamiento con el teléfono. Las normas de las conversaciones telefónicas en francés contemplan que es muy normal para quienes hacen la llamada 1) comprobar el número, 2) identificarse ellos mismos, 3) disculparse por la intromisión, y 4) preguntar por su interlocutor destinatario:

Answerer: *Hello.*
Caller: *Is that 123-4567?*
Answerer: *Yes.*
Caller: *This is André here. I'm sorry to disturb you. Is Jean there?*

Quien Contesta: *¿Sí, dígame?*
Quien Llama: *¿Es el 123-4567?*
Quien Contesta: *Sí.*
Quien Llama: *Soy André. Perdone que le moleste. ¿Está Jean?*

Sin embargo, los norteamericanos van directamente a la fase 4:

Answerer: *Hello.*
Caller: *Is John there?*

Quien contesta: *¿Sí, dígame?*
Quien llama: *¿Está Juan?*

Por lo que se refiere al **carácter directo/indirecto** en las situaciones de habla, también hay sociedades o culturas que son normalmente más indirectas que otras, siendo muy frecuentes las malinterpretaciones debidas a este carácter indirecto en comunicaciones interculturales.[43] Parece ser que los griegos hacen saber lo que piensan y lo que les desagrada por medios bastante más indirectos. Deborah Tannen (1982) investigó el carácter indirecto en el discurso hombre-mujer de griegos, norteamericanos, y griego-norteamericanos, y llegó a la conclusión de que el estilo conversacional es tanto consecuencia como indicador de la etnia; el estilo conversacional, según ella, «incluye tanto el modo de expresar el significado, según los modelos del carácter indirecto como el significado que se expresa, según el entusiasmo que se espere». En Asia, concretamente en la India, una observación sobre un objeto determinado puede interpretarse como una petición del mismo. Aunque es sólo una hipótesis, según Peter Trudgill, en una sociedad jerarquizada un hablante no nativo ha de ser más cuidadoso con el carácter indirecto que en una sociedad más liberal: cuanto más jerarquizada es una sociedad, más indirecta es en la interacción social; por el contrario, cuanto más igualitaria, o liberal, es una sociedad, menos indirecta es en su interacción social.

Además, incluso la **distancia** entre los interlocutores de una conversación cambia de una cultura a otra. La gente se sitúa o muy cerca o a una cierta distancia cuando habla según sus valores culturales de comportamiento en la interacción. De hecho, en la *Semiótica*, la *Proxémica* se ocupa de la variación de la postura, la distancia y el contacto con las manos en la comunicación humana; estas variaciones en el espacio interpersonal son a menudo específicas de una cultura, y pueden analizarse en términos de sexo, edad, intimidad, función social y otros factores similares. Además, la *Kinésica* estudia el uso sistemático de la expresión facial y de los gestos corporales para transmitir un significado.[44]

Un área importante, relacionada con la *Etnografía de la Comunicación*, es la *Etnografía de la Escritura*, el estudio de los sistemas de escri-

---

43. Aunque no sólo en comunicaciones interculturales sino incluso también entre los mismos miembros de la misma cultura. Por ejemplo, normalmente los subordinados no pueden exponer abiertamente lo que les gusta o piensan.

44. Véase Ray L. Birdwhistell (1972) «A Kinesic-Linguistic Exercise: The Cigarette Scene», en John Gumperz y Dell Hymes (eds) (1972), pp. 381-404.

tura.[45] Robert Kaplan (1966) demostró que los modelos culturales afectan de manera considerable a la organización formal del lenguaje escrito. Después de estudiar la organización interna de ensayos de manera intercultural, llegó a la conclusión de que los principios de disposición eran considerablemente diferentes de una lengua a otra, y sugirió los siguientes dibujos para mostrar los modelos estructurales de estas lenguas:

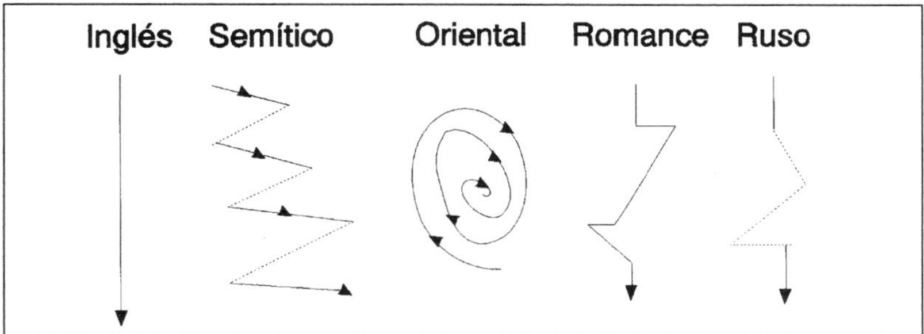

Esto es, con el mismo tema de redacción, un inglés organiza la argumentación global de forma lineal —un desarrollo lineal del párrafo—, un semita lo hace de forma paralela —un desarrollo a través del paralelismo—, un oriental de forma circular y tangencial —utilizando una serie de diferentes perspectivas externas—, un hablante de una lengua romance organiza el razonamiento global empleando muchas digresiones, y un hablante ruso también empleando muchas digresiones pero siendo éstas más irrelevantes y menos relacionadas con la esencia de la composición.

La *Etnografía de la Comunicación* también se ocupa de las rutinas, actos de habla especializados y rituales, en comunidades determinadas. Por ejemplo, en la mayoría de las comunidades hay reglas para actividades tales como la narración de historias y para contar chistes, e incluso estudios de los actos de habla del norteamericano negro, tales como su 'sonido', pueden también considerarse bajo este epígrafe[46] (Trudgill 1978 b: 7). La ironía también varía de una cultura

45. Véase Keith H. Basso (1974) «The Ethnography of Writing», en Richard Bauman y Joel Sherzer (eds) (1974), pp. 425-32.

46 Un buen ejemplo de estudio de este tipo está en William Labov (1972 b) «Rules for Ritual Insults».

a otra. Se sabe que el sentido del humor británico es muy diferente al norteamericano; de hecho, «muchos británicos en los Estados Unidos han hecho observaciones de tipo burlesco, irónico —con el único propósito de que los norteamericanos los tomaran en serio y, por ello, éstos han llegado a sentirse ofendidos» (Trudgill 1985 a: x).

John Gumperz (1982 b) demostró que la comunicación verbal puede servir para reforzar o para superar las barreras existentes entre individuos de diferentes procedencias étnicas y sociales. Peter Trudgill (1983 a: 131) indicó que las diferencias presentes en las reglas de interacción social entre culturas «a menudo pueden conducir, en la comunicación intercultural, al malentendimiento e incluso a la hostilidad», ya que «donde las diferencias son mayores, los malentendidos pueden ser también mayores». Esa es la razón por la que John Gumperz y Jenny Cook-Gumperz (1982 : 14) sugieren que, en un encuentro entre hablantes culturamente diferentes, es necesaria una *flexibilidad comunicativa* para que éste tenga éxito.

La *Etnografía de la Comunicación*, por tanto, «estudia las normas de la conducta comunicativa en comunidades diferentes, y se ocupa de los métodos para estudiar estas normas». La relevancia de esta disciplina sociolingüística es obvia (Trudgill 1982 c):[47]

> ... está llegando a ser cada vez más evidente que es un tema de una importancia considerable, no sólo para los lingüistas y antropólogos, sino también para profesores de lengua, educadores, planificadores de lenguas, gente de negocios internacionales, y cualquiera implicado en la comunicación intercultural. El reconocimiento por parte de la comunidad académica, y ahora también cada vez más por la comunidad en general, de que las sociedades humanas pueden diferir de manera espectacular unas de otras en la forma en que se comunican, es un paso importante.

---

47. Para más detalles sobre la *Etnografía de la Comunicación*, véase Richard Bauman y Joel Sherzer (eds) (1974), y Muriel Saville-Troike (1982) y para una extensa bibliografía sobre trabajos realizados en esta área véase Gerry Philipsen y Donal Carbaugh (1986) «A Bibliography of Fieldwork in the Ethnography of Communication», en *Language in Society*, 15, 1986, pp. 387-97. Algunas revistas que tratan esta disciplina, tanto de modo específico como general e interdisciplinar, son *Language in Society*, *Journal of Multilingual and Multicultural Development* o *International Journal of the Sociology of Language*.

II.3. OBJETIVOS LINGÜÍSTICOS:

Este tercer grupo se compone de «estudios en el campo de lenguaje y sociedad que son puramente lingüísticos en su propósito» (Trudgill 1983b: 2). Según Peter Trudgill, están «basados en el trabajo empírico sobre el lenguaje tal como se habla en su contexto social, y tienen como objetivo responder a cuestiones y tratar temas de primordial interés para los lingüistas». A diferencia de los dos grupos anteriores, en esta categoría el término *sociolingüística* no es nada controvertido, por el hecho de que sus objetivos son puramente lingüísticos:

> De hecho, todo el trabajo en esta categoría pretende, en última instancia, perfeccionar la teoría lingüística y nuestro conocimiento de la naturaleza del lenguaje, y en los últimos años, por ejemplo, ha conducido al desarrollo de la 'teoría de la variación' —el reconocimiento del 'entramado' en los sistemas lingüísticos—, y los problemas por incorporar la variabilidad en las descripciones lingüísticas. Esto es, el trabajo de este tipo *no* es, en absoluto, 'lingüística como una ciencia social'.
>
> *Peter Trudgill (1983 b: 2-3)*

Areas sociolingüísticas con objetivos puramente lingüísticos son la *Dialectología Tradicional*, la *Lingüística Secular* y la *Geolingüística*. Es en este ámbito donde Trudgill ha trabajado y publicado más extensamente.[48] Los Capítulos **IV, V** y **VI** pertenecen a este grupo.

II.3.1. *LA DIALECTOLOGÍA TRADICIONAL*

También llamada *Geografía Lingüística* o *Geografía Dialectal*, la *Dialectología* se ha ocupado tradicionalmente del estudio sistemático de los dialectos regionales, siendo las reproducciones cartográficas que describen las diferencias dialectales uno de sus máximos, si no el mayor, *leitmotiv*. Así es; las palabras geográficamente diferentes—ya

48. *Cf.* Chambers y Trudgill (1980), Edwards, Trudgill y Weltens (1984), Hughes y Trudgill (1979), Trudgill (1974 a, 1978 b, 1983 a, 1983 b, 1984 b, 1986 a, 1990 a) Trudgill y Tzavaras (1975), Trudgill y Hannah (1982), Trudgill y Chambers (1991), además de un gran número de artículos (véase **BIBLIOGRAFÍA**).

en forma, sentido, o pronunciación— constituían el centro de atención de los dialectólogos, quienes las recogían, visualizaban y compilaban en atlas lingüísticos dialectales. Los estudios modernos de *Dialectología* se remontan a 1876, cuando Georg Wenker, fundador de la Escuela de Marburg, hizo el primer trabajo dialectal en Alemania: envió una lista con cuarenta oraciones escritas en alemán estándar a casi 50.000 maestros de escuela del norte del país, pidiéndoles que le devolvieran la lista transcrita al dialecto local. El resultado del estudio fue el primer atlas publicado, *Sprachatlas des Deutchen Reichs*, depositado en Marburg y Berlín en 1881. Wenker continuó recogiendo cuestionarios y en 1926 terminó el *Deutcher Sprachatlas*. En Francia, en 1896, el empleo de investigadores de campo especializados para conseguir datos empezó a sustituir al cuestionario por correo. Jules Gilliéron ideó un cuestionario que aislaba alrededor de 1.500 rasgos específicos para obtener respuestas y eligió a un investigador de campo, Edmond Edmont,[49] para registrarlos empleando en cada entrevista constantemente notación fonética. Este último estudio, el *Atlas Linguistique de la France*, ha sido enormemente influyente por el hecho de ser el primero en utilizar un método directo —era 'a domicilio' y no 'por correo'— y una notación fonética sistemática, y por la eficacia del proyecto desde su comienzo hasta su publicación. Estudios nacionales similares se llevaron a cabo en Italia y el sur de Suiza (*Sprach- und Sachatlas des Italiens und der Südschweiz* de Karl Jaberg y Jakob Jud, 1928-1940), Cataluña (*Atlas Lingüistic de Catalunya*, de A. Griera, comenzado en 1924), los Estados Unidos y Canadá (*The Linguistic Atlas of the United States and Canada*, coordinado por Hans Kurath, 1939-1943), Inglaterra (*Survey of English Dialects*, S.E.D., ideado por Eugen Dieth de Zurich y Harold Orton de Leeds y comenzado en 1948), España (*Atlas Lingüístico de la Península Ibérica*, ALPI, coordinado por Tomás Navarro Tomás,[50] 1923-1954), Rumania, Dinamarca, Noruega, Gales, Escocia, etc.

---

49. Tendero de profesión, Edmond Edmont, elegido por la sutileza de su oído, recorrió en bicicleta el campo francés seleccionando informantes y llevando a cabo entrevistas de 1896 a 1900 (Chambers y Trudgill 1980 : 20).

50. El *Atlas Lingüistic de Catalunya* de Griera se incluyó posteriormente en el *ALPI* (*cf.* Manuel Alvar 1963, 1968 y 1973; y Francisco Gimeno Menéndez 1990).

En todos estos estudios la selección de los hablantes se hacía atendiendo a ciertas características que éstos tenían que cumplir, independientemente de las *realia*, esto es, de las diferencias culturales, socioeconómicas y topográficas. Estos requisitos pueden resumirse con las siglas **NORMs**, *nonmobile older rural male* speakers, de Jack Chambers y Peter Trudgill (1980 : 33): el afán de búsqueda de los dialectos más 'puros' o 'auténticos' les llevó a pensar que los informantes debían ser hablantes i) *nonmobile* —no ambulantes—, para garantizar que su habla fuese característica de la región en la que vivían; ii) *older* —mayores—, para reflejar el habla de una época antigua; iii) *rural* —rurales—, porque allí las innovaciones eran más improbables que en las ciudades; y iv) *male* —varones—, porque el habla de la mujer tendía, o tiende, a ser más insegura y a tener más conciencia de clase que la de los hombres.[51]

Los cuestionarios utilizados en las visitas 'a domicilio' llevadas a cabo por los investigadores de campo especializados podían ser **directos** *(direct)* o **indirectos** *(indirect)*. El segundo tipo de preguntas podía dividirse en dos grupos: ***para nombrar*** *(naming)*, con las preguntas *para hablar (talking)* y las *inversas (inverse)* como subtipos, y ***para completar*** *(completing)*, con las preguntas *para transformar (converting)* como subtipo (Chambers y Trudgill 1980 : 24-8). Ejemplos de estos tipos están expuestos en la página 82.

Atendiendo al tipo de isoglosas visualizadas, los mapas lingüísticos ofrecidos en los atlas dialectales podían ser **léxicos**, de **pronunciación, gramaticales, semánticos** e incluso **lingüístico-etnográficos**. Pero atendiendo al tipo de información ofrecida, los mapas podían ser **descriptivos** *('display maps')*, que son los más comunes puesto que «simplemente transfieren las respuestas contabilizadas de un rasgo determinado a un mapa, situando la contabilización en una perspectiva geográfica»; o bien **interpretativos** *('interpretative')*, aquellos que «intentan ofrecer una mayor información general que los descriptivos, mostrando la distribución de las variantes predominantes de una región a otra» (Chambers y Trudgill 1980 : 28-33).

---

51. Una panorámica general muy completa y precisa sobre el tratamiento de los grupos de edad en los estudios hispánicos es la que ofrece el trabajo de José María Jiménez Cano (1992).

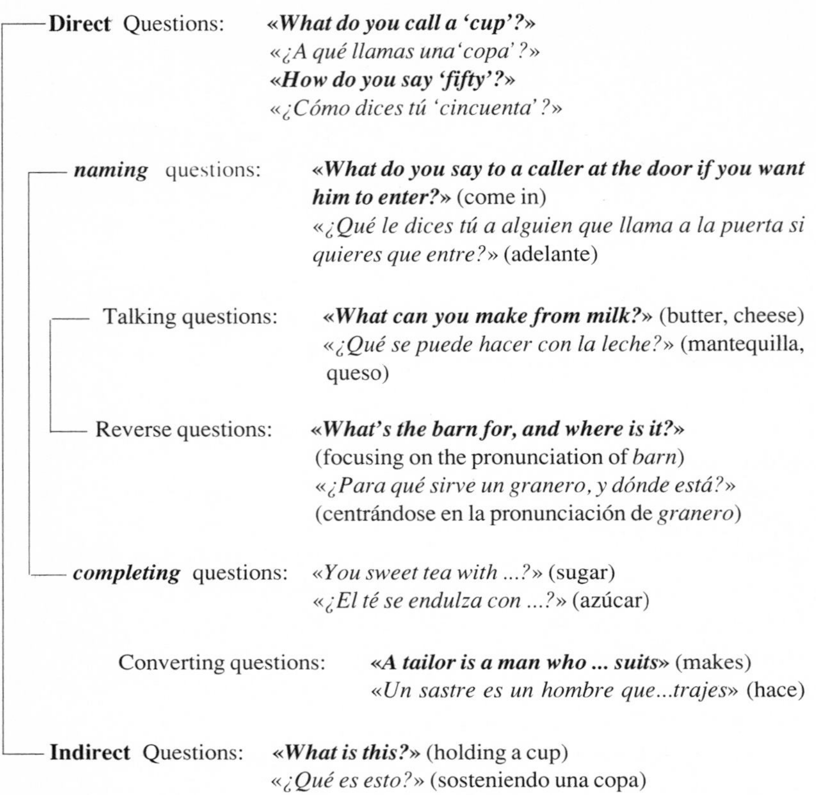

En el contexto de la lingüística histórica y comparada, la *Dialectología Tradicional* fue impulsada con la Hipótesis de los Neogramáticos, que, apoyada en el descubrimiento de las Leyes de Grimm y Verner, sostenía que el cambio fonético es *universal, continuo* y *regular*; esto es, que los cambios fonéticos tienen lugar de forma mecánica, conforme a leyes sin excepción, irrefutables:

> Es una afirmación de dominio general y se basa igualmente en supuestos generales: primero, que los cambios fonéticos, o al menos algunos de ellos, ocurren 'mecánicamente', que quiere decir que sin el deseo consciente o incluso el conocimiento de los miembros de la comunidad de habla implicada, y segundo, que todos los hablantes de todas las lenguas están sujetos a esta limitación. Otro

supuesto más, característico de la mayoría del pensamiento decimonónico, era que un proceso 'mecánico' no da cabida a la variación y la duda; dada una serie determinada de condiciones como *input*, el resultado del proceso será completamente predecible, en forma de 'leyes' sin excepciones.

W. Nelson Francis (1983: 146)

Así, asumiendo 1) que los dialectos eran entidades discretas, 2) que los hablantes podían ser o no hablantes de un dialecto determinado, y 3) que ciertamente existen las *fronteras dialectales*, los dialectólogos empezaron a trazar *isoglosas*[52] —la principal creación teórica de la *Dialectología Tradicional*— en mapas lingüísticos para representar la *discontinuidad de las áreas dialectales*: las palabras y las pronunciaciones no estaban distribuidas aleatoriamente sino confinadas en regiones determinadas. Sin embargo, la situación real era mucho más complicada que todo esto, puesto que, cuando los mapas que mostraban rasgos individuales eran fusionados para hacer visualizaciones globales que incluyeran una serie de diferencias dialectales, los dialectólogos, bastante contrariados, descubrían que en realidad únicamente unas pocas isoglosas coincidían y que se entrelazaban de manera al parecer casual. En Inglaterra, por ejemplo, un hecho muy conocido es que los hablantes del sur del país pronuncian los pares de palabras tales como *put*/*putt* y *could*/*cud* con vocales diferentes (/ʊ/ y /ʌ/ respectivamente en cada par), y palabras como *path, dance* y *past* con una *a* larga (/*a*:/), mientras que los hablantes de las variedades del inglés del norte no distinguen entre *put* o *could* y *putt* o *cud* (las pronuncian todas como /ʊ/) y emplean una *a* breve (/æ/) en *path, dance*, etc. Sin embargo, no es posible dividir Inglaterra simplemente en dos áreas dialectales principales, el norte y el sur, según estas características, puesto que, en su mayor parte, la isoglosa de *put*/*putt* no coincide con la de *path*, e incluso hay áreas en las que los hablantes pronuncian /*a*:/ en *dance* pero /æ/ en *past*.

---

52. En términos más rigurosos, las *isoglosas* son líneas trazadas en mapas para separar las áreas geográficas que tienen determinados usos de **palabras** de aquellas que no, y los *isofonos* marcan los límites de los rasgos **fonológicos**; frecuentemente, sin embargo, se utiliza 'isoglosas' en ambos casos (Trudgill 1975 b: 232, y 1990 b: 266, nota 2). En Chambers y Trudgill (1980 : 112-6) las isoglosas se estructuran conforme al tipo de rasgo lingüístico que describen: isoglosas **léxicas**, de **pronunciación** (fonéticas y fonémicas), **gramaticales** (morfológicas y sintácticas) y **semánticas**.

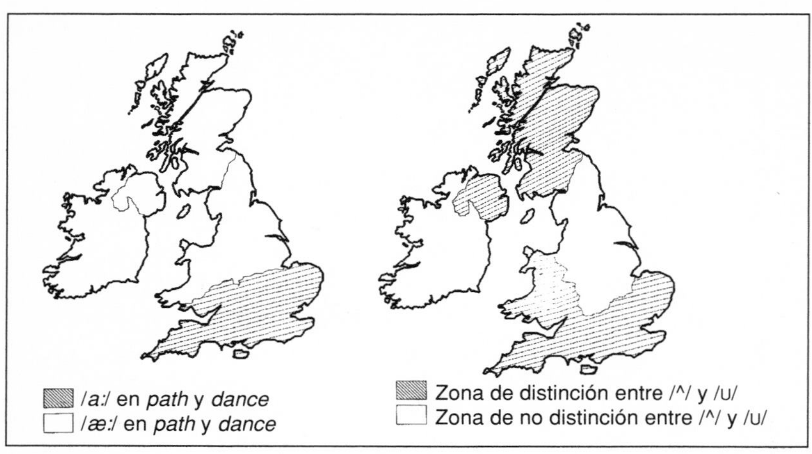

Poco a poco lo que descubrieron fue que los cambios fonéticos pueden aparecer, perfectamente, de modos diferentes en lugares también diferentes y que la diversidad lingüística, a nivel espacial, no está distribuida en áreas dialectales definidas, esto es, que los dialectos no son entidades discretas en absoluto, lo que suscitó todo tipo de discusiones: «al final del siglo XIX y principios del XX la cuestión de la distintividad, o de la misma existencia de tales fronteras era objeto de intensas discusiones» (Anton Hagen 1987 : 403). Una de las primeras reacciones contra el modelo neogramático vino de Hugo Schuchardt, quien inspiró gran parte de los presupuestos neolingüísticos, o 'idealistas', y de la *linguistica spaziale* de Matteo Bartoli y Giuliano Bonfante. Como las fronteras dialectales, en cuanto tales, no podían localizarse, la reacción inicial fue la de sugerir que no existían los dialectos. Con el tiempo pudieron detectarse modelos en los mapas dialectales y los dialectólogos pudieron explicar determinadas clases de fenómenos que tendían a repetirse en todos ellos: *núcleos centrales, áreas focales, áreas de transición, haces de isoglosas, cuñas de avance* y *áreas remanentes*.

En las áreas dialectales hay *núcleos centrales*, los núcleos urbanos, que son el centro de un *área focal*, también llamada *área central*, los núcleos dialectales. Las áreas focales estaban rodeadas por

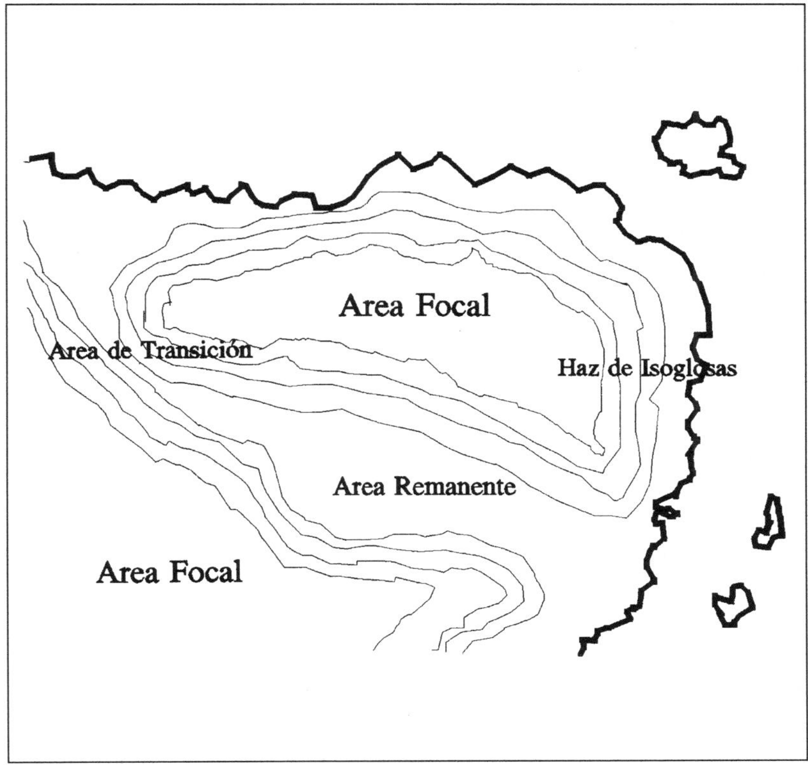

áreas de transición,[53] que estaban atravesadas por muchas isoglosas y no pertenecían de modo claro a ningún área focal, o por *haces de isoglosas*, series de isoglosas circulando muy próximas en la misma dirección de tal modo que se asemejan a una auténtica frontera dialectal. Estas *fronteras dialectales* no existen como líneas definidas sino como *áreas de transición* dentro de un *continuum dialectal* (véase **III.3**); esto es, la mayoría de las diferencias dialec-

53. Como las *áreas de transición* son el resultado del hecho de que dos innovaciones diferentes recorrían distancias similares, pero no idénticas, en direcciones diferentes, la posición diferencial de las isoglosas a menudo podía explicarse en términos de sus orígenes cronológicos, además de los cambios en las redes de comunicaciones en diferentes períodos de la historia (Trudgill 1975 b: 234).

tales son graduales más que abruptas,[54] como los colores del arco iris:

> En realidad no existen los dialectos y por tanto tampoco las fronteras dialectales; en lugar de eso, lo que sí hay es un cambio gradual continuo y acumulativo a través del campo. No hay ningún corte en la cadena de intercomunicación de un área a otra, sino que, por el contrario, una acumulación de diferencias que al final se traduce en ininteligibilidad entre ambos extremos de la cadena. La paradoja es que hay diferencias dialectales en los extremos, pero entre ambos sólo hay un área de transición continua sin límites y sin 'dialectos locales' propios.
>
> *W. Nelson Francis (1983 : 152)*

De este modo, aunque evidentemente los dialectos no se consideraron más como entidades discretas, eran válidos como unidades 'relativas': con respecto a los rasgos lingüísticos (/ʊ/-/ʌ/ y /a:/-/æ/) tratados antes, podríamos afirmar ahora que el norte y el sur de Inglaterra son, de modo inequívoco, áreas focales, mientras que las Midlands —la región central— es un área de transición.

De la configuración de determinadas isoglosas en mapas se observó que las formas lingüísticas se habían extendido evidentemente hacia el exterior, como innovaciones procedentes de núcleos específicos. Estas difusiones de nuevas formas se hacían a modo de *cuñas de avance* dirigidas al interior de las áreas con formas antiguas. Las *áreas remanentes*, territorios que conservan los rasgos lingüísticos de una etapa de desarrollo previa a la difusión de los nuevos, se percibían como la consecuencia de haber sido dejadas atrás y aisladas por dos cuñas de avance que se encuentran. Esos núcleos específicos, a partir de los que las innovaciones comenzaban a difundirse, eran generalmente núcleos urbanos o vías principales de comunicación, mientras que las áreas remanentes tendían a estar ubicadas en zonas aisladas como valles entre montañas o en la distante periferia de las áreas lingüísticas. Las innovaciones lingüísti-

54. Esa es la razón por la que, en otra ocasión, Trudgill (1983 a) afirma que «un alemán viviendo cerca de la frontera con Holanda puede entender más fácilmente a un visitante procedente de Amsterdam que de Munich».

cas también tendían a extenderse mejor a lo largo de ríos principales que sobre terreno abrupto,[55] y los haces de isoglosas coincidían a veces con las fronteras políticas o con las barreras físicas. Los mapas también indicaban la posible dirección tomada por un cambio lingüístico o incluso podían arrojar luz sobre problemas tales como la edad aproximada de dos formas determinadas. Los mapas dialectales fueron, por consiguiente, muy influyentes en el desarrollo de la *teoría de las ondas (the wave theory)* del cambio lingüístico de J. Schmidt, que denunciaba la insuficiencia de la imagen de *árbol genealógico (family-tree)* del cambio lingüístico formulada por August Schleicher:[56]

> Podría ser cierto que lenguas históricamente emparentadas pudieran considerarse descendientes de una lengua 'madre' común, pero no se podría ignorar la influencia posterior de los dialectos y lenguas 'hijas' entre sí. Las innovaciones que empiezan en una lengua (o en lo que más tarde llegará a ser una lengua independiente) podrían difundirse a otras lenguas colindantes de la misma manera que las ondas en un estanque.
>
> *Peter Trudgill (1975 b: 234)*

Como consecuencia de estas evidencias detectadas en los mapas, la *Neolingüística* o *Linguistica Spaziale* (*Cf.* Matteo Bartoli 1925, 1945, y Giuliano Bonfante 1947), basó sus fundamentos teóricos en cinco principios o *normas espaciales ('areal norms')* a las que consideraban determinantes en los modelos de difusión geográfica y en las estimaciones de la edad aproximada de las formas lingüísticas. Entre

---

55. «Una de las fronteras dialectales más importantes de Inglaterra atraviesa 'the Fens' (los pantanos), que hasta muy recientemente era una zona pantanosa aislada muy difícil de atravesar » (Trudgill 1990 a: 7). The Fens están localizados en algunos distritos bajos de los condados de Cambridge (Cambridgeshire), Lincoln (Lincolnshire) y otros adyacentes.

56. La *Teoría de las Ondas* —the *Wave Theory*— es un término empleado en la **Lingüística Histórica** y la **Sociolingüística** como parte de un *modelo dinámico de cambio lingüístico*; esta teoría sugiere que la variación del habla se difunde desde una área lingüística concreta, teniendo su máximo efecto en las lenguas adyacentes y progresivamente menos efecto en las lenguas más alejadas. La *Teoría del Arbol Genealógico* (the *Family-tree Theory*) es un término empleado por los **filólogos comparativistas** decimonónicos para caracterizar a un modelo genérico de las relaciones entre las lenguas, siendo una 'familia' de lenguas una serie de lenguas provenientes de un antepasado común o 'madre'.

ellas: 1) si, de dos formas lingüísticas, una se encuentra en áreas aisladas y la otra en áreas más accesibles a la comunicación, entonces la primera es la más antigua; 2) si, de dos formas lingüísticas, una se encuentra en las áreas periféricas y la otra en las áreas centrales, entonces la primera es la más antigua; 3) si, de dos formas, una se utiliza en un área mucho mayor que la otra, entonces esa es la más antigua. Ahora bien, como método de la Lingüística Histórica, se demostró que esta *Lingüística Espacial* era de dudosa utilidad para la interpretación de las excepciones surgidas a estos principios.

Las mismas leyes fonéticas de Grimm y Verner no tienen valor explicativo, porque no son más que sumarios de lo que ocurrió en un área específica o en una comunidad lingüística, entre dos puntos del tiempo. Los cinco principios neolingüísticos, o *normas espaciales*, si bien tienen un indudable valor orientativo, no pueden considerarse como 'leyes' por su inflexibilidad en un campo de estudio tan complejo como la variación lingüística. Los procesos implicados en el origen, desarrollo y difusión de las formas lingüísticas eran, por tanto, mucho más complicados que el simple principio neogramático y las posteriores generalizaciones de la *Neolingüística*: no sólo las características geográficas (por ejemplo, las barreras físicas y la distancia) están implicadas en la difusión de las formas lingüísticas, sino que también los aspectos sociales (por ejemplo, barreras sociales) intervienen y son igualmente efectivos:

> ... las barreras sociales son tan efectivas como las geográficas a la hora de interrumpir o retardar la difusión de las modas, ideas, valores y formas lingüísticas que se han originado en un grupo social específico, de una sección de la comunidad a otra.
>
> *Peter Trudgill (1974 a: 32)*

El lugar donde se detecta mayor movilidad y flujo es, indudablemente, en las comunidades urbanas:

> La causa de esta diferencia entre acentos urbanos y acentos rurales es que las innovaciones lingüísticas, como cualesquiera otras innovaciones, se extienden a menudo de un núcleo urbano a otro, y sólo más tarde se propagan por el campo circundante. Esto se debe al dominio económico, demográfico y cultural

en general de la ciudad sobre el campo, y a la estructura de las redes de comunicación.

Peter Trudgill (1983 a: 171-2)

Consiguientemente la *Dialectología Tradicional* consistía en el estudio de la variación geográfica de las formas lingüísticas en áreas rurales, labor de gran importancia, puesto que, con todos estos estudios, datos del mayor interés fueron registrados antes de que se perdiesen para siempre. Hoy día, con todo, no tendría sentido, puesto que la inmensa mayoría de la población actual difiere por completo de los NORMs: *ambulante, joven, urbana* y *femenina —mobile, younger, urban, y female—* (Chambers y Trudgill: 1980 : 35). Es en las comunidades urbanas donde la lengua es más heterogénea; de hecho, como Trudgill (1983 a: 37) afirma, «cuanto más heterogénea es una sociedad, más heterogénea es su lengua». Pero el hecho de que la heterogeneidad del lenguaje sea un fenómeno muy complejo hizo que los dialectólogos ignoraran, adrede y durante muchos años, la heterogeneidad lingüística de las ciudades y de los hablantes más jóvenes, en tanto que creadores y difusores, simultáneamente, del cambio lingüístico en proceso. Con el objetivo de encontrar los dialectos 'reales' o 'puros', concentraron sus estudios, por contra, en el idiolecto y en el habla de los NORMs de los pequeños pueblos aislados. Actualmente, «los estudios lingüísticos nos dicen que no existe el dialecto 'puro', puesto que parece ser que la mayoría de las variedades de lengua son variables y muestran signos de influencia de otras variedades» (Chambers y Trudgill 1980 : 56). A partir de esta premisa, podemos afirmar que los dialectólogos, calificados, a veces, de 'meros coleccionistas' de mariposas, estaban consiguiendo una descripción inexacta e imperfecta del habla de diferentes áreas. De hecho, jóvenes hablantes nativos de una región específica a menudo se sorprendían al descubrir que el habla registrada por algunos dialectólogos en estudios de campo de su región se alejaba sobremanera de los modelos que para ellos pudiesen resultar familiares (Chambers y Trudgill 1980). Además de las dimensiones espacial (geográfica) y temporal (diacrónica, concretamente) subrayadas por la *Dialectología Tradicional Rural*, se reclamó la necesaria presencia de una especie de *Dialectología Moderna Urbana* que tomase en consideración una **dimensión social**, un punto de vista sincrónico, y que emplease una metodología y técnicas más fiables.[57]

II.3.2. *LA LINGÜÍSTICA SECULAR*

De las conexiones entre *lenguaje* y *sociedad*, esta es el área que Peter Trudgill califica como la *Sociolingüística Auténtica*, por cuanto es el estudio más puramente lingüístico del lenguaje en el campo de la Ciencia Lingüística que hace referencia a una metodología: una forma de hacer lingüística. Cuando William Labov acuñó el término 'lingüística secular' se refería a la investigación lingüística en el mundo secular: *lingüística del mundo real*, o *lingüística de campo*, en el sentido de salir a la calle y hacer trabajos empíricos sobre la lengua tal y como ésta es hablada por la gente normal en su contexto social y en la vida cotidiana. La línea opuesta, la *lingüística de sillón*, es el estudio teórico e introspectivo del lenguaje realizado sin salir del despacho.[58] Hemos de decir también que el término como tal no fue aceptado, en general, y tuvo que ser abandonado. Chambers y Trudgill (1980 : 207) creen que esto sucedió así «probablemente porque, en su uso más común, el término 'secular' implica el complementario de lingüística 'eclesiástica', que difícilmente parece posible».

Hemos afirmado en el Capítulo **I** que los orígenes de la ***Sociolingüística Laboviana*** tienen que buscarse en la *langue* y la *parole* de Saussure y en la *competencia* y la *actuación* de Chomsky. Ambas corrientes se centraban en la sistemática homogeneidad de la *langue* y la *competencia* de un hablante ideal e ignoraban la heterogeneidad de la *parole* y la *actuación* real del hablante por su naturaleza supuestamente inmanejable:

---

57. Para más detalles sobre la *Dialectología Tradicional* según Peter Trudgill, véase Chambers y Trudgill (1980), Edwards, Trudgill y Weltens (1984), Hughes y Trudgill (1979), Trudgill y Hannah (1982), Trudgill (1974 b, 1975 b, 1982 b, 1983 a, 1983 b, 1984 b, 1986 a, 1986 c, 1986 d, 1987 c, 1990 a, 1990 b), Trudgill (1992 c). Otros trabajos interesantes son los de K.M. Petyt (1980), W.N. Francis (1983) y Keith Walters (1988).

58. «No creo que haya algo más estéril que teorizar sin datos científicos, especialmente las clasificaciones teóricas de tipo taxonómico» (comunicación personal, véase **APÉNDICE**).

... el objeto de la lingüística debe ser, en última instancia, el instrumento de comunicación utilizado por la comunidad de habla; y si no estamos discutiendo sobre *ese* lenguaje, algo de trivialidad hay en nuestro procedimiento. Por una serie de razones, este tipo de lenguaje ha sido, para los lingüistas, el asunto más difícil sobre el que centrarse.

William Labov (1972 a: 187)

La *Lingüística*, por tanto, estaba definida de tal modo que excluía el estudio del comportamiento social o el estudio del habla. Al subrayar su carácter empirista, Labov (1972 a: Cap. 8) habla de cuatro dificultades diferentes a la hora de investigar el habla de cada día y que explican con claridad la motivación que, en el pasado, existía por estudiar únicamente la *langue* y la *competencia*, excluyendo otros datos:

1) la agramaticalidad del habla cotidiana,
2) la variación en el habla y en la comunidad de habla,
3) las dificultades para captar y registrar el habla real, y
4) la rareza de las formas sintácticas.

De este modo, no es difícil darse cuenta de por qué en el pasado los estudios lingüísticos eran de *sillón*. De hecho, no es extraño encontrar lingüistas que sólo siguen una investigación de laboratorio, o de despacho, en lugar de salir a la calle a analizar la conversación real cotidiana enfrentándose a todas estas dificultades. Los problemas relacionados con el estudio de las intuiciones radican simplemente en que éstas no son del todo fiables, puesto que algunos autores consideran, por ejemplo, algunas formas lingüísticas como gramaticales o agramaticales según la teoría que quieran defender: la lingüística bloom fieldiana afirmaba que los hablantes nativos nunca cometían errores, sin embargo, algunos años más tarde, la lingüística chomskyana afirmó que el habla está llena de formas agramaticales, de hecho:

Cuando surgen amenazas para los fundamentos en el seno de una reunión sobre lingüística, el autor se defiende normalmente afirmando que hay muchos 'dialectos' y que el argumento sistemático que él estaba presentando se basaba

> en su propio 'dialecto'. Éste es un uso singular del término, y da lugar a la pregunta sobre cuál puede o debe ser el objeto de la descripción lingüística.
>
> *William Labov (1972 a: 191-2)*

En una ocasión diferente, y en este mismo sentido, Labov (1972 c: 106-7) afirma que «si 'mi dialecto' significa nada más que 'la gente no está de acuerdo conmigo', es ciertamente una fraudulenta e indigna escapatoria del trabajo serio». Esto no implica que la investigación introspectiva no sea en absoluto necesaria. Ambos procedimientos, la lingüística de *sillón* y la *secular*, son imprescindibles:

> La crítica a los métodos lingüísticos convencionales que se acaba de hacer no debe interpretarse como una sugerencia para que sean abandonados. La obtención formal de paradigmas, la exploración de juicios intuitivos, el estudio de los textos literarios, la experimentación en el laboratorio y los cuestionarios sobre el uso lingüístico son todos importantes y valiosos modos de investigación. Los dos primeros procedimientos deben ser dominados por todo aquel que espere hacer análisis lingüísticos significativos.
>
> *William Labov (1972 a: 201-2)*

El perfecto conocimiento del sistema lingüístico, tanto a nivel sincrónico como diacrónico, por medio de estudios descriptivos es primordial para la realización, de manera completa y precisa, de un análisis sociolingüístico en una determinada comunidad de habla, especialmente en lo relativo al análisis de las variables lingüísticas.

La *Lingüística Secular* o *Sociolingüística Auténtica* es, por consiguiente, empírica; obtiene datos científicos reales, y basa su teoría en los hechos lingüísticos, y no en la especulación ni en la intuición. Como se comentaba al final de **II.3.1**, esta área estudia esa especie de dialectología moderna urbana desde una dimensión social y sincrónica. La tendencia hacia el estudio de los dialectos sociales y urbanos refleja el crecimiento de la corriente sincrónica del estudio del lenguaje (cambios lingüísticos en proceso), en comparación con lo que estaba llegando a ser una especie de 'arqueología lingüística' (la *Dialectología*). Se revitaliza, pues, la atención a los centros urbanos y a la función de la urbanización y la industrialización en la sociedad. Partiendo de la base de que la variación en la lengua está socialmente condicionada, y haciendo uso de los métodos y descubrimientos de las ciencias sociales —como la *Sociología* y la *Antropología*— y de las modernas innovaciones técnicas —tales como las grabadoras portátiles de alta fidelidad—, el principal objetivo del sociolingüista es obtener una descripción completa y representativa de la variedad de habla local de los habitantes de una comunidad urbana. El procedimiento es sencillo: seleccionar a los informantes aleatoriamente, normalmente para una entrevista grabada, y correlacionar los datos obtenidos —unos rasgos distintivos predeterminados (las *variables lingüísticas*)—, con parámetros sociales, tales como edad, sexo, clase social, profesión, etnia, afiliación religiosa, etc. —también llamados *variables no lingüísticas* o *sociales*—; aquellas variables lingüísticas que se correlacionen significativamente con variables sociales son llamadas *variables sociolingüísticas*. Es importante, además, obtener el discurso libre del informante, el habla vernácula, lo más natural posible (*la paradoja del observador*[59] de Labov), puesto que sus estudios se ocupan no sólo de la variación lingüística entre los individuos de diferente posición social sino también de la variación estilística de un solo informante, sometido a diversos contextos: informal, exaltado, formal, cuidadoso, en lectura, etc. Su segundo, pero no menos importante, objetivo es registrar la *competencia comunicativa* del informante en comparación con su *actuación*. Esto es, la *Lingüística Secular* quiere averiguar el conocimiento que el hablante particular tiene acerca del tipo de lenguaje más apropiado para las diferentes situaciones sociales en las que se pueda encontrar y su habilidad para cambiar fácilmente de un estilo a otro.

Ya dijimos en el Capítulo **I** que la ***Sociolingüística*** está muy relacionada con los estudios dialectológicos. Sería conveniente, con todo, plantearnos cuál es la naturaleza de esta relación, puesto que la identidad y autonomía de ambas disciplinas ha sido muy cuestionada. En términos generales, hay una evolución natural de los estudios de la variación lingüística tanto a nivel teórico como metodológico, pasándose, como Keith Walters (1988 :120) afirma muy acertadamente, «del

59. «El objetivo de la investigación lingüística en la comunidad debe ser averiguar cómo las personas hablan cuando no son examinadas sistemáticamente; pero sólo podemos obtener estos datos mediante una observación sistemática» (Labov 1972 a: 209). Esto es, 'observar al informante sin que éste observe que está siendo observado'.

estudio de los dialectos y de su descripción al estudio del dialecto y su naturaleza». Si la *Dialectología Tradicional* ha preferido un punto de vista diacrónico y geográfico de la variación lingüística o, más bien, de los cambios lingüísticos ya sufridos en áreas rurales, la segunda, la *Sociolingüística*, prefiere un punto de vista sincrónico, geográfico y social de los cambios lingüísticos en progreso en áreas urbanas. W. Nelson Francis (1983: 150) cree que la *Dialectología Tradicional* es '*item-centered*' —'centrada en el detalle'—, en el sentido de que su «interés se centra en los casos concretos de la distribución variable de un solo sonido sin intentar relacionarlos con la estructura general de los dialectos implicados», mientras que la *Lingüística Secular* sería '*speaker-centered*' —'centrada en el hablante'—, puesto que su interés se centra en la competencia y actuación del hablante. Si trazamos un sistema tridimensional de ejes que contenga un *eje diastrático* (dimensión social, también incluyendo una dimensión *diafásica* o estilística), un *eje diacrónico* (dimensión temporal), y un *eje diatópico* (dimensión espacial o geográfica), obtendremos un contraste muy interesante, como demuestra el siguiente cuadro: en general, la *Dialectología Tradicional* estudia la variación lingüística de modo bidimensional, esto es, temporal y geográficamente, mientras que la *Lingüística Secular* estudia la variación lingüística de modo tridimensional, esto es, temporal, geográfica y socialmente (incluyendo la dimensión diafásica: estilo):

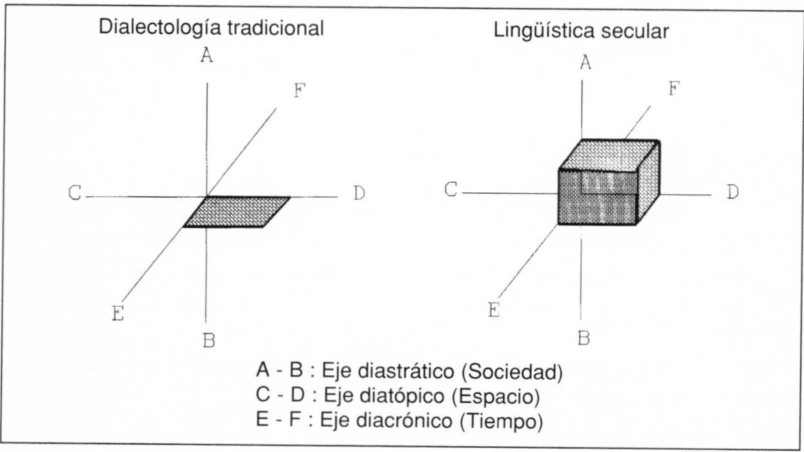

Si los dialectólogos seleccionaban informantes rurales mayores con el fin de evitar el problema del nivel estilístico y de la *paradoja del observador* de Labov, los lingüistas seculares, o lingüistas del 'mundo real', por el contrario, tienden a estar muy preocupados por los problemas de la influencia de quien hace las entrevistas y de la grabadora, y por tanto por la dificultad de obtener el habla informal, el vernáculo. De hecho, aunque ambas disciplinas estén interesadas en el habla vernácula, la diferencia estriba en sus motivaciones, dado que la *Dialectología Tradicional* ha considerado la lengua vernácula como la variedad menos influenciada por el estándar, i.e., el lugar del dialecto homogéneo 'puro' o 'real', mientras que la *Lingüística Secular* la considera como sistemática, regular y el lugar de los cambios en proceso (Trudgill 1983 b : 42). Peter Trudgill (1983 b: Cap. 2) ofrece una evaluación general de las insuficiencias de los trabajos dialectológicos tradicionales y también sus méritos, en comparación con los estudios sociolingüísticos: la *Dialectología* y la *Lingüística Secular,* según él, se han ayudado mutuamente; sin embargo, esta ayuda recíproca podría haber sido más intensa; de hecho, «lo ideal sería que ambos métodos, el dialectológico y el sociolingüístico, se combinaran» (véase **II.3.3**). Los estudios dialectológicos han ayudado considerablemente a la *Sociolingüística* por los datos suministrados y por la experiencia transmitida en el uso de cuestionarios. Como Trudgill (1992 a: 72) ha reconocido, sin las descripciones llevadas a cabo entonces, antes de que los dialectos regionales tradicionales desaparecieran, no se podría haber hecho uso de esos datos en análisis posteriores; pensamos, por ejemplo, en los estudios sociolingüísticos de William Labov (1966) en la ciudad de Nueva York y Martha's Vineyard, y el suyo mismo de Norwich (Trudgill 1974 a). A su vez, la *Dialectología* también se ha beneficiado de los conceptos y métodos de la *Sociolingüística*, si bien esta adecuación deja que desear en temas como i) la motivación por utilizar y confiar en las grabadoras y los espectrógrafos; ii) la realización de estudios piloto en cada área en investigación considerando también trabajos previos sobre la localidad; iii) la atribución de responsabilidad a investigadores de campo nativos o familiarizados con el área, para evitar prejuicios erróneos;[60] iv) la escasa atención prestada a la heterogeneidad de las comunidades de habla, a la variabilidad del habla, y a la configuración y cuantificación de las variables lingüísticas; y v) el mayor énfasis reclamado por los cambios lingüísticos en progreso y otros fenómenos sincrónicos, además del interés por los procesos históricos y las variedades conservadoras; en definitiva, la preferencia por estudiar los procesos mismos antes que sus resultados.

La *Lingüística Secular, Sociolingüística Auténtica*, o *Dialectología Urbana Moderna/Sociolingüística* es, por tanto, el estudio más puramente lingüístico del lenguaje en el campo de la Lingüística y es, también, una forma de hacer lingüística, una metodología que prima el lenguaje del mundo real por encima del lenguaje imaginado o presupuesto. Ahora bien, el hecho de que la lengua se correlacione de manera significativa con los rasgos distintivos sociales no significa, en absoluto, que los estudios sociolingüísticos sean simplemente trabajos de correlación y descripción, carentes de interés teórico, sino que sus objetivos principales tienden, como se podrá comprobar en los capítulos **V** y **VI**, a la creación de una teoría sociolingüística de base emprírica, científica, que en última instancia aspire a «saber más sobre el lenguaje e investigue temas tales como los mecanismos del cambio lingüístico, la naturaleza de la variabilidad lingüística, y la estructura de los sistemas lingüísticos» (Trudgill 1978 b: 11). Del estudio sistemático del lenguaje en su contexto social, ésta ha sido el área más ampliamente conocida y estudiada desde el principio, en los años sesenta. La *Lingüística Secular* es también el área sociolingüística en

---

60. Peter Trudgill aplica aquí el principio laboviano *'the more we know, the more we can find out'* ('cuanto más sepamos, más podremos descubrir sobre ella'): «Ésto, evidentemente, no significa que no debamos aventurarnos a hacer trabajos lingüísticos o dialectológicos en campos, áreas o lenguas que nos sean desconocidas. Simplemente significa que cuanto más sepamos sobre una variedad lingüística, más revelaciones obtendremos sobre su naturaleza y su estructura, y más sabremos sobre el tipo de cuestiones a plantearnos después a la hora de planificar nuevas investigaciones. Por el contrario, cuanto menos sepamos sobre una variedad lingüística, menos acertados estaremos con respecto al tipo de cuestiones a plantearnos sobre ésta y mayor será la probabilidad de que nos equivoquemos —y mayor será, por tanto, la necesidad de guardarnos de estos errores—» (Trudgill 1983b: 34-5).

la que Peter Trudgill ha sido más influyente.[61] Los Capítulos **IV** y **V** se ocupan de esta dialectología urbana sociolingüística y nos muestran su forma de trabajar.

II.3.3. *LA GEOLINGÜÍSTICA*

Si la Dialectología Tradicional es eminentemente rural y la Sociolingüística Laboviana es eminentemente urbana, la *Geolingüística*, tal y como la concibieron sus mentores Jack Chambers y Peter Trudgill (1980), es una línea de investigación interdisciplinar cuya naturaleza se gesta en la confluencia de tres áreas: la **geografía lingüística** *(Dialectología Tradicional)*, la **dialectología urbana** *(Sociolingüística Laboviana)* y la **geografía humana** *(Geografía)*. Su objeto de estudio es la difusión geográfica de las innovaciones lingüísticas dentro del marco de la teoría de la variación. Para ello, Trudgill (1983 b : 54) sostiene que los dialectólogos «no deberían contentarse simplemente con *describir* la distribución geográfica de los rasgos lingüísticos distintivos sino que también deberían ocuparse de *explicar* esta distribución»; en otras palabras, diciendo exactamente *por qué* y *cómo* los rasgos lingüísticos distintivos en proceso de cambio lingüístico se difunden de un lugar o grupo social a otro. Así, podríamos entender con mayor precisión los mecanismos sociolingüísticos que subyacen a la distribución geográfica de las innovaciones lingüísticas.

De este modo, los dialectólogos tienen que emplear determinadas técnicas y conceptos teóricos desarrollados por los geógrafos sociales. Los mapas dialectales deberían ser mejorados considerablemente mediante el uso de las técnicas cartográficas de la Geografía, como las

---

61. Él ha publicado ampliamente sobre la *Lingüística Secular*: Chambers y Trudgill (1980), Laver y Trudgill (1979), Trudgill (1972 a, 1973 a, 1974 a, 1974 b, 1978 a, 1978 b, 1981 a, 1982 a, 1982 b, 1983 a, 1983 b, 1985 b, 1986 a, 1986 b, 1986 c, 1988 a, 1988 b, 1989 a, 1989 b, 1989 c, 1989 d, 1990 g), Trudgill (1992 c), Trudgill (en preparación) «Dialect Typology and Social Structure», Trudgill (n.d.) *A Sociolinguistic Study of Linguistic Change in Urban East Anglia* y Trudgill y Tzavaras (1975) (véase **BIBLIOGRAFÍA**). Véase también los trabajos de William Labov (1963, 1966, 1972 a), William Labov (ed) (1980), Lesley Milroy (1980, 1987), Suzanne Romaine (1978, 1982) y recopilaciones de congresos como las de H. Warkentyne (ed) (1986), Alan Thomas (ed) (1988) Kingsley Bolton y Helen Kwok (eds) (1992), etc.

desarrolladas por el sueco Hägerstrand (1952), quien sostenía que «cuando estudiamos cambios, no podemos trazar líneas fronterizas y observar sus desplazamientos. Más bien, debemos averiguar la *difusión espacial de las proporciones* [*the spatial diffusion of ratios*]»: se divide el terreno de manera uniforme en una serie de áreas o casillas, y los investigadores tienen que calcular el porcentaje de uso de un determinado rasgo distintivo lingüístico en cada una de ellas, en determinados momentos del tiempo, del mismo modo que William Labov calculó los porcentajes de las casillas de diferentes clases sociales; esto es, tienen que mostrar no sólo la posición geográfica de un fenómeno específico sino incluso los factores realmente decisivos en estos procesos; nos referimos a la densidad de población y distribución social, la distancia, y el sistema lingüístico en sí como factor de resistencia con respecto a la posible semejanza lingüística pre-existente. Atendiendo al primero, la *densidad de población* y su distribución social, hay un fenómeno realmente evidente y difícilmente cuestionable como es el hecho de que «cuanto mayor sea la densidad de población de una ciudad, más probable será la posibilidad de que un individuo de cualquier otro lugar se encuentre con un hablante de esa ciudad» (P. Trudgill 1992 c: 76). En este sentido, tomando a Inglaterra como ejemplo, «es 30 o 40 veces más probable que un hablante de Norwich se encuentre con un londinense en un determinado momento que al contrario simplemente porque la densidad de población de Londres es esas mismas veces más grande que la de Norwich» (Trudgill 1986 a: 40). Atendiendo al segundo, la *distancia*, no es menos cierto que «en igualdad de condiciones, la gente, por norma general, contacta más frecuentemente con quienes viven más cerca de ellos y menos con los que viven más lejos» (Trudgill 1992 c: 76), con lo que, siguiendo en el ejemplo de Inglaterra, «las innovaciones surgidas en Londres llegan a Norwich antes que a Sheffield, y a Sheffield antes que a Newcastle» (Trudgill 1986 a: 40). Atendiendo, finalmente, al tercero, al propio *sistema lingüístico* y la pre-existente semejanza lingüística, «parece ser psicológica y lingüísticamente más fácil adoptar rasgos lingüísticos de aquellos dialectos o acentos que más se asemejan al nuestro en gran medida —podemos asumirlo—, porque los ajustes que tienen que hacerse son menores», con lo que «probablemente el inglés de

Norwich es más parecido al de Canterbury que al de Peterborough, por ejemplo, aunque esto es difícil de medir» (Trudgill 1983 b: pp. 75-76):

Por tanto, conceptos teóricos procedentes de la Geografía Social, como *modelos de difusión, efecto de vecindad* y *modelos de gravedad* pueden dar cuenta de la relativa densidad de población de áreas adyacentes, las redes de conexión entre un área determinada y grandes centros de población, la posición geográfica de una innovación, el grupo social innovador, el relativo prestigio de determinadas variedades, la distancia lingüística entre las variedades, y el *sistema lingüístico* en sí como factor de resistencia. La aplicación de estas técnicas en los mapas y el conocimiento por parte de los dialectólogos de estos conceptos teóricos procedentes de la *Geografía* podrían hacer que la *Lingüística* averiguase la difusión geográfica de rasgos distintivos lingüísticos, o lo que es lo mismo, por qué las innovaciones lingüísticas surgen y se difunden a un núcleo A desde un núcleo B y no desde un núcleo C. Así, para desarrollar una ecuación que cuantifique modelos de gravedad en la difusión de los cambios linguísticos, Trudgill (1974 b) comenzó a adaptar fórmulas empleadas por los geógrafos[62] con el fin de calcular el grado de influencia de un centro urbano sobre otro:

62. *Cf.* G. Olsson (1965) y P. Haggett (1965).

$$Ixy = \frac{Px \cdot Py}{(Dxy)^2}$$

I = interacción *P* = número de habitantes (población)
D = distancia *Dxy* = distancia de *x* a *y*

Esta fórmula establece que la interacción (I) de un centro x y uno *y* es igual al número de habitantes (P) de *x* por el de *y* dividido por la distancia entre ambos al cuadrado. Si bien esta ecuación tiene en cuenta parámetros fundamentales como son la *distancia* y la *población*, no contempla, sin embargo, otro factor no menos importante como es el grado de *semejanza lingüística pre-existente* que cada sistema lingüístico posee con relación a otros, lo que hizo a Trudgill modificarla del siguiente modo:

$$Ixy = S \cdot \frac{Px \cdot Py}{(Dxy)^2}$$

I = interacción *P* = número de habitantes (población)
D = distancia *Dxy* = distancia de *x* a *y*
S = semejanza lingüística

donde aparece contemplada la variable S indicando el grado de semejanza lingüística. Pero otro hecho hizo que Trudgill modificara nuevamente la formulación inicial con el fin de introducir otra variable también importante y por tanto a tener en cuenta: «De momento, [la fórmula] nos indica la *interacción* de dos centros. Sin embargo, en lo que estamos interesados es en obtener una medición de la *influencia* de un centro sobre otro. Si asumimos que la interacción consiste en la influencia en cada dirección proporcional al número de habitantes, podemos corregir la fórmula del siguiente modo» (Trudgill 1983 b: 75):

$$Ixy = S \cdot \frac{Px \cdot Py}{(Dxy)^2} \cdot \frac{Px}{Px + Py}$$

I = influencia *Ixy* = influencia de *x* sobre *y*
P = número de habitantes (población) *D* = distancia
Dxy = distancia de *x* a *y*

con la que se puede desarrollar un modelo explícito de distribución y difusión geográfica de determinados rasgos lingüísticos, especialmente en grandes núcleos aislados.

Por consiguiente, del mismo modo que la variable lingüística, con la ayuda de la teoría y métodos sociológicos, puede perfeccionar nuestro conocimiento de la relación existente entre el lenguaje y la sociedad, también «la variable lingüística, junto con una serie de revelaciones metodológicas y teóricas procedentes de la *geografía humana*, puede perfeccionar nuestro conocimiento de las relaciones entre el lenguaje y la geografía, y el escenario geográfico del cambio lingüístico»:

> Una dialectología o geolingüística dinámicas que hagan uso de modelos de difusión geográfica que incorporen el tiempo, y técnicas sociolingüísticas y geográficas que permitan el tratamiento de fenómenos en progreso, pueden describir mejor e incluso explicar algunos de los procesos implicados en la difusión de las innovaciones lingüísticas.
>
> *Peter Trudgill (1983 b: 87)*

Los fundamentos de esta *Geolingüística* son, por tanto, claramente dialectológicos y sociolingüísticos; de hecho, Trudgill, en algún momento (Trudgill 1983 b: 51), la ha llamado 'dialectología sociolingüísticamente instruida'. El Capítulo **VI** puede considerarse relacionado con esta disciplina ecléctica propuesta por Peter Trudgill, la *Geolingüística*.[63]

Como advertíamos al inicio de este capítulo, hemos examinado extensamente los tres objetivos diferentes que Trudgill distingue dentro del espectro temático *lenguaje* y *sociedad*: estudios que son claramente sociolingüísticos por naturaleza, puesto que emplean datos sociológicos para fines lingüísticos, estudios que tienen fines tanto so-

---

63. Además de Chambers y Trudgill (1980), Peter Trudgill también propone este campo de estudio en otras ocasiones (*cf.* Trudgill 1974 b, 1975 b, 1983 b, y1990 b). Otros trabajos sobre la *Geolingüística* están en Trudgill (1983 a, 1986 a, 1986 b, 1986 c, 1987 c, 1988 a, 1989 a, 1989 b, 1989 c, 1990 f, 1990 g, 1992 c). Las revistas internacionales más importantes que se ocupan de trabajos tanto de Dialectología, Lingüística Secular, como de Geolingüística, son *Language in Society, Language Variation and Change, Language, Journal of Linguistics, WORD, IRAL*, etc.

ciológicos como lingüísticos, y estudios que son claramente no sociolingüísticos, ya que emplean datos lingüísticos con fines meramente sociológicos.

En cualquier caso, Trudgill siempre ha considerado la importancia de estudios de naturaleza interdisciplinaria, reclamando el apoyo y la cooperación entre lingüistas y sociólogos, pero también nos ha advertido de que «en última instancia el etiquetado de disciplinas y el trazado de fronteras entre ellas puede muy bien carecer de importancia, ser innecesario, e inútil», en el caso de la ***Sociolingüística*** un término demasiado general puede ser un obstáculo para la diferenciación de objetivos:

> En el caso de la sociolingüística, sin embargo, debemos procurar que un término generalizador demasiado amplio no oculte las diferencias de objetivos hasta el punto de la malinterpretación: la mayoría de la gente que trabaja en el campo del lenguaje y la sociedad lo hace así con una serie de objetivos diferentes.
> *Peter Trudgill (1983 b: 6)*

El fin último no sería aislar la disciplina, sino interrelacionarla con otras áreas; sin embargo, para conseguir este objetivo, es necesario clarificar primero la identidad de la disciplina como tal.

Capítulo III:

CONCEPTOS BÁSICOS EN SOCIOLINGÜÍSTICA

«Lo que deberíamos proponernos es una sociedad libre de prejuicios dialectales, en la que todo el mundo pueda emplear su propio dialecto sin temor al ridículo o a la corrección».

Peter Trudgill (1975 a: 69)

Es de dominio común que, hasta los años sesenta, el lenguaje y numerosos fenómenos relacionados con éste (como su heterogeneidad, variedades y 'subvariedades', el uso lingüístico, las actitudes frente al lenguaje, las normas lingüísticas, las lenguas pidgin y criollos, etc.) eran vistos desde un punto de vista bastante restringido y normativo. El propósito de este capítulo es clarificar, a veces re-definir o incluso criticar, basándonos en investigaciones empíricas, y en las consideraciones del profesor Peter Trudgill, algunos conceptos fundamentales en la corriente sociolingüística del lenguaje.

III.1. LENGUA, DIALECTO Y VARIEDAD

Si bien es relevante de algún modo, el concepto de *lengua*, como opuesto al de *dialecto*, no es técnicamente convincente por las connotaciones extralingüísticas que arrastra (Jack Chambers y Peter Trudgill 1980, y Peter Trudgill 1983 a) y por su falta de claridad conceptual (Ulrich Ammon 1987). En su lugar, los sociolingüistas prefieren hablar de *variedad*, un término neutro utilizado para referirse a «cualquier tipo específico de lenguaje al que queramos considerar por alguna razón como una entidad individual»,[64] ya que, como indica Joshua Fishman (1972), su designación no es valorativa, no indica ni suscita emoción u opinión. La definición de lo que es una lengua ha estado siempre muy vinculada a criterios como los de *tamaño, prestigio, distancia*, y principalmente el de *mutua inteligibilidad*, por el cual una lengua es un conjunto de dialectos mutuamente inteligibles. De este modo, se considera que son lenguas aquellas variedades que no son mutuamente comprensibles y los dialectos son vistos como partes de éstas, siendo las lenguas continentes de contenidos llamados dialectos, por ser las primeras más extensas que los segundos: «una variedad llamada lengua contiene más elementos que una llamada dialecto» (Richard Hudson 1980 : 32-33).

Lo cierto es que el criterio de inteligilibidad no es nada útil por su carácter arbitrario y por la mediación de otro concepto: la reciprocidad en la comprensión. Podremos distinguir varios grados de comprensibilidad mutua,[65] pero cualquier línea fronteriza trazada será siempre arbitraria (Ulrich Ammon 1987 : 319); el problema se complica aún más, si pensamos en lo que le ocurre a algunas variedades escandinavas, alemanas, e incluso chinas: por un lado, a pesar de que se las considere lenguas diferentes, el noruego, el sueco y el danés son mutuamente inteligibles, puesto que sus hablantes pueden entenderse y comunicarse entre ellos sin esfuerzo alguno; por otro lado, a pesar de que se le considere una sola lengua, hay algunas variedades del alemán que no son comprensibles para los hablantes de otras variedades del alemán, y hay algunas variedades del chino, como el cantonés o el mandarín, que tampoco lo son. Independientemente de los problemas existentes para considerar lenguas a aquellas variedades cuyo principal rasgo distintivo es el ser mutuamente inteligibles, hay otros casos (el danés y el noruego o el portugués y el español) en los que este cri-

---

64. En Chambers y Trudgill (1980 : 5). Con respecto a esto, en Trudgill (1983 a: 17) él también afirma lo siguiente: «... seguiremos utilizando *variedad* como término neutro para referirnos a cualquier 'tipo de lenguaje' sobre el que queramos hablar sin ser específicos».

65. Sistemas para calcular el grado de mutua inteligibilidad son los desarrollados en la Universidad de Montreal por Gillian Sankoff (1969) y en el Summer Institute of Linguistics de Texas por Eugene Casad (1974).

terio de la mutua inteligibilidad puede no ser el mismo en ambas direcciones, puesto que los daneses y los portugueses entienden a los noruegos y a los españoles respectivamente, mejor que los noruegos y españoles a los daneses y a los portugueses.

Esto significa, como Jack Chambers y Peter Trudgill (1980 : 5) opinan, que, primero, el criterio de mutua inteligibilidad no es lo suficientemente válido como para definir lo que una *lengua* es o no, puesto que plantea graves problemas en el momento de su aplicación y, segundo, que hasta ahora la noción de lengua ha conllevado factores no sólo lingüísticos sino también culturales, políticos, geográficos, históricos y sociológicos:[66]

> De hecho, nuestra discusión acerca de las lenguas escandinavas y alemanas sugiere que (a no ser que queramos cambiar de manera radical nuestros supuestos normales sobre lo que es una lengua) tengamos que reconocer que, paradójicamente, una 'lengua' no es en absoluto una noción lingüística. Indiscutiblemente tiene rasgos distintivos lingüísticos, pero está claro que consideramos al noruego, al sueco, al danés y al alemán como lenguas únicas por razones que son tan políticas, geográficas, históricas, sociológicas y culturales como lingüísticas.
>
> *Chambers y Trudgill (1980 : 5)*

Ésta es la razón por la que, para una definición más precisa de lo que es una *lengua*, incluyendo el término *dialecto*, se propone adjuntar, también, los criterios de *autonomía* y *heteronomía*.

III.2. *AUTONOMÍA, HETERONOMÍA*: REDEFINICIÓN DE LOS CONCEPTOS DE *LENGUA* Y *DIALECTO*

Autonomía y *heteronomía* son dos términos opuestos que tienen que ver con **independencia** y **dependencia**, respectivamente. Teniendo en cuenta estos dos criterios y la noción de *variedad*, Chambers y Trudgill (1980: 11) utilizan el término *lengua* para referirse a «una va-

66. *Cf.* Chambers y Trudgill (1980: 10), y Trudgill (1983 a: 15-16).

riedad que es autónoma junto con todas aquellas variedades que son dependientes (heterónomas) de ésta». Esto es, una *lengua* es una variedad codificada, estándar y autónoma, junto con todos sus dialectos no estándares, no autónomos (heterónomos), dependientes de ella. Estas variedades no estándares no necesariamente tienen que ser por completo inteligibles entre sí, sino que pueden variar en grado y modo de comprensibilidad, de tal manera que la posible acumulación de diferencias, en última instancia, puede, y normalmente así es, terminar en incomprensión entre los dos extremos de la cadena llamada *continuum dialectal geográfico* (véase **III.3**).

No obstante, Trudgill es consciente de que los criterios de *heteronomía* y *autonomía* también son el resultado de factores políticos y culturales más que puramente lingüísticos, lo que, a la postre, significa que cualquier variedad está sujeta al cambio, primero, de autónoma a heterónoma —como algunos dialectos del sueco que originariamente eran daneses, o el escocés que ahora es una variedad del inglés—, segundo, de heterónoma a autónoma —como es el caso de la lengua estándar utilizada en Noruega que anteriormente era danesa, o lo que ahora se llama africaans que se le consideraba una forma del holandés—, y en tercer lugar, también como consecuencia de la separación política, el cambio en una variedad puede conducir a la semiautonomía (el inglés norteamericano y el inglés canadiense).[67]

Bob Le Page (1978, y Le Page y Tabouret-Keller 1985) hace una distinción entre variedades *focalizadas*, tales como el inglés y otras lenguas europeas conocidas, muy fuertemente estandarizadas y superpuestas, y variedades *difusas*, como es el caso de Belice con el inglés, el criollo y el español: «las lenguas europeas más conocidas tienden a ser del tipo focalizado: se cree que la lengua es claramente distinta a otras, sus 'límites' están claramente delineados, y los miembros de la comunidad de habla muestran un alto nivel de conformidad sobre lo que constituye 'la lengua' y lo que no. En otros lugares del mundo, sin embargo, puede que esto no sea así, y en su lugar podemos tener una situación relativamente difusa: puede que los hablantes no tengan una idea muy clara sobre qué lengua hablan y lo que constituye ésta, lo

67. Para más detalles sobre estos ejemplos, véase Chambers y Trudgill (1980), pp. 10-14.

que no se observará como un problema de escasa importancia» (Trudgill 1986 a: 85-6).

Heinz Kloss (1967) habla de lenguas *abstand* y lenguas *ausbau*. Las primeras basan su definición en el grado de distancia lingüística entre variedades más que en su estatus lingüístico: «una variedad lingüística que es vista como una lengua con entidad propia, más que como un dialecto, por ser muy diferente de otras en sus características lingüísticas» (Trudgill 1992 a: 7); el vasco es el ejemplo más conocido de este tipo de lenguas *abstand*, siendo claramente una lengua, y no un dialecto, por no estar relacionada históricamente con ninguna otra lengua europea —es completamente diferente en su gramática, vocabulario y pronunciación. Las segundas basan su definición más en su estatus lingüístico (autonomía y estandarización) que en el grado de semejanza lingüística: «una variedad que deriva su entidad como lengua, más que como dialecto, no de sus características lingüísticas, como una lengua *abstand*, sino de sus características sociales, culturales y políticas» (Trudgill 1992 a: 11); son los casos, por ejemplo, del noruego y el sueco, lenguas a las que, como sabemos (**III.1**), se las considera distintas no por ser lingüísticamente muy diferentes una de la otra —hay una mutua inteligibilidad clara— sino por asociárseles a dos naciones-estado independientes con tradiciones, sistemas lingüísticos, gramáticas y diccionarios diferentes.

III.3. CONTINUOS DIALECTALES GEOGRÁFICOS: *EL DIALECTO REGIONAL*

Hemos dicho en **II.3.1** que los *dialectos geográficos* o *regionales*, no son, en absoluto, entidades discretas, y que las fronteras dialectales no existen como áreas definidas sino como áreas de transición dentro de un *continuum lingüístico*: «las diferencias en la lengua son normalmente, como indicamos antes, una cuestión de más-o-menos más que de todo-o-nada» (Trudgill 1990 b: 265), como los colores del arco iris:

> Hay muchos lugares en el mundo en los que, si observamos los dialectos hablados por la gente en áreas rurales, nos encontramos con la siguiente situación: si viajamos de un pueblo a otro, en una dirección determinada, observamos diferencias lingüísticas que distinguen a un pueblo del otro, y a veces estas diferencias serán mayores, otras menores, pero serán **acumulativas**: cuanto más lejos vayamos con respecto a nuestro punto de partida, mayores serán las diferencias [...] En otras palabras, puede que los dialectos situados en los extremos de un área geográfica no sean mutuamente inteligibles, pero estarán unidos por una cadena de mutua inteligibilidad. En ningún punto hay un corte completo tal que los dialectos geográficamente adyacentes no sean mutuamente inteligibles, sino que el efecto acumulativo de las diferencias lingüísticas serán tales que cuanto más grande sea la separación geográfica, mayor será la dificultad en la comprensión.
>
> *Chambers y Trudgill (1980: 6)*

A esta situación se la conoce como **continuum dialectal geográfico**, y hay muchos de éstos en el mundo: en Europa, el *Continuum dialectal del Románico Oeste* se extiende desde la costa de Portugal hasta el centro de Bélgica y de allí al sur de Italia (con las variedades estándares del francés, italiano, catalán, español y portugués, no inteligibles entre sí); otros son el *Continuum del Germánico Oeste*, que abarca a todos los dialectos normalmente conocidos como alemán, holandés y flamenco; el *Continuum Dialectal Escandinavo*, que contiene a los dialectos del noruego, sueco y danés; el *Continuum Dialectal Eslavo Norte*, que incluye al ruso, ucraniano, polaco, checo y eslovaco; y el *Continuum Dialectal Eslavo Sur*, que comprende al esloveno, serbo-croata, macedonio y búlgaro.

En Trudgill (1986 a: 83-4) se esboza el continuum dialectal geográfico de la Península Ibérica teniendo en cuenta además las nociones de *autonomía/heteronomía*:

> En la Península Ibérica, como es bien sabido, hay un continuum dialectal geográfico (véase Matias, 1984; Kurath, 1972) en el que los dialectos del catalán, español, y portugués se mezclan uno con otro gradualmente, y en el que el número de 'lenguas' reconocidas como habladas depende del número de variedades estándares, autónomas, que han logrado sobresalir del continuum dialectal. A los hablantes de los dialectos procedentes de la parte catalana del continuum se les considera generalmente, en estos días, hablantes de una lengua independiente del español/castellano, mientras que la aceptación del gallego como una lengua independiente es mucho más controvertida.

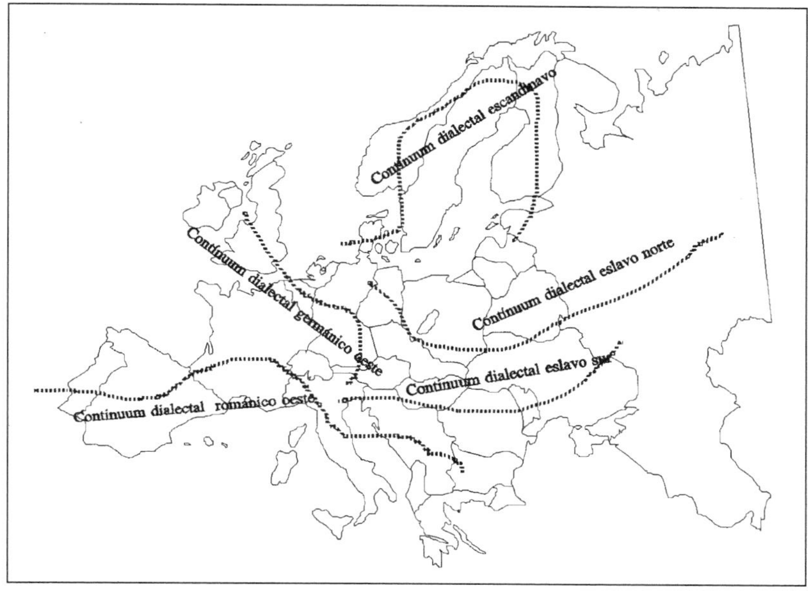

Por tanto, dado que tenemos continuos dialectales, desde un punto de vista puramente lingüístico, la división de un continuum en entidades discretas es ***arbitraria*** e incluso una ***invención*** conveniente a veces: «... términos como 'Cockney', 'Brooklynese', 'acento de Yorkshire' se utilizan frecuentemente como si fueran variedades discretas independientes, evidentes, con características bien definidas. A menudo es conveniente hablar como si así fuera el caso, pero debería tenerse siempre en cuenta que la realidad puede ser perfectamente mucho más compleja que esto» (Trudgill 1983 a: 16).[68] Igualmente, como señala Janet Holmes (1992 : 141), la existencia de los continuos dialectales o cadenas de dialectos, demuestra claramente el carácter arbitrario de la distinción entre *lengua* y *dialecto*; y más aún, como advierte Richard Hudson (1980 : 36), indica también de modo claro la escasa utilidad del criterio de la mutua in-

68. «De cualquier modo, tenemos que reconocer que, cuando hablamos de la lengua inglesa, estamos haciéndolo sobre algo que tiene unos límites muy poco claros, y que interiormente es muy diversa. Esto es, en realidad *la* lengua inglesa como tal no existe» (Trudgill 1975 a: 23).

teligibilidad a la hora de identificar lenguas, ya que se basa en la relación de éstas.[69]

III.4. CONTINUOS DIALECTALES SOCIALES: *EL DIALECTO SOCIAL*

De la misma manera que hay continuos dialectales geográficos y dialectos regionales, también hay **continuos dialectales sociales**, donde los *sociolectos* o *dialectos sociales*, no son entidades discretas sino gradualmente variables. Esto es, aun siendo de la misma región geográfica y a pesar de tener unos rasgos lingüísticos comunes, la lengua de un hablante o de un grupo de hablantes puede variar con respecto a la de otros grupos dentro de la misma comunidad, e incluso ser más semejante a la de otros grupos de otras regiones —como ocurre en Gran Bretaña (véase **III.5**)—; pero estas diferencias o semejanzas lingüísticas entre los grupos sociales o sociolectos —establecidos atendiendo a factores tales como la clase social, el sexo, la edad, la raza, la religión, etc.— son graduales, acumulativas, y nunca discretas. Un buen ejemplo de este fenómeno es la situación lingüística de Jamaica, donde, en cierta época, había dos clases: por un lado, y en lo más alto del escalafón, los británicos, que eran hablantes de inglés y, por otro lado, en la parte más baja del escalafón, los esclavos africanos, que eran hablantes del criollo jamaicano. Chambers y Trudgill (1980 : 8) visualizan la situación de la siguiente manera:

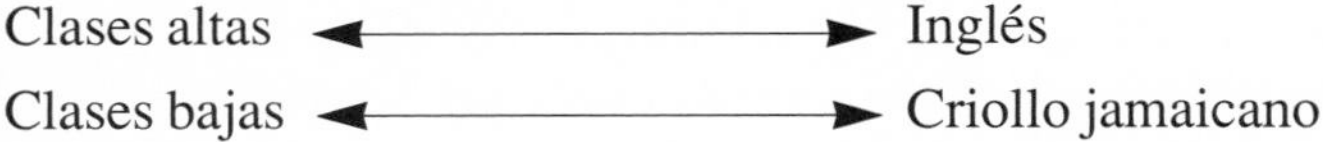

69. «Las variedades pueden distribuirse a lo largo de un CONTINUUM DIALECTAL, una cadena de variedades adyacentes en la que cada par de variedades adyacentes son mutuamente inteligibles, pero los que se hallan en extremos opuestos de la cadena no lo son [...] El criterio de mutua inteligibilidad se basa, sin embargo, en la relación entre lenguas, lo que es lógicamente distinto de la de identidad de lengua, que se supone que trata de aclarar. Si A es la misma lengua que B, y B es la misma lengua que C, entonces A y C deben ser también la misma lengua, y así sucesivamente. 'Identidad de lengua' es, por tanto, una relación transitiva, pero 'mutua inteligibilidad' es una relación intransitiva: si A y B son mutuamente inteligibles, y B y C son mutuamente inteligibles, C y A no necesariamente son mutuamente inteligibles. El problema es que una relación intransitiva no puede ser utilizada para dilucidar una relación transitiva» (Richard Hudson 1980 : 35-36).

Con el paso de los siglos el inglés tuvo una influencia notable en el criollo jamaicano, al que se ha considerado como una forma inferior o adulterada del primero; por consiguiente, esta variedad criolla se parece mucho al inglés actualmente y el vacío existente entre ambas variedades se ha cubierto:

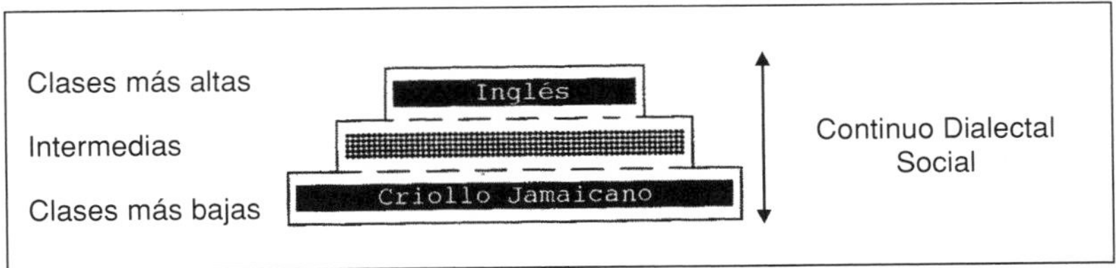

La consecuencia es que, en la actualidad, unos jamaicanos hablan inglés (*acrolectos*), otros no (*basilectos*), y otros hablan una variedad intermedia (*mesolectos*), puesto que no es posible afirmar, al menos lingüísticamente, que 'el inglés acaba aquí' y que 'el criollo jamaicano empieza aquí':

> ... mientras que la gente situada en los estratos sociales más altos habla algo que es claramente inglés y los de los más bajos algo que claramente no lo es, los que están en medio hablan algo intermedio. La escala de variedades desde el inglés 'puro' hasta el criollo 'más extremado' forma el continuum de dialectos sociales. La mayoría de los hablantes dominan una amplia extensión del continuum y 'se deslizan' por éste dependiendo del contexto estilístico.
>
> *Chambers y Trudgill (1980 : 9)*

Este hecho también demuestra que, desde un punto de vista puramente lingüístico, los continuos dialectales, tanto regionales como sociales, «admiten juicios del tipo más-o-menos pero no del todo-o-nada», a pesar de lo que estamos acostumbrados a pensar:

> De nuevo ésta es una noción difícil de asimilar para mucha gente, puesto que estamos acostumbrados a creer que las lenguas son entidades bien delimitadas y claramente distintas: esto es inglés o no. La realidad, sin embargo, es a menudo algo diferente.
>
> *Chambers y Trudgill (1980 : 10)*

El Capítulo **V** nos mostrará cómo las diferencias sociales (clase social, sexo, edad, raza, religión, etc.) se correlacionan con diferencias lingüísticas (variables) dentro de una misma comunidad de habla.

III.5. *VOZ, ACENTO, DIALECTO, ESTILO Y REGISTRO*: CONCEPTOS PROBLEMÁTICOS

Dualidades tales como *voz* y *acento*, *dialecto* y *acento*, y *estilo* y *registro* se confunden a menudo y necesitan ser diferenciadas. *Voz* y *acento* no son la misma cosa: «hablando en términos rigurosos, la voz se refiere a aquellos aspectos del habla de una persona que se deben a la estructura fisiológica de su región bucal y que le son característicos. Mucha gente tiene el mismo acento, pero no hay dos personas que tengan la misma voz —es la voz de un hablante lo que reconocemos cuando le oímos hablar sin llegar a verle» (Trudgill 1975 a: 20)—.

En lo que concierne a la dualidad *acento-dialecto*, hay académicos como Humberto López Morales (1989) en Puerto Rico, que no aceptan la distinción entre *acento* y *dialecto* sostenida por los sociolingüistas británicos porque «la distinción carece de base empírica de alguna solidez».[70] Como Peter Trudgill (1983 a: 17) indica para aclarar la diferencia entre ambos conceptos,[71] «el término *dialecto* hace referencia, hablando en términos rigurosos, a diferencias entre tipos de lenguaje en lo que concierne a vocabulario y gramática además de pronunciación. El término *acento*, por el contrario, hace referencia a diferencias de pronunciación», y es imposible hablar una lengua sin un acento que revele su particular origen regional, sus antecedentes sociales o ambas cosas a la vez. Trudgill (1990 a: 5) divide los princi-

70. «Las diferencias que establecen algunos sociolingüistas de habla inglesa (a partir de Wolfram, 1969 : 205) entre *dialecto* y *acento*, reservada esta última denominación para los casos en los que sólo existen diferencias fonológicas, es muy difícil de mantener, tanto en la teoría como en la práctica: ni las diferencias de pronunciación suelen ser cuantitativas (en contraste con las demás que se creen cualitativas), ni dejaría de sorprender el encontrar variedades dialectales que se distinguieran únicamente por diferencias fonológicas (ni gramaticales ni léxicas); la distinción carece de base empírica de alguna solidez» López Morales (1989), página 41, nota 2.

71. «Esto puede parecer una cosa excesivamente etnocéntrica, pero uno de los dogmas de este capítulo es el propósito laboviano 'cuanto más sabemos, más podemos descubrir' [*the more we know, the more we can find out*], y yo sé más acerca del inglés británico que de cualquier otra variedad lingüística' (Trudgill 1983b: 32-33). La distinción *acento-dialecto* ha sido discutida por Peter Trudgill en múltiples ocasiones (*cf.* Hughes y Trudgill 1979); Chambers y Trudgill 1980; Andersson y Trudgill 1990; Trudgill 1975 a, 1979, 1983 a, 1983 b, y 1990 a).

pales dialectos del inglés en *Dialectos Tradicionales* y *Dialectos Mayoritarios*. Los primeros son «variedades conservadoras y a menudo rurales principalmente habladas por gente anciana» (Andersson y Trudgill 1990 : 15), y difieren considerablemente, en cuanto a sus características lingüísticas, de las variedades mayoritarias; los segundos, los Dialectos Mayoritarios, «son hablados por la mayoría de la población anglófona y difieren mucho menos unos de otros que los dialectos tradicionales», y pueden dividirse en el *Dialecto Estándar*, o *Inglés Estándar*, y los *Dialectos No Estándares Modernos*. Desde un punto de vista histórico, el inglés estándar era —y de hecho lo es— una variedad dialectal similar a cualquier otra de Inglaterra; lo que ocurrió fue que éste descendió de los dialectos ingleses originariamente hablados en Londres y alrededores (Home Counties, los condados alrededor de Londres), y también es una variedad de lengua *superpuesta* que, después de haber sido modificada a lo largo de los siglos por la gente erudita (cortesanos, académicos, escritores, etc.), «vino a ser considerada como el modelo para todos aquellos que quisieran hablar y escribir bien» (Trudgill 1983 a: 18). Es la variedad de inglés normalmente utilizada por la gente 'culta', empleada en la prensa y las publicaciones, y la que normalmente se enseña en las escuelas británicas a los hablantes nativos y a los no nativos que van a aprender inglés (*English as a Foreign Language*, EFL). El inglés estándar se diferencia de los dialectos no estándares en algunos aspectos gramaticales tales como:

Diversos Dialectos No Estándares	**Dialecto Estándar**
I done it, did I?	*I did it, did I?*
I seen it	*I saw it*
He hasn't went	*He hasn't gone*
I likes her	*I like her*
He want them	*He wants them*
Them people	*Those people*
I don't want no tea	*I don't want any tea*
I ain't got it	*I haven't got it/I don't have it*
The man what/as said it	*The man who/that said it*

Cuando se compara con otras variedades estándares, está sujeto a variación interna tanto a nivel gramatical:

Inglés Estándar Británico:	*He had got it*	*Do you have any fresh cod?*
Inglés Estándar Norteamericano:	*He had gotten it*	*Have you got fresh cod?*
Inglés Estándar Británico	*It needs washing*	
Inglés Estándar Escocés:	*It needs washed*	

como a nivel léxico y ortográfico:[72]

Inglés Estándar Británico	**Inglés Estándar Norteamericano**
pavement	*asphalt*
autumn	*fall*
garden	*yard*
lift	*elevator*
theatre	*theater*
centre	*center*
petrol	*gas*
queue	*line*
dynamo	*generator*
lorry	*truck*
	Inglés Estándar Escocés
take-away	*carry-out*
people	*folk*
hospital	*infirmary*

El dialecto inglés estándar no tiene nada que ver con la pronunciación. Esto es, a pesar de tener un vocabulario y una gramática codificada y ampliamente aceptada, es un dialecto que no tiene una pronunciación reconocida mundialmente y se habla con una variedad de acentos marcados *regionalmente*, tales como el scouse (Liverpool), geordie (Tyneside), brummy (Birmingham), cockney (Londres), irish (Irlanda), welsh (Gales), etc., o de acentos marcados *socialmente*, como el RP ('Received Pronunciation' o 'Pronunciación Reconocida'). Este último, el RP, también conocido como *BBC English*, *Oxford English* o *the Queen's English*, es un acento no localizado, en el sentido de que no re-

72. Para más detalles acerca de las diferencias gramaticales y fonológicas entre el Inglés Estándar y los Dialectos No Estándares, véase Hughes y Trudgill (1979), Trudgill (ed) (1984 b), Trudgill (1990 a) y Trudgill y Chambers (eds) (1991); sobre las diferencias gramaticales, léxicas, fonológicas, semánticas y ortográficas entre el Inglés Estándar Británico y otras variedades estándares en el mundo de habla inglesa así como su situación sociolingüística actual, véase Trudgill y Hannah (1982), y Jenny Cheshire (ed) (1991).

vela ninguna procedencia regional, esto es, es un acento sin región propia o el acento de 'ninguna parte'. Sin embargo, el RP sí revela antecedentes sociales: es la pronunciación que, según John Wells (1982 : 104), «goza de un **prestigio manifiesto**» (véase **III.9**) puesto que se le asocia con unos antecedentes sociales y culturales muy concretos que no son otros más que unas clases sociales altas con unos niveles económicos lo suficientemente estables y elevados, que les han permitido formarse en aquellos centros donde se enseña la pronunciación RP (los colegios privados). El inglés estándar lo utiliza el 12% de la población británica, mientras que el acento RP lo habla aproximadamente entre el 3 y el 5% de la misma. Esta situación en Gran Bretaña es la consecuencia de la fuerte relación existente entre los *dialectos* y *acentos*, por un lado, y los antecedentes *sociales* y *regionales*, por otro, (Trudgill 1975 : 21):

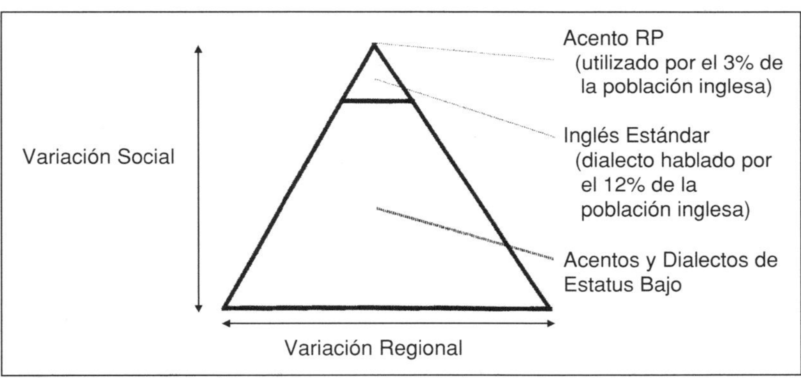

La situación sociolingüística británica que muestra el gráfico anterior es explicada por Peter Trudgill (1975 : 21) en los siguientes términos: cuanto más alta es la posición social del hablante, menos acento regional tiene, y también menor es su uso de formas léxicas y gramaticales locales:

> En el 'fondo' de la escala social podemos encontrar una amplia variedad de dialectos y acentos regionales cuya variación gradual se puede captar de un lugar a otro conforme viajamos por el campo desde el sur de Inglaterra hasta el norte de Escocia. En el otro extremo de la escala nos encontramos con el Inglés Estándar, con su pequeña variación regional, junto con el R.P. (que tiene variación aunque no *regional*), o bien con acentos moderadamente regionales, dependien-

> do de lo cercano a la 'cima' que esté el hablante. En los niveles sociales intermedios nos encontramos con acentos y dialectos que son más o menos regionales según el nivel. Profesores de Newcastle y de Bristol no hablarán igual, pero sonarán de manera más parecida que, digamos, la mayoría de los obreros de ambos lugares.

Richard Hudson (1980 : 43) también hace referencia a esta situación característica de Gran Bretaña, que no se da en otros países occidentales como Alemania, Estados Unidos, o España, en los que la gente de los escalafones sociales más elevados y prestigiosos sí deja ver su procedencia regional a través de la pronunciación, estando incluso los acentos considerados como prestigiosos más vinculados a determinadas zonas geográficas que a sectores sociales concretos: «... una de las características de la estructura jerárquica de un país como Gran Bretaña es que la clase social suele prevalecer sobre el factor geográfico como determinante del habla, de modo que se da mucha mayor variación geográfica entre la gente de las clases sociales bajas que entre la gente de la 'cumbre' de la masa social. Lo que ha llegado hasta el punto de que la gente que ha pasado por el sistema escolar privado (o quiere aparentar que lo ha hecho) característicamente *no* tiene en absoluto rasgos regionales en su lengua».

Mientras que *acento* y *dialecto* tienen que ver con el **hablante**, *estilo* tiene que ver con la **situación formal/informal** y *registro* con el **tema**, la **materia** o **actividad**. La lengua varía no solo según las características sociales del hablante (tales como su clase social, grupo étnico, edad y sexo) sino también según el contexto social en el que éste se encuentra. De este modo, el mismo hablante utiliza diferentes variedades lingüísticas en diferentes situaciones y con objetivos también diferentes, y la totalidad de variedades lingüísticas usadas así por una comunidad de hablantes específica se denomina *repertorio verbal* de la comunidad lingüística (Trudgill 1983 a: 100). *Registro* «es un término técnico de la lingüística que se refiere simplemente al vocabulario y a otras características lingüísticas relacionadas con temas y actividades específicas» (Andersson y Trudgill 1990 : 171). En inglés, los jugadores de fútbol emplean palabras como *header* ('cabeceador') pare referirse a ese miembro del equipo que remata de cabeza con el balón; los lingüistas utilizan palabras como *lexical item* o *lexe-*

me ('elemento léxico' o 'lexema') para referirse a *word* ('palabra'); los mineros emplean el término *goaf* para el trabajo en la mina; los abogados usan *heretofore* o *hereinafter* para querer decir *up until now* ('hasta este momento') o *from this point onwards* ('de ahora en adelante'), respectivamente; los médicos emplean la palabra *clavicle* ('clavícula') en lugar de *collar-bone* ('hueso del cuello'); etc. El concepto de *Registro* no debe confundirse con el de *slang*, el cual se refiere a registros relacionados con actividades ilegales o marginales, no oficiales (Andersson y Trudgill 1990 : 77; véase III.7). Por el contrario, *Estilo* es un término técnico del registro de la Lingüística que hace referencia a las diferentes variedades de lenguaje motivadas por los distintos grados de formalidad en situaciones específicas. El inglés estándar es un dialecto tanto como cualquier otra variedad no estándar, y el problema **Inglés Estándar** *versus* **Inglés No estándar** no debe confundirse en absoluto con el problema **Formal** *versus* **Informal**, puesto que aquél, como ocurre con otros dialectos, también está sujeto a diferenciación estilística: «el inglés estándar tiene variantes coloquiales además de formales, y los hablantes del inglés estándar dicen tacos tanto como los demás. (Merece la pena indicar esto porque mucha gente parece creer que si alguien emplea expresiones del slang o giros informales ello significa que no está hablando inglés estándar)» (Trudgill 1983 a: 17). En inglés, la formalidad, frente a la informalidad, se indica normalmente por medio del vocabulario y también mediante el uso de ciertas estructuras morfológico-sintácticas como la pasiva. Observemos los siguientes ejemplos:

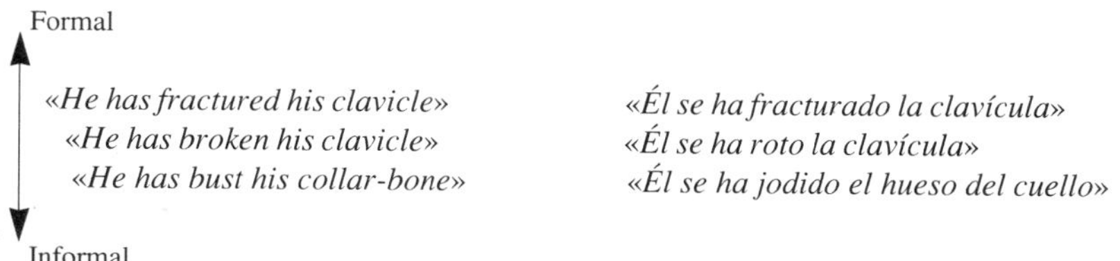

Todos estos ejemplos están escritos en el dialecto inglés estándar, o Standard English, pero estilísticamente varían de lo formal a lo informal por medio del uso de marcadores formales (palabras estilísticamente más formales: *fractured* y *clavicle*, en oposición a *broken*, *bust* y *collar-bone*). Sin embargo, lo que no se puede considerar como un ejemplo del dialecto inglés estándar, puesto que nada tiene que ver con variaciones estilísticas, sería:

«I be very tired» *«Estoy muy cansado»*

que es una oración que no pertenece al dialecto del inglés estándar sino al de no estándar, y que por tanto estará marcado estilísticamente en su variedad no estándar. Así pues, no hay necesariamente una relación entre *estilo, registro* y *dialecto.*

III.6. ACTITUDES FRENTE AL LENGUAJE: JUICIOS DE VALOR SOCIALES *VS* LINGÜÍSTICOS EN EL REINO UNIDO

Hemos dicho en la sección anterior, **III.5**, que el Standard English, o inglés estándar, es un dialecto igual que cualquier otra variedad no estándar, y que el problema **Inglés Estándar** *versus* **Inglés No Estándar** no debería confundirse con la cuestión del lenguaje **Formal** *versus* **Informal**, ni relacionarse con otras dualidades como **Correcto** *versus* **Incorrecto**, **Adecuado** *versus* **Inadecuado** o **Estético** *versus* **Antiestético**. Sin embargo, estudios empíricos llevados a cabo sobre muy diversas situaciones en todo el mundo han demostrado la existencia de un modelo de resultados sobre la diferente evaluación de los hablantes de variedades estándares y los de no estándares (Giles, Hewstone, Ryan y Johnson 1987), apareciendo las primeras, las variedades estándares, vinculadas al estatus, los medios de comunicación, el poder y, en definitiva, a aquellos pertenecientes a las clases socioeconómicas más elevadas (Joshua Fishman 1971).

En el Reino Unido, en concreto, puede afirmarse que hay juicios de valor sobre la ***corrección, adecuación*** y ***estética*** de los acentos, dialectos y lenguas en general que son más de naturaleza *social* que lingüística:

Ya que la lengua, como fenómeno social, está estrechamente ligada a la estructura social y a los sistemas de valores de la sociedad, diversos dialectos y acentos son evaluados de modos distintos. El inglés estándar, por ejemplo, tiene mucho más estatus y prestigio que cualquier otro dialecto inglés. Es un dialecto considerado de manera muy favorable por mucha gente, y algunos beneficios económicos, sociales y políticos tienden a corresponder a aquellos que lo hablan y escriben. La pronunciación RP también tiene un elevado prestigio, al igual que algunos acentos norteamericanos. De hecho, el 'saber convencional' de la mayoría de las comunidades de habla inglesa va más allá de esto. El inglés estándar y los acentos de prestigio son tan evidenciadores de estatus elevado que son ampliamente considerados como 'correctos', 'bonitos', 'agradables', 'puros', etc. Otras variedades no estándares y de menos prestigio son a menudo juzgadas como 'erróneas', 'feas', 'corruptas' o 'indolentes'. Además, el inglés estándar es considerado frecuentemente como *la* lengua inglesa, lo que inevitablemente conduce a la idea de que las otras variedades del inglés son una especie de desviación de la norma, siendo atribuida a esa indolencia, ignorancia o carencia de inteligencia. De este modo, a millones de personas que tienen el inglés como su lengua materna se las hace creer que 'no saben hablar inglés'.

Peter Trudgill (1983 a: 19-20)

III.6.1. *JUICIOS DE VALOR SOBRE LA CORRECCIÓN*

A muchos hablantes nativos de la lengua inglesa se les hace creer que no saben hablar su propia lengua correctamente. Sin embargo, según Andersson y Trudgill (1990), los hablantes nativos hablan su lengua materna perfectamente, y lo que tradicionalmente se ha concebido como un problema de 'correcto' o 'incorrecto' simplemente es una cuestión de diferencias dialectales y actitudes sociales frente al prestigio de éstas:[73] «en nuestra opinión, es muy triste que a millones de personas se les impida expresarse con la sincera pero errónea creencia de que no saben hablar su propia lengua correctamente» (Andersson y Trudgill 1990 : 109). Ahora bien, si los hablantes nativos del inglés no cometen errores, ¿en qué se equivocan?

---

73. Consideremos aquí también los casos de Martha's Vineyard y el cambio de actitudes ante el uso de la /r/ postvocálica en los Estados Unidos y en Gran Bretaña, los cuales han sido tratados en **II.2.2.**

> Todos podemos, por ejemplo, cometer *lapsus linguae*, y decir cosas que no teníamos la intención de decir, como *How many of there are them?* en lugar de *How many of them are there?* Y todos podemos armarnos un lío con oraciones largas y cambiar la construcción a medio, como en *there's a man over there who I don't know who he is*; o *I wonder who those people who I always see him over the park on Thursdays with*. Y todos podemos utilizar palabras sin saber lo que realmente significan [...] Salvo en estos casos, nos sentimos satisfechos de poder afirmar que los hablantes nativos siempre hablan un inglés correcto.
>
> *Lars Andersson y Peter Trudgill (1990 : 111)*

Y si los hablantes nativos del inglés no cometen errores, ¿de dónde proceden todas estas actitudes sobre la *corrección/incorrección* en inglés? ¿Por qué cree la gente que es 'incorrecto' decir, por ejemplo, «*I have a new house which I am very pleased with*» o «*It was him that did it*», o «*He is aggravating the dog*», o «*I don't want no coffee*»? ('Tengo una casa nueva de la que estoy encantado', o 'Fue él quien lo hizo', o 'Él está enfureciendo al perro', o 'No quiero café'). Como explicación a este fenómeno muy común Lars Andersson y Peter Trudgill (1990) ofrecen tres causas: la influencia del latín, las innovaciones y el estatus social del hablante.

III.6.1.a. La influencia del latín en el inglés

Uno de los factores a tener en cuenta al considerar los orígenes de nociones como la *corrección* es la influencia del latín. Durante la Edad Media y durante algunos siglos después, la relación entre el latín y el inglés en Gran Bretaña era como ahora la relación entre el inglés estándar y los dialectos no estándares (Andersson y Trudgill 1990 : 112):

> El latín era considerado como bueno, correcto, expresivo, etc., de la misma manera que sucede con el inglés ahora, y las lenguas vernáculas eran consideradas inferiores. El latín era una lengua internacional, para aprender en Europa, y se le relacionaba con la Iglesia y la Biblia. También tenía la ventaja de ser una lengua muerta sin hablantes nativos, por lo que no estaba sujeta a cambios.

Cualquier intento por escribir trabajos académicos, filosóficos, o teológicos en inglés, francés u holandés, por ejemplo, habría sido considerado ridículo. Como consecuencia, cuando el inglés comenzó a ser utilizado para fines formales y se observó que difería del latín en ciertos aspectos, hubo una opinión generalizada, que ha sobrevivido incluso hasta los tiempos modernos, que defendía que el latín era más correcto que el inglés y superior a éste. Hasta tal punto arraigó esta tendencia que una serie de académicos intentaron cambiar algunas estructuras gramaticales del inglés —que siempre habían sido normales en las lenguas germánicas— con el objetivo de hacerlas mucho más parecidas al latín. Unos de estos aspectos de divergencia con respecto al latín era la aparición en inglés, al igual que en otras lenguas germánicas, de preposiciones al final de una oración. Se defendía que estructuras oracionales del tipo:

«*I have a new house which I'm very pleased* ***with***»

eran 'erróneas' y que debería decirse:

«*I have a new house* ***with*** *which I'm very pleased*»

simplemente porque en latín no era correcto acabar las oraciones con una preposición: «... a pesar de la naturalidad y larga historia de esta construcción en las lenguas germánicas, el argumento era que, si estaba mal en latín, estaba mal en inglés» (Andersson y Trudgill 1990 : 113). Como consecuencia, la estructura basada en el latín actualmente es considerada como estilísticamente más formal que la germánica.

Otro punto de divergencia con respecto al latín era el uso de los pronombres oblicuos en inglés, tales como *me, him, her, us* y *them*. Un uso muy antiguo de estos pronombres en inglés y otras lenguas afines es el de oraciones como:

«*It's* ***me***»	«*Soy yo*»
«*It was* ***him*** *that did it*»	«*Fue él quien lo hizo*»
«*This is* ***her***»	«*Ésta es ella*»

Sin embargo, esta construcción no se daba en latín, cuya estructura gramatical requería el caso nominativo en las oraciones copulativas. Como consecuencia, de nuevo, se defendía que debía emplearse los pronombres nominativos también en las construcciones equivalentes del inglés:

> *«It's* ***I****»*
> *«It was* ***he*** *that did it»*
> *«This is* ***she****»*

uso que suena muy extraño para la inmensa mayoría de los anglófonos, simplemente porque el inglés no posee la distinción gramatical entre el caso nominativo y acusativo que tenía el latín (Andersson & Trudgill 1990 : 114-115):

> Las únicas formas en inglés que se comportan de modo similar al latín son los pronombres personales. La mayoría de ellos tienen dos formas diferentes según el contexto gramatical: *I, me; he, him; she, her; we, us; they, them.* Sin embargo, no es legítimo referirse a éstos como formas 'nominativas' o 'acusativas' de la misma manera que en latín. Es cierto que las formas *I, he, she, we, they* sólo aparecen como sujetos de verbos, al igual que el nominativo en latín. Pero *no* es cierto que las formas *me, him, her, us, them* sólo lo hagan como objeto.

En la misma página, ellos mismos nos dan la explicación de lo que realmente ocurre en el inglés normal:

> Una mejor descripción de lo que sucede en el inglés normal de los hablantes nativos es que *I, he, she, we, they* aparecen como sujetos de verbos donde el pronombre en cuestión es el único sujeto que puede tener el verbo. En todos los demás casos, tales como en los que el pronombre aparece como objeto, en los que va solo, en los que aparece en aposición después del verbo *be*, o en los que hay más de un sujeto, lo que encontramos es el pronombre oblicuo *me, him, her, us, them.* Por tanto, si alguien pregunta «Who won?», podríamos responder «*They did*» utilizando they porque aquí es el sujeto del verbo *did*. Pero podríamos también responder a la pregunta «*Who won*?» sin hacer uso del verbo («*Who*?»), en cuyo caso tendríamos que responder «*Them*». Los anglófonos no dicen «*Who won? They*». Sólo se encuentra «*Who won? Them*», y «*Who won? They did*».

Un fenómeno similar, también especialmente interesante, tiene lugar en inglés en las oraciones en las que hay más de un sujeto del verbo y al menos uno de ellos es un pronombre:

*«**Me** and **him** are going to the party»*	*«**Yo** y **él** vamos a la fiesta»*
*«**Him** and **me** are going to the party»*	*«**Él** y **yo** vamos a la fiesta»*
*«**I** and **he** are going to the party»*	*«**Yo** y **él** vamos a la fiesta»*
*«**He** and **I** are going to the party»*	*«**Él** y **yo** vamos a la fiesta»*
*«**Us** and **her** are going to the party»*	*«**Nosotros** y **ella** vamos a la fiesta»*
*«**Her** and **us** are going to the party»*	*«**Ella** y **nosotros** vamos a la fiesta»*
*«**We** and **she** are going to the party»*	*«**Nosotros** y **ella** vamos a la fiesta»*
*«**She** and **we** are going to the party»*	*«**Ella** y **nosotros** vamos a la fiesta»*

Las versiones '*I and he*' y '*we and she*', en concreto, son poco comunes, pero todas las demás, ciertamente, se usan en el inglés moderno. Sin embargo, alguna gente *seducida* por el prestigio del latín, «los pedantes influenciados por el latín», defendía que algunas de esas formas inglesas infrecuentes eran 'correctas' y que las corrientes eran 'erróneas'. A pesar de no conseguir eliminar el uso de los pronombres oblicuos de la lengua inglesa en ese tipo de oraciones en favor de los pronombres sujeto, crearon una considerable inseguridad en la mente de muchos hablantes sobre la 'corrección' de su lengua, lo que a su vez ha conducido a casos de *hipercorrección*: «nos 'corregimos' no sólo cuando deberíamos sino también cuando no» (Andersson y Trudgill 1990 : 118); «Como el modelo es anormal, lo hacen mal, extienden el cambio a contextos gramaticales impropios, y producen formas que nadie pretendía que utilizaran jamás ¡y que no tienen nada que ver con el latín!». Eso es lo que ocurre en estructuras como las siguientes:

*«Between you and **I**»*	*«Entre tú y **yo**»*
*«He told John and **I** about it»*	*«Le habló a John y a **yo** sobre ello»*
*«Jane gave it to John and **I**»*	*«Jane se lo dió a John y a **yo**»*

que realmente son agramaticales tanto en inglés como en latín, y ésta es, según Andersson y Trudgill (1990 : 118), «una forma perfecta de volverse loco».

III.6.1.b. La evolución del inglés: innovación-resistencia-aceptación

Es sobradamente sabido que el lenguaje es un fenómeno dinámico; pero no todo el mundo sabe que «el cambio lingüístico es un fenómeno natural y que no implica 'decadencia' o 'corrupción'» (Trudgill 1975 a: 14). Si examinamos el lenguaje desde un punto de vista diacrónico, se puede observar que las lenguas evolucionan a lo largo del tiempo:

> Las lenguas siempre están cambiando, y el inglés está sujeto a cambios lingüísticos igual que cualquier otra lengua. No sabemos realmente por qué, pero ninguna lengua permanece enteramente estática. Es muy evidente que el inglés de Shakespeare es muy diferente al moderno; la lengua de Chaucer es tan distinta que resulta bastante difícil de entender; y el inglés del rey Alfredo ciertamente requiere traducción. El cambio lingüístico parece ser inevitable. Puede retrasarse, concretamente por medio de la alfabetización generalizada. (La lengua escrita, utilizada tal y como es en la realización de documentos relativamente estables, es generalmente más conservadora que la hablada). Pero no puede detenerse.

La **Ley del Mínimo Esfuerzo** —*the principle of least effort*— también afecta a las lenguas, haciéndolas tender hacia la simplicidad, dentro de los límites de la inteligibilidad, evidentemente. Sin embargo, el ciclo ***innovación-resistencia-aceptación*** siempre opera cuando un rasgo lingüístico innovador (gramatical, léxico o fonológico) aparece en la lengua de una comunidad de habla: «es de dominio general el hecho de que nunca habrá una innovación, de cualquier tipo, a la que no se oponga alguien en algún lugar» (Andersson y Trudgill 1990 : 148).

En Gran Bretaña hay gente, los «auto-designados guardianes de la pureza y virtud de la lengua inglesa moderna» (Andersson y Trudgill 1990 : 13), que se opone a las innovaciones y al cambio en la lengua inglesa, inútilmente por supuesto: «están librando una batalla perdida, exactamente de la misma manera que sus homólogos en los siglos pasados» (Trudgill 1975 a: 14), y lo único que hacen es crear inseguridad lingüística entre los hablantes nativos. Al estar el lenguaje, como fenómeno dinámico que es, sujeto a cambio, encontramos usos de formas tales como *proven* funcionando como participio del verbo regular *prove*, en lugar de *proved*. Además *aggravate*, por ejemplo, es una palabra que llegó a la lengua inglesa en el siglo XVI con el significado de 'agravar, hacer más serio' (debido a su origen latino) y con el paso del tiempo adquirió uno adicional, 'irritar, enfurecer'. Estos dos significados están reconocidos por todos los diccionarios excepto por esa gente influida por el latín que no acepta el segundo sentido y sostiene que ese uso es incorrecto y confundible. Sin embargo no puede haber duda alguna en absoluto, puesto que en el uso más antiguo el verbo normalmente precede a un nombre abstracto mientras que en el nuevo precede a un nombre animado:

«*He is aggravating the situation*» versus «*He is aggravating the dog*»

Lars Andersson y Peter Trudgill (1990 : 145) nos ofrecen la causa social, el prejuicio social más bien, del rechazo de su segundo significado:

> Los orígenes latinos, y otros casos, verdaderamente son racionalizaciones de sentimientos cuya causa es en realidad social. En este caso los orígenes sociales del prejuicio contra el nuevo significado de la palabra *aggravate* tienen que ver con el hecho de que el antiguo está limitado a estilos más cultos y/o más formales del habla y la escritura. Por el contrario el nuevo normalmente sólo se encuentra en estilos más coloquiales e informales. El significado nuevo, por tanto, tiende a tener un prestigio menor y a provocar reacciones menos favorables a quienes se inclinan por devaluar el lenguaje informal.

Hopefully es una palabra que también ha sufrido una ampliación de significado muy recientemente. Hasta los años setenta era utilizada de forma diferente en el inglés británico y en el norteamericano: mientras que en Gran Bretaña *hopefully* era sólo un adverbio de modo que describía «cómo alguien estaba haciendo algo», en los Estados Unidos tenía un uso adicional, el de modificador oracional:

		EE.UU.	**G.B.**
«*She sat there hopefully*»	(='She sat there in a hopeful manner')	+	+
«*Hopefully it won't rain tomorrow*»	(='It is to be hoped that it won't rain tomorrow')	+	–

Pero, debido en parte a la influencia norteamericana y en parte al natural cambio lingüístico, a principio de los setenta el segundo uso norteamericano comenzó a utilizarse en el inglés británico, y alrededor de 1974, una vez extendido por Inglaterra, algunas personas, estos «auto-proclamados guardianes de la pureza y virtud de la lengua inglesa moderna», empezaron a «escribir cartas a la BBC y a periódicos protestando por 'este americanismo barbárico', 'esta corrupción de la lengua', etcétera». Sin embargo, en los años ochenta, el nuevo uso estaba completamente aceptado: «antes de 1980, jóvenes británicos de diecinueve años de edad no tenían ningún recuerdo en absoluto de un tiempo en el que *Hopefully it won't rain* no era una construcción posible. Se asombraban de que ésto pudiera haber sido así alguna vez. '¿Qué decíais antes?' preguntarían» (Andersson y Trudgill 1990 : 148).

De la misma forma que se adquieren nuevos significados, también otros se debilitan y otros incluso se pierden. Algunas palabras, especialmente aquéllas con una carga emocional bastante elevada, tales como *fantastic, fabulous, incredible, brilliant* o *amazing* han sufrido un proceso de debilitamiento en sus significados como consecuencia del uso reiterado, u otras, como *awful* y *nice*, han perdido por completo su sentido original, paulatinamente, con el paso de los siglos.[74] Pero «¿Importa algo? Creemos que no», preguntan y a la vez responden Andersson y Trudgill (1990 : 148-9) dándonos la siguiente explicación:

> Las lenguas son sistemas muy flexibles, y un cambio en una parte del sistema conllevará normalmente un cambio compensatorio en otra parte del mismo, si es necesario. Los guardianes de la pureza no tienen por qué preocuparse. Las lenguas siempre se han cuidado ellas mismas de este modo e indudablemente seguirán haciéndolo. Muchas de las palabras que utilizamos hoy, y que no causan

74. «Palabras tales como *fantastic, fabulous, incredible, brilliant, amazing* comenzaron teniendo connotaciones bastante fuertes y dramáticas pero, como consecuencia de su uso reiterado en los tiempos actuales, han venido a significar algo muy prosaico como *'very good'* ('muy bien/bueno')» «los diccionarios definen *awful* como *'nasty, ugly'* ('sucio, feo'), pero su significado original, que se remonta al siglo XIII, era *'inspiring awe, reverence or dread'* ('que impone respeto, reverencia o temor')»; *nice* procede del latín *nescious* significando en su origen *'ignorant, foolish'* ('ignorante, tonto'), pero «paulatinamente el uso sufrió una serie de cambios de modo que el significado llegó a ser en ocasiones *'shy'*, *'delicate'*, *'fine'* ('tímido', 'delicado', 'fino'), y finalmente *'pleasant'* ('agradable')» (Andersson y Trudgill 1990).

ninguna controversia, son, sin embargo, el resultado de cambios en su significado ocurridos durante los últimos siglos. Esto es normal. Podemos hacerle frente, y la lengua también.

No obstante, admiten que pueden surgir problemas en algunas ocasiones como consecuencia de malinterpretaciones. Este es el caso de *malapropismos*[75] —empleos erróneos e involuntarios de palabras cultas por confusión con otras, normalmente homófonas— tales como *interested, disinterested* y *uninterested* (*interesado, desinteresado*, y *sin interés*). Pero, según Andersson y Trudgill, esto tampoco es muy importante, puesto que «las lenguas son sistemas basados en la sociedad y los individuos no pueden unilateralmente decidir el cambio de significado de una palabra»; sin embargo, «si todos utilizaran el mismo malapropismo, entonces, por definición, nunca más sería un malapropismo».

Las innovaciones en la lengua inglesa, por tanto, continuarán apareciendo, porque las palabras, después de todo, «significan lo que la gente quiere que signifiquen, a pesar de lo que pudieran haber significado en algún momento anterior de la historia» (Andersson y Trudgill 1990 : 144).[76] Además, «es bien sabido que la lingüística es una ciencia descriptiva más que prescriptiva, y que los lingüistas están interesados en describir y dar cuenta de lo que los hablantes verdaderamente dicen más que de lo que varias 'autoridades' creen que se debería decir» (Trudgill 1983 b: 201).[77]

---

75. «Se llaman así los malapropismos debido al personaje Mrs. Malaprop en la obra de Sheridan *The Rivals*. Sheridan derivó su nombre de la palabra *malapropos*, que significa 'incongruente'» (Andersson y Trudgill 1990 : 150).

76. Si la lengua en Inglaterra no hubiera evolucionado como en realidad lo ha hecho, oraciones como «*She was a nice person who was inclined to have as her concern the construction of the finest projects*» no significarían lo que ahora significan, sino algo muy diferente como «*She was an ignorant mask who was leant to have as her mingling the piling-up of the last throw-downs*» (Andersson y Trudgill 1990 : 145).

77. «Podemos pensar que la gramática es un mapa y el uso de la lengua el paisaje. Incluso si el objetivo es hacer una gramática prescriptiva, el mapa no puede estar completamente separado del paisaje» (Andersson y Trudgill 1990: 27).

III.6.1.c. El estatus social del hablante

Probablemente la fuente más poderosa de juicios sobre la *corrección* en el inglés surge de la relación entre lenguaje y clase social. En **III.5** se ha indicado que, debido a la fuerte relación existente entre *acento* y *dialecto*, por un lado, y antecedentes *sociales* y *regionales*, por otro, la situación en Gran Bretaña es tal que cuanto más alta es la clase social del hablante, menos rasgos lingüísticos regionales muestra en su lengua. También se señaló que el dialecto del inglés estándar se diferencia de los no estándares en algunos aspectos gramaticales. Además en el pasado siempre se creyó que las formas no estándares eran adulteraciones de la variedad estándar prestigiosa. En este contexto, muchas formas consideradas como 'incorrectas', o 'inglés malo', simplemente son formas típicas de las variedades no estándares, normalmente utilizadas por hablantes de clases sociales bajas, y, por otro lado, a las formas consideradas como 'correctas' a menudo se las asocia con el inglés estándar, normalmente empleadas por hablantes de clases sociales altas y medio-altas. De este modo se dice que formas no estándares tales como el uso del tiempo «*I done it*» y la *negación múltiple* («*I don't want no coffee*») son 'incorrectas', afirmando que las 'correctas' son «*I did it*» y «*I don't want any coffee*» (formas del dialecto estándar). Sin embargo, mientras que «*I done it*», por ejemplo, es utilizada por una mayoría de hablantes nativos del inglés en todo el mundo, la forma «*I did it*» sólo la emplea una minoría; según Andersson y Trudgill (1990: 119), no más del 30%:

> ¿Cómo es que se dice que la mayoría está equivocada y que la minoría tiene razón? Esto tiene que ver con quién utiliza qué forma [...] la minoría de gente que dice *I dit it* son los que, por regla general, tienen más riqueza, poder, estatus y formación cultural que quienes dicen *I done it* (por supuesto, no podemos hacer tales afirmaciones sobre cada individuo en particular). No es por tanto sorprendente que *I done it* tenga menos prestigio, y que este menor prestigio haga que esta forma verbal sea considerada como indeseable y por ello errónea. Por supuesto no es 'erróneo' en ningún sentido significativo de la palabra decir *I done it*, pero es un indicador de estatus social relativamente bajo. No podemos decir que una forma que utiliza la mayoría de la gente esté 'equivocada'. Podemos decir, sin embargo, que es típica de los dialectos de las clases sociales más bajas. Debido a como está estructurada nuestra sociedad, es una forma que en ocasiones puede poner a sus usuarios en desventaja social.
>
> *Lars Andersson y Peter Trudgill (1990 : 119)*

Cada dialecto, al igual que cada lengua, funciona de manera distinta, y lo que tradicionalmente se ha concebido como una cuestión de 'correcto' o 'incorrecto' en la lengua inglesa, en realidad, es simplemente una cuestión de diferencias dialectales y actitudes sociales frente al prestigio de esos dialectos: lingüísticamente hablando, del mismo modo que no podemos afirmar que «*yo no quiero café*» o «*yo lo hice*» sea inglés incorrecto, porque —después de todo— son palabras de una lengua diferente al inglés, tampoco podemos afirmar que «*I don't want no coffee*» o «*I done it*» sea inglés incorrecto, porque es un dialecto diferente, un dialecto no estándar en este caso. Por tanto, los juicios sobre la *corrección* en la lengua no son en absoluto juicios lingüísticos objetivos sino sociales, y por tanto arbitrarios.

III.6.2. *JUICIOS DE VALOR SOBRE LA ADECUACION DE LENGUAS Y DIALECTOS*

Si el problema de la *corrección* está circunscrito a comparaciones intralingüísticas, el de la *suficiencia* o *adecuación*, se ocupa de comparaciones tanto intralingüísticas como interlingüísticas: no sólo se comparan diferentes variedades de la misma lengua sino también lenguas distintas (Trudgill 1983 b: 206). En el pasado la visión del lenguaje y las lenguas en la sociedad estaba determinada por la posición ocupada por algunas de las europeas que, desde el Renacimiento, se establecieron como lenguas nacionales estandarizadas en las nacientes naciones-estado de Europa. Cualesquiera otras variedades eran consideradas sistemas adulterados, desviaciones del estándar, o incluso sistemas 'primitivos'; de ahí que *no fueran* variedades adecuadas para ser utilizadas como medios de comunicación. Desde los años sesenta, con la visión sociolingüística del lenguaje, estudios basados en trabajos empíricos han demostrado que no hay en absoluto razones lingüísticas para atribuirle a una determinada lengua alguna superioridad o inferioridad inherente, puesto que absolutamente todas las lenguas son sistemas lingüísticos igualmente buenos y adecuados:

> No hay razones lingüísticas para decir que una lengua es superior a otra. Esto es, todas las lenguas son igualmente 'buenas'. No hay forma de evaluar una

> determinada lengua más favorablemente que otra. Los lingüistas han descubierto que todas las lenguas son complejos sistemas igualmente válidos como medios de comunicación. Cada lengua hace frente a las necesidades comunicativas de sus hablantes de una manera enteramente *adecuada* y, si estas necesidades cambian, la lengua también.
>
> *Peter Trudgill (1975a: 24)*

A pesar de lo que alguna gente pueda pensar, no hay nada que se pueda hacer o decir en una lengua y que no se pueda hacer o expresar en otra, y si las lenguas son distintas, «sólo difieren en lo que *tienen que decir*, no en lo que *pueden decir*»; esto es, si la lengua esquimal —recordémoslo— tiene varias palabras para referirse a varios tipos de *nieve*, lo que ninguna otra lengua tiene; y en Australia hay palabras distintas para referirse a varios tipos de *tierra*, lo que ninguna otra lengua tiene tampoco, ello simplemente significa que las diferentes palabras esquimales referidas a *nieve* son tan relevantes en Australia como las de *tierra* en la sociedad esquimal. En palabras de Trudgill:

> ... esto es simplemente un reflejo de las necesidades de los hablantes de esas lenguas. El inglés no es inadecuado porque tenga menos palabras referidas a nieve que el esquimal, o menos palabras referidas a ciervo que el lapón. Y si las lenguas amerindias habladas en la jungla brasileña no tienen palabras para referirse a la *televisión* o a la *relatividad*, esto significa simplemente que ellos no tienen televisión y que no saben lo que es la relatividad.
>
> *Peter Trudgill (1975a: 25-26)*

Del mismo modo en comparaciones intralingüísticas todos los dialectos hablados en el Reino Unido, por ejemplo, son sistemas lingüísticos igualmente complejos, estructurados y válidos,[78] y si son evaluados como 'adecuados' o 'inadecuados' es por sus connotaciones sociales más que por una superioridad o inferioridad inherente (Trudgill 1975 a: 26-27):

---

78. En el mundo de habla inglesa hay dos teorías distintas, aunque relacionadas, que contribuyeron a la creencia de que algunas variedades de una lengua son menos 'adecuadas' que otras, lo que tuvo una implicaciones educativas serias: la primera es la teoría de Basil Bernstein sobre los códigos 'elaborado' y 'restringido'; la segunda, en parte basada en las obras de Bernstein y en parte en las malinterpretaciones de éstas, es la 'teoría de la privación verbal' o hipótesis del 'déficit lingüístico'. Una extensa discusión sobre estas teorías puede encontrarse en Trudgill (1975 a).

No hay evidencia lingüística ni nada por el estilo para sugerir que un dialecto es más 'expresivo' o 'lógico' que cualquier otro, ni para postular que hay dialectos del inglés 'primitivos', 'inadecuados, o 'adulterados' [...] A mucha gente de este país le resultará difícil de aceptar que todos los dialectos ingleses son igualmente 'buenos', como en verdad lo son.

III.6.3. *JUICIOS DE VALOR SOBRE LA ESTÉTICA DE ACENTOS*

En el Reino Unido hay una creencia que sostiene que algunas variedades lingüísticas son intrínsecamente más atractivas y agradables que otras, y que si éstas han llegado a ser aceptadas como estándares o han alcanzado prestigio, es simplemente porque son las más atractivas. En **II.2.2**, se ha indicado que se había demostrado la existencia de actitudes sociales frente a diferentes variedades del inglés británico con trabajos de psicólogos sociales del lenguaje tales como Howard Giles, quien evidenció (*cf.* Giles 1971 a y 1971 b) que, en Inglaterra, a los hablantes con acento RP se les considera más competentes (más inteligentes, veraces y cultos), pero con menos integridad y atractivo social que a los hablantes con acentos regionales. Los resultados se obtienen mediante los llamados experimentos de *matched-guise* en los que, aunque los informantes creen estar evaluando a diferentes hablantes, lo que en realidad están haciendo es reaccionar ante la misma persona, que utiliza diferentes acentos. Con experimentos de este tipo, esta creencia —etiquetada por Giles *et al.* (1974) como *hipótesis del valor inherente*— ha sido desacreditada en favor de la *hipótesis de las connotaciones sociales* defendida por sociolingüistas como Howard Giles, Peter Trudgill, Richard Bourhis, Alan Lewis y Allan Davies, quienes sostienen que los juicios estéticos de las variedades lingüísticas son el resultado de una compleja red de connotaciones sociales, puesto que, lingüísticamente hablando, no hay valores estéticos inherentes en las variedades lingüísticas.

Peter Trudgill y Howard Giles (*cf.* Trudgill y Giles 1978 y Trudgill 1983 b) llevaron a cabo un experimento a finales de los años setenta con el fin de determinar el grado de condicionamientos sociales sobre la *estética* de diferentes acentos británicos en las respuestas de hablantes nativos. Diez personas con acentos diferentes del inglés británico fueron grabados leyendo el mismo pasaje en prosa. Hicieron escuchar las grabaciones a diferentes grupos de informantes ingleses con el objetivo de obtener respuestas sobre la estética de estos acentos. El resultado del experimento fue el siguiente orden de clasificación de los diez acentos según la dimensión agradable-desagradable:

1. Acento RP (BBC)
2. Acento del Sur de Gales
3. Acento de Yorkshire
4. Acento de Irlanda del Norte
5. Acento de Tyneside (Geordie)
6. Acento del West Country (Gloucestershire)
7. Acento de Glasgow (Escocia)
8. Acento de Liverpool (Scouse)
9. Acento de Birmingham (West Midlands)
10. Acento de Londres (Cockney)

Lo primero que se puede observar en esta lista es el hecho de que los acentos situados en la base son todos de las grandes áreas urbanas, en la mitad están los acentos rurales, y en la cima está el RP o BBC. La interpretación de este hecho es la siguiente:

> ... la preferencia por los acentos rurales en lugar de los urbanos tiene que ver con lo que la gente los asocia. Los acentos urbanos no gustan porque tienen connotaciones —para la inmensa mayoría de la población británica— de humo, suciedad, industria pesada y trabajo, mientras que a los acentos rurales se les asocia con el aire puro y las vacaciones. Al acento de la BBC se le considera el más agradable porque se le asocia con la educación, la riqueza, el poder, el estatus y el prestigio.
>
> *Lars Andersson y Peter Trudgill (1990 : 134)*

Las mismas grabaciones fueron expuestos a otros grupos de hablantes nativos del inglés en EE.UU. y en Canadá, y no reconocieron ni los acentos de las muestras ni la procedencia de los hablantes. Al no saber la procedencia de los hablantes, no podían tener, y de hecho no tuvieron, connotaciones asociadas a los acentos.

Juicios de este tipo sobre los acentos no están basados en su estética simplemente, porque no hay valores intrínsecamente estéticos en las variedades lingüísticas. De hecho hay una considerable cantidad de pruebas que demuestran que no hay una 'fealdad' o 'atractivo' inherentes en ningún acento ni dialecto, y las evaluaciones de los diferentes acentos que aparentemente están basadas en la estética en realidad son, una vez más, juicios sociales movidos por las connotaciones sociales que tienen:[79]

> Si no nos gusta un acento, es por una complejidad de factores que tiene que ver con nuestras inclinaciones sociales políticas y regionales más que con alguna cosa estética. Nos agradan y desagradan los acentos por lo que *representan*, no por lo que *son*.
>
> *Peter Trudgill (1975a: 37-38)*

Como acabamos de ver, en el Reino Unido el problema de **Estándar** *versus* **No Estándar** ha sido relacionado con dicotomías del tipo **Correcto** *versus* **Incorrecto**, **Adecuado** *versus* **Inadecuado**, y **Estético** *versus* **Antiestético**; y se ha denunciado que los juicios de valor sobre la *corrección, adecuación* y *estética* de los acentos y las variedades lingüísticas son más una evaluación de los antecedentes sociales ocultos tras las variedades dialectales y acentuales que una evaluación de sus características lingüísticas como tales, lo cual es difícilmente posible:

> Lo cierto es, sin embargo, que el inglés estándar es sólo una variedad de entre muchas, si bien es una especialmente importante. Lingüísticamente hablando, ni siquiera puede considerarse legítimamente *mejor* que otras variedades. El estudio científico de la lengua ha demostrado a muchos académicos que *todas* las lenguas, y por consiguiente *todos* los dialectos, son igualmente 'buenos' como sistemas lingüísticos. Todas las variedades de una lengua son complejos sistemas estructurados, gobernados por reglas y completamente adecuados a las necesidades de sus hablantes. Ello implica que los juicios de valor referidos a la corrección y pureza de las variedades lingüísticas son *sociales* más que lingüísti-

79. En Gran Bretaña hay gente —normalmente grupos socialmente inseguros (a menudo del grupo del estatus segundo más alto)— que se permiten el lujo de *clases de elocución* con el fin de mejorar su estatus económico y social. En opinión de Andersson y Trudgill (1990 : 138), la elocución «es un síntoma de la enfermedad de discriminación de los acentos más bajos».

cos. No hay nada en absoluto que sea inherente a las variedades no estándares y que las haga inferiores. Cualquier inferioridad aparente sólo se debe a su relación con hablantes pertenecientes a grupos no privilegiados y de bajo estatus. En otras palabras, las actitudes hacia los dialectos no estándares son actitudes que reflejan la estructura social de la sociedad. De la misma manera, los valores sociales también pueden reflejarse en los juicios sobre las variedades lingüísticas.

Peter Trudgill (1983 a: 20)

Por consiguiente, corrijamos las actitudes sociales en lugar de las variedades lingüísticas: «prestar atención a los síntomas puede hacer que la gente se conciencie más de la enfermedad y se incline más a tomar medidas para combatirla» (Andersson y Trudgill 1990 : 31). Indudablemente es responsabilidad de los lingüistas participar en esta empresa:[80]

El prejuicio contra los dialectos de las clases más bajas no es diferente al prejuicio racial y sexual. Creemos que es altamente indeseable y que es nuestra tarea como lingüistas trabajar contra la ignorancia de las diferencias dialectales y en favor de una mayor tolerancia dialectal».

Lars Andersson y Peter Trudgill (1990: 122-3).

III.6.4. *EL USO DE TACOS*

Todas las lenguas tienen tacos y el tipo de blasfemia en una lengua determinada puede revelarnos algo sobre el lenguaje, la estructura de valores y creencias de la comunidad de hablantes. Esto es, el uso de tacos en un determinado sistema social puede aportarnos, desde el punto de vista de la *Lingüística Antropológica* o *Antropolingüística* y

---

80. Los problemas relacionados con la *corrección, adecuación* y *estética* de las variedades dialectales y acentuales en Gran Bretaña han sido ampliamente tratados por Peter Trudgill; véase Trudgill (1975 a, 1975 c, 1977, 1983 a, 1983 b, 1990 a), Trudgill *et al.* (1974), Trudgill y Giles (1978), Trudgill y Cheshire (1989) y Andersson y Trudgill (1990); para contrastar, véase Renate Bartsch (1987). Trabajos muy interesantes e influyentes sobre las actitudes son los de Howard Giles (1971 a, 1971 b, 1973, 1977), Howard Giles, Richard Bourhis y Allan Davies (1974), Howard Giles y R.St. Clair (1979), Ellen Bouchard Ryan y Howard Giles (eds) (1982), Howard Giles y Nikolas Coupland (1991); sobre la investigación de actitudes lingüísticas, véase Howard Giles, Miles Hewstone, Ellen Ryan y Patricia Johnson (1987), y sobre su medición, Ellen Ryan, Howard Giles y Miles Hewstone (1988).

dentro del estudio de los modelos de tabúes, datos realmente interesantes sobre las interacciones entre el lenguaje y la sociedad, concretamente sobre la influencia de la sociedad en la lengua. Si bien es sabido que *decir tacos* es *lenguaje indecente*, también es realmente difícil dar una definición precisa de lo que éstos son. Lars Andersson y Peter Trudgill (1990 : 53) sostienen que la blasfemia puede definirse como un tipo de lenguaje en el que:

a) la expresión se refiere a algo que es tabú y/o que está estigmatizado en la cultura: la palabra 'mierda' (*shit*), por ejemplo, «se refiere literalmente a un elemento declarado tabú, esto es, excremento»;

b) la expresión no debería interpretarse literalmente: cuando la palabra 'mierda' «se utiliza para blasfemar, no se hace en el sentido literal, sino emotivo».

c) la expresión puede utilizarse para expresar actitudes y emociones fuertes: «cuando tu equipo de fútbol favorito pierde por un gol y falla un penalty en el último minuto del partido, no hay límite para la fuerza, volumen e intensidad de tu *Damn it*! ['¡Maldita sea!'] o de cualquier otra expresión alternativa que emplees».

Las expresiones blasfemas realizan dos funciones: por un lado, revelan algo acerca de lo que está teniendo lugar en la mente del hablante, de ahí que sean expresivas; por otro lado, también revelan algo sobre cómo el oyente debería recibir y/o reaccionar ante lo dicho. Pero el decir tacos no tiene que ser necesariamente emocional, puesto que también se pueden emplear como 'marcadores de estilo' (*style-giver*) o como expresiones 'blasfemas' (*blasphemic utterances*). En una situación formal se espera que el lenguaje sea también formal, pero en una informal se espera que éste sea también informal, y la blasfemia, como el *slang*, es típica de las situaciones informales. Sin embargo, no hay una relación automática entre la formalidad de la situación y el lenguaje, aunque normalmente cambian juntos —los efectos son ciertamente notables cuando hay un cambio en la formalidad del lenguaje sin un cambio correspondiente en la formalidad de la situación (*cambio metafórico* o *metaphorical shift*)—.

Una forma típica de decir tacos en inglés y en la mayoría de las lenguas europeas tiene que ver con las expresiones *blasfemas*, esto es, palabras referidas a la religión con un sentido irrespetuoso: *Bloody*, que originariamente era *By our Lady*, referido a la Virgen María, ('¡Por Nuestra Señora!', '¡Por la Virgen!'); *gee!* ('¡caramba!'), originariamente *Jesus!; cor!* ('¡caramba!'), originariamente *God!* ('¡Dios!'); *Jesus Christ!* ('¡Dios Santo!'); etc. Como la blasfemia se relaciona con las áreas declaradas tabú o significativas en una cultura específica, se podrá encontrar muchas más expresiones referidas a la Virgen María, por ejemplo, en los países católicos y ortodoxos que en los protestantes. Otros tacos, como *shit, piss off, fuck off, cunt, bollocks, sod*,[81] etc., hacen referencia al sexo y a funciones corporales; de hecho, las palabras referidas a los excrementos son tacos típicos en las lenguas europeas: *shit* (inglés), *Scheisse* (alemán), *skit* (sueco), *mierda* (español), *merde* (francés), etc.; y otros, tales como *bitch* y *cow* ('zorra'/'perra' y 'vaca'), son palabras utilizadas en injurias con nombres de animales, esto es, llamar a una persona con el nombre de un animal.

Expresiones como *Go to hell!*, *Fuck off!* o *Get your ass out of here!* ('¡Vete al infierno!', '¡Vete a tomar por el culo!', o '¡Lárgate de aquí!') tienen un significado literal muy distante de la intención real, que es '*to get someone to leave*' ('conseguir que alguien se vaya'), siendo la relación entre el sentido literal y el derivado un tipo de metáfora. Andersson y Trudgill (1990 : 61) ofrecen una caracterización de los tipos de blasfemia:

—**Expletivos** *(expletive)*: tacos empleados para expresar emociones, y que no van dirigidos a otros:

Hell!	*¡Diablos!*
Shit!	*¡Mierda!*
God damn it!	*¡Maldita sea!*.

—**Injurias** *(abusive)*: tacos que van dirigidos a otros; son despectivos, e incluyen insultos y diferentes tipos de maldiciones:

81. 'Mierda', 'vete a tomar por saco', 'vete a tomar por el culo', 'coño'/'puta', 'cojones', y 'cabrón' respectivamente.

You asshole!	*¡Gilipollas!*
You bastard!	*¡Hijo de puta!*
Go to hell!	*¡Vete al infierno!*
Bollocks to you!	*¡Por culo que te den!* (incluso: *¡Y unos cojones!*)
Son of a bitch!	*¡Hijo de puta/perra!*

—**Jocosos** *(humorous)*: tacos que van dirigidos a otros pero que no son despectivos (son divertidos más que ofensivos); a menudo toman la forma de injurias pero tienen la función opuesta. Un ejemplo de este tipo es:

Get your ass in gear! *¡Mueve el culo!*.

—**Auxiliares** *(auxiliary)*: tacos que no van dirigidos contra nada ni contra nadie; se emplean simplemente por utilizarlos (sería el '*lazy swearing*' o 'taco ocioso'), y nunca son enfáticos. Ejemplos de este tipo son:

this fucking essay	*este jodido ensayo*
bloody essay	*maldito ensayo*

El lenguaje de los tacos también tiene una gramática particular que es el resultado de la combinación de las habituales reglas gramaticales y el vocabulario blasfemo. La estructura de la siguiente pregunta-blasfemia en inglés también aparece en sus equivalentes de otras lenguas europeas:

Who the hell has been here? (inglés)
Literalmente: '¿Quién el infierno ha estado aquí?'

¿Quién diablos ha estado aquí? (español)

Vem i helvete har varit här? (sueco)
Literalmente: '¿Quién en infierno ha estado aquí?'

Co za cholera tu byla? (polaco)
Literalmente: '¿Quién por cólera aquí estaba?'

Ki a fene volt itt? (húngaro)
Literalmente: '¿Quién el mal ha estado aquí?'

Lars Andersson y Peter Trudgill (1990 : 62-3) nos ofrecen unos modelos gramaticales de la blasfemia en inglés:

1. como expresiones independientes (expletivos e injurias):

Shit!	*¡Mierda!*
Jesus Christ!	*¡Dios Santo!*
You bastard!	*¡Hijo de puta!*
God damn you!	*¡Vete al diablo!*

2. como 'adyacentes oracionales' (*'adsentences'*), ligeramente unidos a una oración, bien antes o bien después:

Shit, I forgot all about it.	*Mierda, se me olvidó todo.*
You have to tell me, for God's sake!	*Tienes que decírmelo, ¡por Dios!*

3. como constituyentes principales de una oración (sujeto, verbo, adverbio, etc.):

That stupid bastard came to see me.	*Ese gilipollas hijo de puta vino a verme.*
He fucks up everything.	*Él lo jode todo.*
He managed—God damn it—to get his degree.	*Consiguió —maldita sea— sacarse el título.*

4. como parte de un constituyente de una oración (adjetivo, adverbio), o intensificador:

This fucking train.	*Este jodido tren.*
A bloody big house.	*Una gran casa.*
A fuck-off-sized Spanish omelette.	*Una gran tortilla de patatas.*

5. como parte de una palabra (compuesta o derivada, como prefijo, sufijo o infijo):

Skitbra (shit good)
Bilhelvetet (car hell)
Tenne-goddam-see
Abso-bloody-lutely
Fan-fucking-tastic

Pero, del mismo modo que la sociedad, la cultura y la lengua cambian con el tiempo, la blasfemia y las actitudes frente a ésta también cambian; de ahí sus interrelaciones. Esto se puede observar fácilmente en el hecho de que 'romper las reglas' actualmente sea menos dramático que antes: un ejemplo de un cambio social que refleja un cambio subsidiario en la conducta lingüística es el taco inglés *bloody*, que ahora es relativamente inofensivo.

Todas las lenguas, por tanto, tienen tacos y el tipo de blasfemia en una lengua determinada puede revelarnos algo sobre los valores y creencias de sus hablantes. A pesar de tener el 'lenguaje indecente' toda una serie de connotaciones y prejuicios sociales —se dice que es ofensivo, blasfemo, obsceno, insultante, grosero o simplemente innecesario-, la blasfemia conlleva en sí misma los valores culturales de la sociedad. Según Andersson y Trudgill (1990 : Cap. 10), el lenguaje indecente también es lenguaje y la 'maldad' no se encuentra de manera inherente en el lenguaje sino en las actitudes de la gente frente a éste; el lenguaje indecente es digno de estudio y de debate; suscita emociones; puede ser divertido y simpático, pero también ofensivo; y no es una amenaza para la civilización, con lo que debe quedar claro que «*el lenguaje indecente no es sólo una cuestión de lenguaje. También es una cuestión de personas*» (el énfasis es suyo).[82]

III.7. ALGUNAS COINCIDENCIAS: CONCEPTOS DE *SLANG*, *CANT*, *JERGA* Y *ARGOT*

Hay una serie de términos que presentan serias dificultades para su definición, posiblemente por tener importantes puntos de coincidencia conceptual. Son estos: *slang, cant, jerga* y *argot*. De entrada, todos estos términos han sido, y en realidad todavía lo son, considerados despectivamente. A pesar de su evolución, y según Andersson y

82. Como ya se ha indicado en **II.2.3.a**, un trabajo muy interesante y completo, ofreciendo una visión histórica, sobre la blasfemia en inglés es el de Geoffrey Hughes (1991).

Trudgill (1990 : Cap. 4), el vocablo *slang* era utilizado originariamente por los delincuentes británicos para referirse a su lenguaje especial; *cant* era una palabra empleada por el mundo marginal e incluso todavía se utiliza como término para el lenguaje de los criminales, gitanos, vagabundos, vendedores ambulantes, etc. De hecho, Ian Hancock (1984 : 391) así lo subraya cuando cita a W.C. Wilde (1889 : 306) para referirse al origen del *cant* en el mundo angloamericano: «en los tiempos de la conquista, durante la opresión normanda, muchos de los sajones se hicieron proscritos y ladrones. El lenguaje de estos vagabundos era el de los dominados, porque ellos no conocieron otra manera de hablar, y lo transmitieron generación tras generación, con pocos cambios, o incluso sin cambios ... éste es el cant inglés». *Argot* es una palabra francesa referida, al igual que *cant*, al lenguaje de los criminales; y *jerga* se refiere al registro especializado interno de un grupo visto por un inexperto —su término técnico en la ciencia lingüística es el de registro—; la *jerga* se diferencia del significado actual del *slang* en que es, según K. Hudson (1978 : 2), «impersonal y seria, mientras que el slang básicamente es amistoso y gracioso». Más que intentar definirlo, Lars Andersson y Peter Trudgill (1990 : Cap. 4) intentan caracterizar el concepto de *slang*, en su sentido actual, describiendo lo que *es* y lo que *no es*: el slang **1) es un lenguaje empleado por debajo del nivel estilístico neutro**, en el que la escala de estilos posibles va del coloquial al vulgar y obsceno y, por tanto, **2) es típico de las situaciones informales**, como la blasfemia; **3) es típico de la lengua hablada**; **4) se encuentra en las palabras, y no en la gramática**; esto es, el slang tiene que ver con palabras pero no con la gramática ni la pronunciación —el inglés es una lengua pero el slang no; **5) no es un dialecto**: la variación estilística, incluido el uso de slang, puede tener lugar *dentro* (el énfasis es suyo) de los dialectos: «lo que el slang es puede variar de un lugar a otro, de un dialecto a otro»; **6) no es blasfemia**: merece la pena hacer notar aquí la distinción que los dos lingüistas hacen entre la blasfemia y el slang: teniendo en cuenta la dualidad saussuriana de *forma-contenido* presente en cualquier *signo lingüístico*, o palabra, sostienen que el slang y la blasfemia pueden provocar actitudes negativas que pueden relacionarse con la forma y/o el contenido, y que combinando los rasgos *neutral* y *malo* con *forma* y *contenido* se puede obtener cuatro posibles caracterizaciones de palabras:

	Tipo I	Tipo II	Tipo III	Tipo IV
Contenido	Neutro	Neutro	Malo (tabú)	Malo (tabú)
Forma	Neutro	Malo	Neutro	Malo
Ejemplos:	food TV	chuck grub tube	prostitute faeces	whore shit
Ejemplos:	comida televisión	vómito gusano trompa	prostituta heces	puta mierda

Esto es, mientras el *slang* se relaciona con palabras de los Tipos II y IV, la *blasfemia* es un uso especial del Tipo IV. En el *slang* la forma es estilísticamente muy coloquial y el contenido puede ser bien neutro o bien tabú. En la *blasfemia* la forma y el contenido son malos, pero:

> ... las palabras y las frases se emplean emotivamente y con un significado ampliado. Cuando al blasfemar utilizamos *¡mierda!* (*shit!*), no nos referimos literalmente a la defecación [...] En slang, *mierda* significa en realidad 'mierda' (o 'heces', si se prefiere).
>
> *Lars Andersson y Peter Trudgill (1990: 76)*

7) el slang no es un registro: «los registros no son lo mismo que el slang, pero pueden *contener* slang, siempre y cuando el vocabulario especializado sea informal»; **8) no es cant, ni argot ni jerga**; **9) es creativo**, hace que el habla sea viva, colorida e interesante; **10) a menudo tiene una vida corta**, en el sentido de que es un vocabulario de moda y por lo tanto temporal: «el slang cambia con el tiempo. Lo que para una persona, generación o situación es slang puede no serlo para otra»; **11) a menudo es consciente**, en el sentido de que elegimos palabras slang con la intención de ser, por ejemplo, llamativo, divertido u ofensivo; **12) está limitado a grupos**: «el lenguaje de un grupo funciona como una especie de pegamento que conserva la cohesión entre los miembros de éste y actúa como un muro entre éstos y las personas ajenas. Eligiendo las palabras adecuadas consigues indicar el grupo al que perteneces. Probablemente incluso puedes revelar si eres un miembro central en él» (véase **V.6**); **13) el slang es viejo**: «se dice normalmente que Aristófanes, que murió en el año 385 A.C., fue el primer escritor que empleó mucho el slang».

Pero ¿de dónde procede el *slang*? ¿De dónde se transmite a la gente? Según Andersson y Trudgill (1990 : 86), hay tres formas principales por las que la lengua adquiere estos términos: 1) se inventan nuevas expresiones, tales como *yuppie* ('profesional joven con posibilidades de ascenso social') u *on the hill* ('embarazada'); 2) expresiones del antiguo estándar aparecen en nuevos usos, tales como *fox* ('zorro', pero para referirse a *girl*, 'chica'), *stoned/high* ('colocado', 'borracho'), *yod* (*boy*, 'chico'), o *fan* (*fanatic*, 'fanático'); y 3) expresiones que se toman prestadas de otras lenguas, tales como *nark* (*police informer*, 'soplón'; procedente del romaní *nak*, 'nariz'). Después de estar de moda durante un cierto período de tiempo, las palabras slang se hacen neutras estilísticamente y pierden sus connotaciones. El siguiente diagrama muestra cómo las palabras se mueven en una determinada lengua:

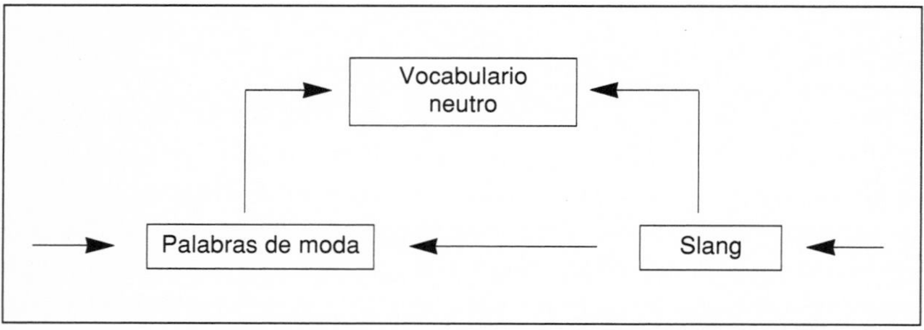

III.8. LINGUA FRANCA, PIDGINS, CRIOLLOS Y EL CRIOLLOIDE

Si bien los estudios de las lenguas pidgin y criollas cuentan con más de un siglo de existencia, ha tenido que ser con el creciente interés de la **Sociolingüística** y la **Lingüística Histórica** cuando su estudio ha recibido un impulso definitivo, puesto que, por un lado, como Dell Hymes (1971) indicó, la pidginización y la criollización representan el extremo hasta el que pueden llegar los factores sociales para dar forma a la transmisión y uso del lenguaje, y por otro lado, puesto que las comunidades hablantes de pidgins y criollos normalmente ofrecen una considerable gama de variedades de habla, estas lenguas han ocupado un lugar importante en la **Sociolingüística**, en especial dentro del área muy a menudo conocida como **teoría de la variación** (Suzanne Romaine 1988). De hecho, David DeCamp (1971: 14) llegó incluso a decir que «si alguna vez surge una teoría sociolingüística genuina, se lo deberá sin duda a los estudios de pidgin y criollos», ya que, por ejemplo, toda una importante serie de métodos de análisis ha sido introducida en los estudios de la variación por aquellos que trabajan con datos obtenidos de las lenguas pidgin y criollas.

Por simplificarlo de algún modo, «una *lingua franca* es una lengua que se emplea como medio de comunicación entre personas sin una lengua nativa común» (Trudgill 1983 a: 157), una *lengua pidgin* «es una lingua franca sin hablantes nativos» (Trudgill 1983a: 179), y las *lenguas criollas* «son pidgins con hablantes nativos» (Trudgill 1983 a: 182). Charles-James Bailey (1982: pp. 76-80) presentó una dicotomía entre cambios lingüísticos *connaturales* y *antinaturales* ('*connatural*' y '*abnatural*'); en términos de Anthony Kroch (1979) y de Peter Trudgill (1978 a),[83] los primeros son cambios *naturales* en la lengua, normalmente en situaciones de escaso contacto (si es que hay alguno), y los segundos son *no naturales*, normalmente en situaciones de elevado contacto. Los *pidgins, criollos* y *criolloides* son el resultado de cambios lingüísticos antinaturales, o no naturales, en situaciones de elevado contacto. Un *pidgin* es una lengua de contacto normalmente utilizada con fines comerciales —de ahí que se le llame *lengua de comercio* o *trade language*— por hablantes que no tienen una lengua común: es el producto de una situación multilingüe en la que quienes quieran comunicarse deberán encontrar un código sencillo

83. Ponencia dada en la Conferencia Internacional de Lingüística Histórica, Stanford, 1979, y posteriormente publicada en Trudgill (1983 b: Cap. 5). «La principal diferencia existente entre la posición de Bailey y la de Kroch y Trudgill parece ser que la terminología de Bailey no prejuzga fenómenos de contacto» (Malcah Yaeger-Dror 1986 : 919, nota 3).

que les permita hacerlo. El proceso de *pidginización*,[84] por tanto, precisa una situación en la que intervengan, al menos, tres lenguas: una 'dominante', que sería la '*target/source language*' (lengua objeto de estudio o lengua base), y al menos dos 'no dominantes'. Este proceso conlleva i) una cierta cantidad de **mezcla** (*admixture*) de las lenguas nativas de los hablantes (normalmente pronunciación y vocabulario); ii) **simplificación** (*simplification*) morfofonética, aumento de la regularidad en la morfología, fijación del orden de palabras, limitación de la redundancia de la concordancia sintáctica, y un cambio de estructuras marcadas a no marcadas; y finalmente iii) **reducción** (*reduction*): la pérdida de vocabulario y de unidades morfosintácticas (*cf.* Trudgill 1983 b: Cap. 6 y 1989 b). La reducción que tiene lugar durante el proceso de la pidginización se debe a la *restricción de la función* de los pidgins en comparación con las lenguas plenas, mientras que los procesos de mezcla y simplificación se deben a un *aprendizaje imperfecto* de la lengua base por parte de los adultos no nativos y jóvenes (Trudgill 1989 b). Las lenguas pidgin evolucionaron del portugués, español, francés, inglés, holandés y del alemán desde la expansión colonial europea del siglo XV. Pidgins basados en el inglés todavía pueden encontrarse en Australia, el África Occidental, las Islas Salomón y en Nueva Guinea.

Una *lengua criolla* es una lengua pidginizada que posee hablantes nativos. Surge cuando un pidgin llega a ser la variedad nativa, o lengua materna, de una nueva generación de niños. Si el proceso de *pidginización* implica simplificación, reducción y restricción en su uso, el de *criollización*[85] conlleva todo lo contrario: complicación, expansión y extensión del uso; esto es, si se comparan con los pidgins originales, las lenguas criollas presentan, por ejemplo, un vocabulario más amplio, una mayor variedad de posibilidades sintácticas y un aumento del repertorio estilístico. Un típico modelo que se encuentra en las

84. Dell Hymes (1971: 84) definió la *pidginización* como «ese complejo proceso de cambio sociolingüístico que conlleva una reducción de su estructura interna, con convergencia, en el contexto de una restricción en el uso».

85. Dell Hymes (1971: 84) define la *criollización* como «ese complejo proceso de cambio sociolingüístico que conlleva una expansión de su estructura interna, con convergencia, en el contexto de una extensión del uso.

comunidades de habla criolla es lo que se ha venido a llamar *continuum criollo*, con el *acrolecto* (la variedad prestigiosa) hablado por las clases sociales más altas, el *basilecto* como la variedad del criollo más diferente del acrolecto y hablado por las clases más bajas, y varios *mesolectos* intermedios (hablados por las clases medias).[86]

El proceso de *descriollización* hace que una lengua de contacto llegue a ser más parecida a la lengua base, conllevando mecanismos de **purificación**, como opuesto a la mezcla, **complicación**, como opuesto a la simplificación, y **expansión**, como opuesto a la reducción. Trudgill (1989 b: 114) describe los tres procesos diferentes, aunque consecutivos, de la *pidginización*, la *criollización* y la *descriollización*:

> En esas situaciones relativamente inusuales en las que el proceso de pidginización conduce realmente al nacimiento de una lengua pidgin, somos, por tanto, testigos de la cristalización de una nueva variedad lingüística que es ***reducida, mezclada*** y ***simplificada*** con relación a la lengua base. Donde posteriormente tiene lugar la criollización, la ***reducción*** observada en el pidgin sufre un proceso de ***expansión***. Cualquier lengua criolla que aparezca estará, por tanto, ***expandida*** con relación al pidgin original, pero permanecerá mezclada y simplificada con respecto a la lengua base. Cualquier proceso de descriollización, sin embargo, implicará una 'reforma' de la mezcla mediante la "***purificación***" y de la simplificación mediante una "***complicación***". La variedad descriollizada resultante o continuum post-criollo, por tanto, estará menos mezclada y menos simplificada, con respecto a la lengua base, que su pidgin o criollo de estadios anteriores.

En la Conferencia Internacional de Lingüística Histórica celebrada en Stanford en 1979, Peter Trudgill empleó el término *creoloid*, o *criolloide*, o 'criollo abortado', para referirse a aquellas variedades que, como consecuencia de un contacto lingüístico, han sufrido simplificación y mezcla, pero nunca han experimentado el proceso de reducción asociado con la pidginización completa ni, por consiguiente, el de expansión asociado con la criollización: «Utilicé el término *criolloide* para referirme a variedades lingüísticas que, con respecto a algún estadio anterior o a alguna variedad base, han sufrido una consi-

86. Este es el caso, por ejemplo, del Criollo Jamaicano, tratado en **III.4.**

derable pidginización, pero sin llegar nunca a ser realmente un pidgin. Esto es, han sufrido los procesos de mezcla y simplificación, pero no han experimentado el de reducción, porque han mantenido una constante tradición de hablantes nativos» (Trudgill 1989 a: 249). Ejemplos de *criolloides* son el africaans, con respecto al holandés, y el noruego, con respecto al antiguo escandinavo.[87]

Los criollos basados en el **inglés**, en líneas generales, están localizados en dos grandes áreas: por un lado, los del Atlántico, surgidos como consecuencia del comercio de esclavos para las plantaciones en el Nuevo Mundo durante los siglos XVII y XVIII principalmente, que comprenden África Occidental y el Caribe, y, por otro, los del Pacífico, surgidos durante el siglo XIX. Conocidos criollos basados en el inglés del grupo del Atlántico son:

—**Krio:** hablado en Freetown (Sierra Leona) y Liberia.
—**Sranan:** también llamado Sranan Tongo o Taki-Taki, se habla en Surinam, Guinea Holandesa.
—**Saramaccan:** también hablado en Surinam.
—**Ndjuka:** o también Djuka o Aucaans, se habla en el este de urinam.
—**Criollo de Barbados:** o Baján.
—**Criollo de las Islas de Sotavento:** comprendiendo Antigua, St. Kitts, Nevis, Montserrat, Anguilla y Barbuda.
—**Criollo de las Islas Vírgenes**
—**Criollo de Trinidad y Tobago**
—**Criollo de la Guayana**
—**Gullah:** variedad hablada en Carolina del Norte y del Sur y Georgia, EE.UU..
—**Jamaicano:** hablado en Jamaica.

---

87. El término *criolloide* fue utilizado por primera vez por Loreto Todd y John Platt en un sentido no muy diferente del trudgilliano. John Platt sostenía que algunas variedades del inglés habladas como segunda lengua en Singapur y Malasia podrían considerarse criolloides (*cf.* **APÉNDICE**).

Del grupo del Pacífico son:

—**Tok Pisin:** hablado en Papua Nueva Guinea.
—**Bislama:** hablado en Vanuato.
—**Criollo de las Islas Salomón**
—**Criollo de Hawaii**
—**Criollo de las Islas Pitcairn y Norfolk:** en la Polinesia.

Antes de la visión sociolingüística del lenguaje, especialmente desde la perspectiva estructuralista, estas lenguas eran consideradas como corruptas, o versiones simplificadas e imperfectas de unas lenguas superiores —normalmente las europeas—, de ahí nombres como *inglés roto, portugués bastardo* o *francés negro*; incluso lingüistas como Leornard Bloomfield (1933 : 471) llegaron a juzgar las variedades pidgin y criollas como 'aberrantes', considerando que eran defectuosas y, por consiguiente, poco apropiadas como posible objeto de investigación: «la analogía sería algo así como que el inglés roto, por ejemplo, era de tan poco interés para el lingüista como un diamante roto lo sería para un gemólogo» (John Holm 1988 : 1). Concepciones tan irracionales como éstas tienen su origen, en parte, en las actitudes adoptadas por los occidentales frente a los hablantes de esas lenguas, a los que muy a menudo se les ha visto como 'semi-salvajes' y cuya adquisición parcial de hábitos 'civilizados' era casi una afrenta (John Holm 1988 : 1); también, los *pidgins* y *criollos* relacionados con el inglés han sido estigmatizados de la misma forma que las variedades dialectales inglesas (*cf.* **II.2.1, II.2.2** y **III.6**), porque 'diferencia' se ha equiparado con 'deficiencia' y 'simplicidad de estructura' con 'ingenuidad' (Loreto Todd y Ian Hancock 1986 : 139). Pero estas lenguas de contacto, a pesar de ser fruto de situaciones inusuales, no son formas 'malas', 'adulteradas', ni 'corruptas' de la lengua base de la que proceden. Desde un punto de vista puramente lingüístico, son lenguas que cubren todas las necesidades de sus hablantes y cambian para ajustarse a éstas:

> ... mucha gente ha hecho objeciones contra los pidgins basándose en que han corrompido la 'pureza' del inglés (o de cualquier otra lengua europea). Posi-

ciones como ésta a menudo van acompañadas también de sentimentalismos por la 'pureza' cultural y racial. Si uno considera a un pidgin como una variedad inferior o adulterada del inglés, puede muy fácilmente también considerar a sus hablantes, en su mayoría no europeos, como 'adulterados' e 'inferiores'. Lo que un lingüista tiene que hacer comprender cuando se enfrenta con opiniones como éstas es que la lengua 'pura' como tal cosa no existe. Todas las lenguas están sujetas a cambios, y todas son el producto de la influencia y mezcla de otras. (Fíjate sólo en el vocabulario: de las quince palabras diferentes de mi oración anterior en inglés ['*all languages are subject to change, and they are all the product of influence and admixture from other languages*'], siete han sido tomadas por el inglés de otras lenguas extranjeras durante los últimos 1.000 años).

Peter Trudgill (1983 a: 181)

Generalmente, una de las características más interesantes de las lenguas de contacto es la cantidad de parecidos que tienen unas con otras, con independencia de la situación y la distancia geográfica: las lenguas de contacto de muy diferentes partes del mundo exhiben notables semejanzas estructurales, a pesar de que las lenguas base de las que se han derivado sean también muy diferentes. Además, las que están basadas en la misma lengua base pero situadas en lugares muy distantes pueden tener un alto grado de mutua inteligibilidad. Pero ¿cómo podemos dar cuenta de estos parecidos? Se han ofrecido diversas explicaciones sobre los orígenes de estas lenguas, de las que las más convincentes son la *Teoría de la Relexicalización* ('*Theory of Relexification*') y en concreto la *Teoría de los Universales en el Aprendizaje de Lenguas* ('*Theory of Universal Language Learning*'), de Dereck Bickerton. En todo caso, «... cualquiera que sea la explicación de estas semejanzas entre los criollos, estas lenguas son un fascinante ejemplo de las consecuencias lingüísticas que pueden originar la interacción de grupos sociales, étnicos y lingüísticos diferentes en contextos sociales específicos» (Trudgill 1983 a: 191).[88]

---

88. Para más detalles acerca de los fenómenos presentes en las lenguas de contacto, véase Peter Trudgill (1973 b, 1978 a, 1983 a, 1983 b, 1986 a, 1989 a, 1989 b y 1989 c), Ian Hancok (1987), Peter Mühlhäusler (1987) y William J. Samarin (1987), entre otros. Monográficos muy completos sobre *pidgins* y *criollos* son los trabajos de Loreto Todd (1984), Peter Mühlhäusler (1986), Suzanne Romaine (1988) y John Holm (1989).

III.9. PRESTIGIO: *MANIFIESTO* VERSUS *ENCUBIERTO*

Este concepto fue introducido en la teoría sociolingüística por William Labov y popularizado por Peter Trudgill. El *prestigio* en la ***Sociolingüística*** es un comportamiento lingüístico motivado por las actitudes sociales adoptadas ante determinadas formas lingüísticas: se refiere al respeto que adquieren algunas variedades dialectales, acentos o incluso rasgos lingüísticos determinados como consecuencia de una reputación que es totalmente subjetiva y a menudo ocasional. Cuando este prestigio se expresa de forma general y pública en el comportamiento lingüístico de la comunidad de habla se llama *prestigio manifiesto* (‘*overt prestige*’); las variedades lingüísticas británicas que gozan de un prestigio manifiesto y que, por consiguiente, son deseadas por mucha gente en el Reino Unido son el dialecto del inglés estándar y el acento RP, que son las formas más prestigiosas, de mejor posición social, y normalmente asociadas con el poder, la cultura y la riqueza.

Sin embargo, también hay comportamientos lingüísticos que llevan a alguna gente, privada y subconscientemente, a tener una predisposición más favorable con respecto a otras formas lingüísticas, no precisamente estándares, a pesar de mostrarse ellos mismos como partidarios de las que gozan del prestigio manifiesto en la comunidad de habla. En estos casos estamos ante lo que se conoce como *prestigio encubierto* (‘*covert prestige*’). Peter Trudgill (1972a) fue capaz de detectar, medir y cuantificar este fenómeno en su investigación lingüística sobre Norwich. Afirmó que «el prestigio encubierto refleja el sistema de valores de nuestra sociedad y de las diferentes subculturas dentro de ésta» al comprobar que, para los hablantes varones, el habla no estándar de la clase obrera *es* altamente valorada y prestigiosa por diversas razones: diferenciación lingüística según la **edad**, puesto que la gente joven había autoevaluado su uso de pronunciación prestigiosa muy por debajo de lo que realmente hacía;[89] diferenciación lingüística según el **sexo**, puesto que, en general, los informantes femeninos

89. Reclamando que **no** empleaba rasgos lingüísticos socialmente prestigiosos cuando ciertamente los utilizaba más de la mitad del tiempo durante la entrevista previamente grabada.

habían autoevaluado su uso de variantes socialmente favorecidas muy por encima de lo realmente cierto[90] y mucho más frecuentemente que los varones, al tener el habla de la clase obrera connotaciones de masculinidad en muchas sociedades occidentales; y finalmente **solidaridad grupal:**

> ... los hablantes varones, al menos en Norwich están, a nivel subconsciente o quizás simplemente privado, predispuestos muy favorablemente hacia las formas del habla no estándar [...] Si es cierto que los informantes 'conciben su propia habla en términos de las normas que desean dominar más que del sonido realmente producido' entonces la norma que desea un elevado número de varones de Norwich es el *habla no estándar de la clase obrera.* Esta actitud favorable no es nunca manifestada abiertamente, pero las respuestas a estos tests demuestran que las afirmaciones sobre el 'habla mala' sólo son de cara al público. A nivel privado y subconscientemente, un gran número de hablantes masculinos está más preocupado por adquirir prestigio del tipo encubierto y por manifestar su solidaridad grupal que por conseguir una posición social, como normalmente se había dicho.
>
> *Peter Trudgill (1972 a: 187-8)*

Otros ejemplos de este fenómeno son los casos de Martha's Vineyard y el cambio de actitudes frente al uso de la /r/ postvocálica en los Estados Unidos y en Gran Bretaña discutidos en **II.2.2.**

III.10. MARCADORES DEL DISCURSO: UNA DEFENSA

En **II.2.4** hemos hecho alusión a las importantes funciones que desempeñan en la conversación *marcadores discursivos* (*'discourse markers'*) como *mm, er-er, uhuh, oh!, ah!, wow!, damn!, well, now then, sort of, kind of, like, actually, you know, I mean, ok, all right, so, because, and, but, or, anyway*, etc. Sin embargo, especialmente en Gran Bretaña, hay actitudes que consideran a estas palabras, o 'rellenos', como 'habla descuidada' o inglés 'no gramatical'. Lars Andersson y Peter Trudgill (1990 : Cap. 5) critican estas actitudes y hacen una

---

90. Reclamando que sí empleaban rasgos lingüísticos socialmente prestigiosos cuando en realidad los utilizaban menos de la mitad del tiempo durante la entrevista previamente grabada.

defensa de tales partículas. Sostienen que no es cierto que los marcadores discursivos carezcan de significado o que no sean útiles en el lenguaje, sino todo lo contrario: son significativos, aunque sin llevar una fuerte carga de significado, y realmente muy funcionales:

> Ciertamente palabras y sintagmas de este tipo son muy útiles en el habla, porque nos sirven para tomarnos un tiempo para formular nuestras ideas, y para conservar el turno en la conversación. También nos revelan algo de las intenciones de los hablantes.
>
> *Lars Andersson & Peter Trudgill (1990: 18)*

Por ejemplo, partículas como *er-er* pueden utilizarse para evitar que otros entren en la discusión, indicando que no has agotado tu turno sino que estás pensando lo que vas a decir a continuación: con expresiones como *er-er*, «lo importante no es transmitir información sino hacer que el oyente entienda que tú estás pensando» (Andersson y Trudgill 1990 : 102). Las interjecciones *¡oh!, ¡ah!, ¡wow!, ¡maldita sea!, ok*, etc. nos indican algo de lo que está aconteciendo en la mente del hablante, de ahí que sean expresivas, y revelan algo sobre cómo debería recibir y/o reaccionar el oyente ante lo que se ha dicho: «al emplear estas palabras, reaccionamos ante lo que dicen los otros, mostramos nuestros sentimientos sobre lo que nosotros mismos decimos, y encauzamos cómo debería entender el oyente nuestros enunciados» (Andersson y Trudgill 1990 : 105). Las palabras tales como *bien, en cualquier caso, ahora bien, ok*, etc. pueden tener una *función textual*, puesto que pueden emplearse para introducir un tema nuevo en el discurso. Las llamadas 'tag questions' en inglés, por ejemplo, normalmente se utilizan para pedir una confirmación. El importante papel que desempeñan en la lengua este tipo de palabras puede demostrarse en las conversaciones telefónicas:

> Una conversación sin ninguna de estas palabras parecería muy extraña y poco natural. La mejor prueba para demostrar que necesitamos estas secuencias es probablemente un simple test que todo el mundo puede hacer cuando habla por teléfono. Cuando estás escuchando a una persona que tiene mucho que decir, escúchate tú mismo. Te oirás diciendo *hmm, ¡vaya!, sí*, etc. en intervalos de uno o dos segundos. Intenta quedarte callado. Después de cinco o diez segundos, oirás una voz preocupada diciendo, '*¿Oye? ¿estás ahí?*'.
>
> *Lars Andersson & Peter Trudgill (1990: 102)*

Otra causa del poco prestigio de los marcadores discursivos es su estrecha relación con el lenguaje hablado. Probablemente su función más importante es precisamente la de marcar la organización de la conversación del mismo modo que los signos de puntuación marcan la organización de los textos escritos. Normalmente, el lenguaje hablado es menos elaborado que el escrito por la sencilla razón de que tiene que improvisarse: «la lengua hablada es una lengua típica del *aquí* y *ahora*, mientras que la escrita es típica del *allí* y *entonces*» (Andersson y Trudgill 1990 : 105).

Por consiguiente, los *marcadores discursivos*, o 'rellenos', no deben considerarse como 'habla descuidada' o, como en el caso de Gran Bretaña, inglés 'no gramatical', puesto que juegan un papel fundamental en la conversación cotidiana y pueden ser tan significativos como cualquier otra palabra. La lengua, en definitiva, no se compone solamente de gramática: «nosotros no oímos a los hablantes sólo porque hablen un inglés gramatical, ellos también tienen algo que decir» (Andersson y Trudgill 1990 : 95), y «aquellas personas que saben utilizar su lengua para hacer y decir lo que quieran decir y hacer con ella, independientemente de lo que los autoproclamados sabios puedan pensar sobre *cómo* lo hacen y dicen, son quienes hablan y escriben la lengua que es verdaderamente buena» (Andersson y Trudgill 1990 : 180).[91]

---

91. Para estudios sobre los *marcadores discursivos* ofreciendo tipologías, véase Willis Edmondson y Juliane House (1981), y Deborah Schiffrin (1987); sobre la interjección en español, véase Ramón Almela Pérez (1985) y sobre el vocativo también en español, véase el trabajo pionero de Antonio Miguel Bañón Hernández (1993).

Capítulo IV:

METODOLOGÍA SOCIOLINGÜÍSTICA: LA «DIALECTOLOGÍA URBANA» DE TRUDGILL

«En cualquier disciplina académica hay impulsos de progreso que están concentrados en determinados puntos de la frontera del conocimiento, más que distribuidos de forma uniforme en toda ella. La dialectología urbana está ciertamente marcando el ritmo en la dialectología contemporánea o geolingüística, y esperamos que esté iluminándonos el camino para un progreso uniforme en otras partes de este campo».

Jack Chambers y Peter Trudgill (1980: 207)

Hemos dicho en el Capítulo **I** que la sociolingüística de Peter Trudgill está claramente alineada con la metodología laboviana. Este alineamiento, sin embargo, no presupone ausencia de aportaciones y modificaciones metodológicas propias, impuestas, entre otras cosas, por las diferencias existentes entre el sistema social norteamericano y el británico y por los diferentes contextos sociales. Algunos de los contrastes más importantes entre los sistemas de estratificación norteamericanos y europeos son la evidente carencia de conciencia de clase colectiva o activista en EE.UU. (Mayer 1955), por un lado, y la carencia de 'aburguesamiento' de la clase obrera británica (Goldthorpe y Lockwood 1963), por otro. El trabajo trudgilliano, como el de James

Milroy, Lesley Milroy, Jenny Cheshire, Suzanne Romaine y Paul Kerswill, por ejemplo, según él mismo (*cf.* **APÉNDICE**), es una síntesis de la corriente británica de Bob Le Page y de la metodología norteamericana de William Labov.

En 1968 Peter Trudgill llevó a cabo lo que él llamó «un estudio de dialectología urbana sociológica» (Trudgill 1974 a: 1): *The Social Differentiation of English in Norwich*. Este trabajo representa, según Ronald Macaulay (1976 : 266), la «primera aplicación a gran escala de las técnicas desarrolladas por Labov (1966) a un tipo de escenario completamente diferente del investigado allí»: una comunidad urbana de las Islas Británicas, la ciudad de Norwich, con una población de unos 160.000 habitantes. También conviene mencionar que no ha utilizado paquetes de programas informáticos, como el VARBRUL[92] de David Sankoff en la Universidad de Montreal, como ayuda en el análisis sociolingüístico de sus investigaciones.

IV.1. METODOLOGÍA DE *TIEMPO REAL* VERSUS *TIEMPO APARENTE*

Para poder investigar el cambio lingüístico en una comunidad determinada, los estudios necesariamente deben ser comparativos de algún modo. Por medio de una metodología de *tiempo aparente*, el habla de los informantes más viejos se compara con la de los más jóvenes, mientras que mediante una metodología de *tiempo real*, el habla de una población determinada es comparada desde, al menos, dos puntos diferentes en el tiempo. Hay tanto ventajas como desventajas en ambos métodos. Probablemente la ventaja más obvia del tratamiento del cambio lingüístico por tiempo aparente es, como Trudgill (1988b: 33-4) señala, que «uno puede estudiar los resultados de modo inmediato, en lugar de tener que esperar durante 20 años aproximadamente para ver qué ocurre»; además, el hecho de que el investigador en los

92. Información sobre este paquete informático puede encontrarse en Guy (1980), David Sankoff (1978) y Horvarth (1985). Según Lesley Milroy (1987: 137-8), VARBRUL no se comercializa actualmente y tampoco se recomienda para usuarios inexpertos.

dos tipos de comparaciones sea la misma persona le da una mayor homogeneidad a la investigación, en términos de metodología, transcripción y análisis. Sin embargo, una desventaja es la perspectiva tan limitada que podría obtenerse de un cambio lingüístico en proceso, ya que la difusión y campo de acción de una innovación no podría percibirse por completo. Por el contrario, la mejor ventaja del tratamiento por tiempo real es precisamente la mayor visión que se tiene para percibir un cambio y, por tanto, la posibilidad de estudiar los mecanismos de *difusión*; esto es, el estudio de la progresión de las innovaciones lingüísticas (véase Capítulo **VI**):

> Los resultados obtenidos de un grupo en un momento dado pueden compararse con los del grupo de un momento anterior con un alto nivel de fiabilidad, de modo que cualquier diferencia significativa entre ambos es el resultado de un cambio lingüístico en progreso. Correlacionando los datos de las diferencias mayores con las variables independientes, se puede determinar qué subgrupos son los más innovadores, qué elementos lingüísticos son los portadores de la innovación y qué distritos dentro del área investigada forman la *línea de avance* de la innovación. En otras palabras, uno puede estudiar los mecanismos de difusión.
>
> *J.K. Chambers y Peter Trudgill (1980: 164)*

Un importante contratiempo atribuible a la metodología de tiempo real es que se tenga que volver a entrevistar a los informantes originales para investigar si su lengua ha cambiado, y en ese caso, cómo y hasta qué punto, puesto que hay que enfrentarse con ciertos obstáculos tales como su fallecimiento y otras formas de indisponibilidad de algunos informantes. Una evidente desventaja, en comparación con la del tipo de tiempo aparente, también es el hecho de que no es muy conveniente «tener que esperar veinte años si queremos averiguar lo que está ocurriendo ahora mismo» (Chambers y Trudgill 1980 : 88). Peter Trudgill fue capaz de utilizar ambas metodologías, un estudio con tratamiento por tiempo aparente en 1968 (*The Social Differentiation of English in Norwich*) y otro por tiempo real quince años más tarde, en 1983 («Norwich Revisited: Recent Linguistic Changes in an English Urban Dialect»), y concluyó lo siguiente:

> La metodología de tiempo aparente es una herramienta sociolingüística excelente para investigar cambios lingüísticos en proceso, pero, siempre que uno

pueda encontrar algo interesante que hacer mientras tanto, el estudio del cambio lingüístico en tiempo real es, por muchas razones, una experiencia mucho más informativa.

Peter Trudgill (1988 b: 48)

IV.2. REPRESENTATIVIDAD

La selección de informantes en la investigación de Trudgill sobre el inglés hablado en Norwich no fue hecha a partir del registro general de electores, sino sólo de 4 (de los 17) distritos electorales —Eaton, Lakenham, Westwick, y Hellesdon— y una de las parroquias suburbanas de las afueras de la ciudad, Thorpe St Andrew. Esta selección no fue realizada de forma aleatoria sino muy a propósito, puesto que el objetivo era obtener informantes de las partes norte, centro, sur, este y oeste de la ciudad con el fin de mantener las características sociológicas de la población total: sociales, geográficas y de vivienda. Una vez elegidas las áreas más representativas y con el propósito final de 'reclutar' a 10 informantes de cada distrito electoral, se seleccionaron aleatoriamente 25 nombres de los registros de cada una de las cinco áreas de tal modo que todos los miembros de la comunidad tuvieran la misma oportunidad de ser elegidos y, por ello, de ser *representativos* de la población total. Después de habérseles enviado una carta con la intención de «asegurarse la buena voluntad del informante, explicarle el objetivo de la entrevista, disiparle posibles sospechas en lo concerniente a la integridad y honestidad del entrevistador y la naturaleza no comercial del estudio, y advertirle que iba a ser visitado» (Trudgill 1974 a: 24), se contactó con los informantes en sus hogares para ver si accederían a ser entrevistados. Con el fin de cubrir las características de todos los niveles de edad, se extrajo una muestra de 10 escolares (de entre 10 y 20 años de edad) de dos de los tres institutos públicos de la ciudad. Por tanto, la muestra final de informantes constaba de 60 personas en total.

IV.3. CLASIFICACIÓN DE INFORMANTES Y ESTILOS

Para investigar la naturaleza y grado de la correlación y covariación de parámetros lingüísticos y sociológicos en Norwich, Trudgill sometió a los cincuenta informantes adultos a un análisis sociológico, configurando un *índice de clase social* para cada uno. Este índice social se extraía de seis indicadores (**profesión, renta, educación, vivienda, localidad** y **profesión del padre**) a los que los propios informantes daban una puntuación numérica entre 0 y 5, con lo que era posible, por tanto, que los informantes acumularan puntuaciones que oscilaban entre 0 y 30. Para dividir el continuum *clase social* —obtenido por medio del índice de clase social— en grupos más homogéneos y más discretos, Trudgill correlacionó «un rasgo lingüístico no fonológico y fácilmente cuantificable» típico de Norwich (la ausencia del marcador de concordancia de tercera persona —*s* en el tiempo presente de los verbos) con la clase y el contexto social. Los resultados fueron cinco clases: **Clase Media-Media** (profesionales: profesores, gerentes, empresarios, empleados de banca y agentes de seguros), **Clase Media-Baja** (compuesta casi enteramente de trabajadores no manuales: mecanógrafas, viajantes de comercio y oficinistas), **Clase Obrera-Alta** (capataces, obreros cualificados, y unos pocos trabajadores manuales de estatus social bajo y con antecedentes de clase social obrera), **Clase Obrera-Media** (trabajadores manuales) y **Clase Obrera-Baja** (peones y otros obreros no cualificados):

Middle-Middle Class	(MMC)	Clase Media-Media	(CMM)
Lower-Middle Class	(LMC)	Clase Media-Baja	(CMB)
Upper-Working Class	(UWC)	Clase Obrera-Alta	(COA)
Middle-Working Class	(MWC)	Clase Obrera-Media	(COM)
Lower-Working Class	(LWC)	Clase Obrera-Baja	(COB)

Al igual que Labov, Trudgill, asumiendo que los niveles estilísticos aumentan progresivamente en función tanto de la formalidad como del grado de atención puesta al habla, dividió el continuum de estilos de habla en cuatro grados que oscilaban de menor a mayor formalidad: **es-**

Clases	Variables lingüísticas		
	(ng)	(t)	(h)
CMM	003	083	006
CMB	015	123	014
COA	074	178	040
COM	088	184	060
COB	098	187	060

Fuente: Trudgill (1974a)

tilo casual (EC), el más natural e informal, con la atención de los informantes desviada de su habla; **estilo formal** (EF), el más típico de las entrevistas grabadas; **estilo lectura de texto** (ELT), con un nivel de formalidad mucho más elevado; y **estilo lectura de palabra** (ELP), el más formal de todos, donde los informantes tienden a dirigir más atención a su pronunciación de palabras sueltas que a lo que leen. Para correlacionar rasgos lingüísticos típicos de Norwich con la clase y el contexto social, era necesario por último seleccionar algunas variables lingüísticas.

Casual Style	(CS)	Estilo Casual	(EC)
Formal Style	(FS)	Estilo Formal	(EF)
Reading Passage Style	(RPS)	Estilo Lectura de Texto	(ELT)
Word List Style	(WLS)	Estilo Lectura de Palabra	(ELP)

IV.4. VARIABLES LINGÜÍSTICAS: FONOLÓGICAS, SINTÁCTICAS Y LÉXICAS

Uno de los logros de la *Dialectología Urbana* ha sido el hecho de establecer que la variación lingüística, por lo general, no es en modo alguno libre, sino provocada por factores sociales y/o lingüísticos. La *variable lingüística* es «una unidad lingüística con dos o más variantes implicadas en covariación con otras variables sociales y/o lingüísticas. Las variables lingüísticas a menudo pueden considerarse como formas, socialmente diferentes pero lingüísticamente equivalentes, de hacer o decir lo mismo, y ocurren en los niveles de análisis lingüístico» (Chambers y Trudgill 1980 : 60). Éstas pueden ser **fonológicas, sintácticas** y **léxicas**, dependiendo de la naturaleza del rasgo lingüístico seleccionado. Ciertamente, las variables del nivel fonológico son las más utilizadas en el análisis sociolingüístico, puesto que son los más claros indicadores de la variación lingüística y los más fáciles de medir y cuantificar. Sin embargo, las variables del nivel sintáctico son muy difíciles de manejar: extender la noción de variable lingüística al análisis de la variación sintáctica es particularmente difícil por problemas de equivalencia semántica; esto es, las variantes sintácticas no son tan equivalentes semánticamente como las fonológicas (*cf.* Lesley Milroy 1987, y Beatriz Lavandera 1978). Igualmente, las variables del nivel léxico también son difíciles de estudiar. Así, aquellos rasgos lingüísticos cuyas variantes denotan un significado social y/o estilístico son *variables sociolingüísticas*; o sea, diferentes formas alternativas de decir lo mismo, si bien estas alternativas tienen un significado social (Ralph Fasold 1990 : 223-4).

A diferencia de William Labov, quien sólo empleó cinco, Peter Trudgill utilizó 16 variables lingüísticas, todas ellas fonológicas: tres consonánticas, (h), (ng) y (t), y trece vocálicas, (a), (ā), (a:), (e), (er), (ɛr), (ī), (ir), (o), (ou), (ō), (ū) y (yu). La selección de éstas estaba justificada inicialmente por «a) el grado de significación social evidenciada en la pronunciación del segmento o segmentos implicados; y b) por la cantidad de diferenciación fonética implicada» (Trudgill 1974 a: 80).[93] Estas justificaciones están basadas: primero, en el conocimiento que Trudgill, como nativo de la zona, tenía del habla del área, lo que era una ventaja importante: «siempre que sea posible, los in-

---

93. En su tesis doctoral, realizada siguiendo la tradición del Tyneside Linguistic Survey inicado por Barbara Strang (1968) en Newcastle –upon– Tyne, Valerie Jones (1979) criticó los criterios demasido restrictivos que utilizaron William Labov (1966) y Peter Trudgill (1974 a) para designar las variables y el tratamiento atomístico que se les dió una vez seleccionadas. Ella empleó 51 variables fonológicas, 52 informantes y 38 variables sociales. Todos estos parámetros, incluso las variables lingüísticas, fueron seleccionados aleatoriamente con la ayuda de sofisticadas técnicas informáticas para evitar cualquier riesgo posible de subjetividad por parte del investigador. En nuestra opinión, concretamente en el caso de la selección de variables lingüísticas, las preconcepciones del investigador, nativo del área objeto de investigación, son más sólidas, fiables y ajustadas a la realidad que la 'frialdad' de un sofisticado ordenador: «es importante no permitir que la ayuda informática, por muy poderosa que sea, interfiera en la cuidadosa especificación de los objetivos analíticos y en la selección de los medios adecuados para conseguirlos» (Lesley Milroy 1987: 138). En definitiva, hay cosas que *todavía* deben ser hechas por la intuición del hombre.

vestigadores deberían ser nativos del área o gente familiarizada con el dialecto local. Esto no es siempre posible, por supuesto, e incluso cuando lo es hay riesgos —es menos probable que las preconcepciones sean erróneas, y si lo son, probablemente se ajustarán más a la realidad» (Trudgill 1983 b: 41)—; segundo, en los resultados obtenidos en un pequeño estudio piloto llevado a cabo en diciembre de 1967; y tercero, en los datos recogidos por trabajos que anteriormente hicieron Helge Kökeritz (1932), Guy Lowman (en Kurath y McDavid 1968) y W. Nelson Francis (trabajo llevado a cabo para el *SED*) sobre el inglés de East Anglia: «deberían hacerse estudios piloto en cada área bajo investigación, y estudiarse y tenerse en cuenta trabajos previos sobre la localidad».

IV.5. OBTENCIÓN DE LOS DATOS

Para correlacionar las variables lingüísticas seleccionadas con la clase y el contexto social, era necesario que se obtuvieran de situaciones de habla real. Como la variación lingüística tenía que conseguirse de entrevistas grabadas, al igual que Labov y con el objetivo de superar la *paradoja del observador*, Peter Trudgill hizo uso de grabaciones estructuradas «para asegurarse la obtención de información concerniente a los diferentes estilos contextuales y el sometimiento de los informantes a series de 'contextos relativamente iguales para ellos'» (Trudgill 1974 a: 46). Como ya se ha señalado, el hecho de que Trudgill fuera un hablante nativo del área investigada ciertamente era una ventaja muy importante en este caso, porque podía utilizar su acento de Norwich cuando dirigía las entrevistas, lo que podía motivar a los informantes para hablar de forma más natural de lo que lo habrían hecho si Trudgill hubiera empleado el acento RP. De hecho, en su estudio con tratamiento de tiempo real llevado a cabo en 1983, el haber estado fuera de Norwich durante veinte años, y por ello haber sufrido cambios en su acento, era una considerable dificultad, que resolvió haciendo uso de un entrevistador más joven que él y que nunca había abandonado la comunidad de habla de Norwich (*cf.* Trudgill 1988 b: 38). Para asegurarse el habla formal, hizo uso de una lectura de texto, lectura de una lista de palabras, lectura rápida de una lista de palabras, y de un test de pares de palabras (todas predeterminadas), como niveles de formalidad. Para asegurarse el habla casual, Trudgill tuvo que dirigir la entrevista hacia aquellos contextos en los que era más probable que ocurriera: el habla fuera del contexto de la entrevista formal (el principio, un descanso, el final); el habla dirigida a una tercera persona; el habla hecha no como respuesta directa a preguntas (digresiones); el habla hecha en respuesta a cuestiones sobre palabras del dialecto de East Anglia, donde eran frecuentes los recuerdos divertidos y nostálgicos; el habla en respuesta a la pregunta «¿Has estado alguna vez en una situación, recientemente o hace algún tiempo, en la que te has reído mucho, o algo gracioso o curioso te ha ocurrido a ti, o viste que le ocurriera a alguien?», formulada con la intención de hacer que el informante llegara a «involucrarse en la narración de la historia y en la comicidad de la situación hasta el punto de hacerle olvidar las restricciones formales de la entrevista» (Trudgill 1974 a: 51).[94] También al igual que Labov, Trudgill asumió que hay una serie de medios para la identificación del habla casual, en comparación con el habla formal, tales como el cambio del tempo, el tono, el volumen y el promedio de respiración.[95]

Ofrecer una descripción de los procesos de medición, cuantificación y correlación de las variables obtenidas sería una tarea ociosa y probablemente estaría fuera del campo de acción de nuestro estudio, puesto que son, además, los utilizados convencionalmente y, por tanto, ampliamente conocidos.[96] Señalemos simplemente que por medio de la correlación de todos los datos obtenidos —variables sociales, variables lingüísticas y contexto social— Peter Trudgill pudo «i) investigar la naturaleza de la correlación de las realizaciones de las variables fonológicas con la clase y contexto social, y el sexo; ii) averi-

---

94. La pregunta de William Labov era «¿Has estado alguna vez en una situación en la que estabas en serio peligro de muerte?». Pero, evidentemente, esta pregunta no hubiera servido en Norwich: las probabilidades de estar en peligro de muerte en Norwich no son, con mucho, tan elevadas como en la ciudad de Nueva York (de una sesión de su curso de **Sociolingüística**, 1990/91 en la Universidad de Essex).

95. Para más detalles sobre el cuestionario, véase Trudgill (1974 a: Appendix).

96. Para más detalles acerca del tema tratado en este capítulo, véase Trudgill (1974 a).

guar qué variables estaban sujetas a diferenciación de clase social y cuáles a variación estilística; y iii) averiguar qué variables son más relevantes a la hora de indicar el contexto social de alguna interacción lingüística o la clase social de un hablante» (Trudgill 1974 a: 90). El siguiente capítulo describe los resultados y las interpretaciones teóricas de diferentes investigaciones, además de ésta llevada a cabo en Norwich.

Capítulo V:

VARIACIÓN SOCIOLINGÜÍSTICA: PARÁMETROS

«En el mundo de habla inglesa, hay una enorme cantidad de variación en cada uno de los diferentes acentos utilizados —mucha más que en el vocabulario o en la gramática— y donde hay variación es probable que haya evaluación.»

Lars Andersson y Peter Trudgill (1990 : 22)

Es sobradamente conocido que las variables sociolingüísticas son, al fin y al cabo, formas alternativas de decir lo mismo, si bien éstas son socialmente significativas; en último término, son diversos tipos de diferenciación social a través del lenguaje. La *Sociolingüística Laboviana, Sociolingüística Cuantitativa* o *Lingüística Secular*, según Trudgill (1978 b: 11), es precisamente *la* sociolingüística, cuyo objetivo principal ha sido constatar la *variabilidad* en cuanto capacidad de variación, esto es, localizar y describir la simetría existente entre *variación social* y *variación lingüística* en términos de *variación sociolingüística*. Pero, como hemos indicado en **II.3.2,** el hecho de que la lengua se correlacione de manera significativa con rasgos distintivos sociales no implica en absoluto que los estudios sociolingüísticos sean simplemente trabajos correlacionales y descriptivos de poco interés teórico, sino que sus objetivos son crear una teoría sociolingüística de base empírica, científica, que, insistimos, en última instancia aspira a «saber más sobre el lenguaje, e investigar temas tales como los mecanismos del cambio lingüístico, la naturaleza de la variabilidad lingüística y la estructura de los sistemas lingüísticos» (Trudgill 1978 b : 11). En este capítulo se ofrecen los resultados e interpretaciones teóricas de la correlación de variables lingüísticas, sociales y contextuales desde el punto de vista no sólo de los parámetros que Trudgill utilizó en su investigación de Norwich sino también de otros que él considera relevantes en la disciplina. Algunos otros aspectos de estos parámetros relacionados con la estructura sociolingüística del cambio lingüístico serán discutidos en el Capítulo **VI**, concretamente en **VI.1**. La Sección **V.9** es un microestudio particularmente divertido sobre los acentos de los cantantes de pop británicos que utilizamos aquí muy a propósito como un parámetro anecdótico en la variación sociolingüística, y como ejemplo de las posibilidades de cobertura de la disciplina.

V.1 CLASE SOCIAL

Hemos dicho en **III.4** y **III.5** que, del mismo modo que hay *dialectos regionales* y *continuos dialectales geográficos*, también hay *dialectos sociales* o *sociolectos* y *continuos dialectales sociales*, en los que los dialectos sociales no son entidades discretas sino gradualmente variables: «... la relación existente entre acento y clase social es una cuestión de más-o-menos más que de todo-o-nada. No es que unos grupos empleen una variante y otros otra; más bien es que todos los grupos emplean las dos variantes, aunque en proporciones diferentes» (Chambers y Trudgill 1980 : 68). El análisis de Peter Trudgill de las variables (ng), (t) y (h)[97] en palabras, como, por ejemplo, *singi**ng***, *bu**tt**er*, y ***h**ammer* respectivamente, ofrece los siguientes resultados en las entrevistas grabadas. (Véase el cuadro de la página siguiente.)

En este trabajo de Norwich Peter Trudgill demostró, al igual que Labov en la ciudad de Nueva York, que el uso de las variantes lingüísticas está muy relacionado con la clase social: si una variable lingüística

97. Estas variables, (ng), (t) y (h) tienen como variantes [ŋ], [t] y [h] respectivamente en el acento RP, mientras que [n], [ʔ] y ø en los acentos locales.

Clase social		Índice social	Número de informantes
I. Clase Media-Media	(CMM)	19+	6
II. Clase Media-Baja	(CMB)	15-18	8
III. Clase Obrera-Alta	(COA)	11-14	16
IV. Clase Obrera-Media	(COM)	7-10	22
V. Clase Obrera-Baja	(LWC)	3- 6	8

revela estratificación de clases, ciertas variantes serán utilizadas más frecuentemente por las clases de estatus más alto, menos frecuentemente por las clases intermedias, todavía mucho menos frecuentemente por las clases de estatus más bajo, y viceversa, siendo la frecuencia la que indica su estatus social aproximado. Pero en estos estudios también se ha demostrado que la variabilidad no es sólo una cuestión de diferencias existentes entre las clases sociales y la pronunciación, sino también de diferentes pronunciaciones dentro de las mismas clases sociales, dependiendo de las situaciones.[98]

V.2. ESTILO

Los cambios en la pronunciación también son hechos, consciente o inconscientemente, por los hablantes según perciban la situación (formal-informal) en que se encuentran: el juicio del hablante sobre la formalidad depende de factores tales como el relativo estatus de la persona con la que habla, el nivel de confianza entre uno y otro, el tema tratado, y el propósito y el lugar donde ocurre la interacción (Hughes y Trudgill 1979 : 4). Como hemos indicado en **IV.3**, Peter Trudgill dividió el continuum de estilos de habla en cuatro, que oscilaba de menor a mayor formalidad: estilo 'casual' (EC), estilo 'formal' (EF), estilo 'lectura de texto' (ELT) y estilo 'lectura de palabra' (ELP). La correlación del contexto social (variables estilísticas) con la clase so-

98. Para más detalles sobre el lenguaje y la clase social, véase Trudgill (1983 a: Cap. 2).

cial y la variable lingüística (ng) presenta los siguientes resultados en su investigación de Norwich:

Índice (ng) por Clase y Estilo

Clase	Estilo			
	ELP	ELT	EF	EC
CMM	000	000	003	028
CMB	000	010	015	042
COA	005	015	074	087
COM	023	044	088	095
COB	029	066	098	100

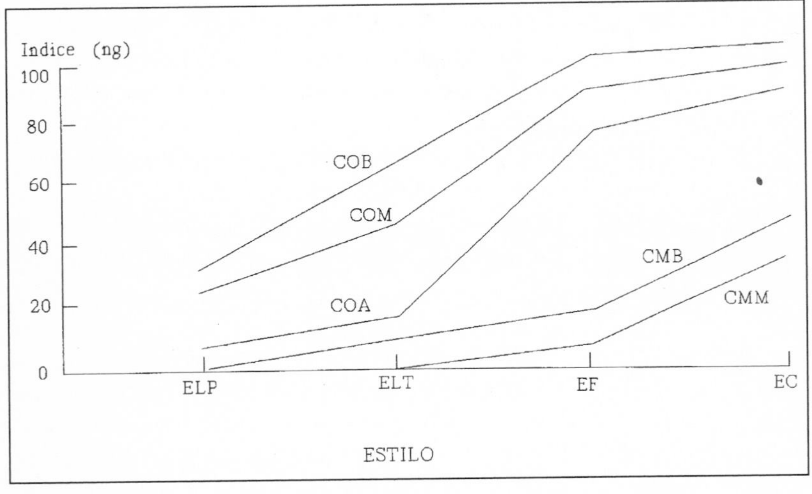

Los veinte resultados visualizados en la tabla anterior y en el gráfico, según Trudgill (1983 a: 109-10), forman un cuadro perfecto, puesto que ascienden de forma consistente desde el estilo 'lectura de texto' (ELT) hasta el estilo 'casual' (EC), desde la clase media-media (CMM) a la clase obrera-baja (COB), y oscilan de 0% —uso consistente de la variante [ŋ]— a 100% —uso consistente de la variante [n]. Esto indica que, aunque los diferentes grupos de clases sociales tienen distintos niveles de uso de la (ng), su evaluación de las dos variantes es exactamente la misma: los hablantes de todas las clases tienden a modificar su pronunciación exactamente en la misma dirección, elevando el porcentaje de uso de la forma [ŋ], perteneciente al RP de estatus social prestigioso, conforme aumenta el nivel de formalidad del contexto estilístico y viceversa. Esto conduce a un contraste interesante como es el que, en los estilos formales, el habla de la clase baja se aproxima al habla informal de la clase alta: la CMM en su estilo 'casual' emplea, por término medio, la misma cantidad de formas no pertenecientes al RP que la COB en sus estilos más formales. Otro fenómeno interesante es el hecho de que la COA y la COB se distinguen una de la otra, principalmente, por la mucho mayor conciencia que los hablantes de COA tienen de la significación social de las variables lingüísticas, como consecuencia de la naturaleza 'fronteriza' de su clase social; esta naturaleza 'fronteriza' de los hablantes de COA conduce a una *inseguridad lingüística* en su habla, que aquí se refleja con su gran cantidad de variación estilística para la variable (ng), de 005 a 087 en la tabla y una línea con la pendiente más pronunciada en el gráfico.

La variable (ng) en el mundo anglófono, como hemos visto, es un muy buen indicador del contexto social, pero no todas las variables lingüísticas de Trudgill siguen este modelo de variación social y estilística; esto es, no todas las variables lingüísticas que están sujetas a diferenciación de clases exhiben también variación estilística (*cf.* Sección **VI.1**).[99]

V.3. SEXO

El sexo del hablante es otro parámetro social con el que se ha demostrado que las diferencias lingüísticas se correlacionan muy estrecha y

99. Para más información sobre el lenguaje y el contexto social, véase Trudgill (1983 a: Cap. 5).

significativamente. Así pues, la variable (ng) también ofrece los siguientes resultados en Norwich:

Índice (ng) por Clase, Estilo y Sexo

Clase		Estilo			
		ELP	ELT	EF	EC
CMM	h	000	000	004	031
	m	000	000	000	000
CMB	h	000	020	027	017
	m	000	000	003	067
COA	h	000	018	081	095
	m	011	013	068	077
COM	h	024	043	091	097
	m	020	046	081	088
COB	h	066	100	100	100
	m	017	054	097	100

En Norwich, en diecisiete casos de veinte posibles, los resultados de los varones (h) son mayores o iguales que los correspondientes a las mujeres (m): el uso de la variante [n] no perteneciente al RP es mucho más frecuente en el habla de los hablantes varones y en el de la clase obrera en general. Este mismo modelo se ha obtenido en otros estudios llevados a cabo por investigadores diferentes y con otras variables distintas. En las dos últimas décadas, una serie de estudios sociolingüísticos de tipo laboviano[100] han mostrado la forma que adopta la diferenciación de sexo en las comunidades lingüísticas de complejas sociedades urbanizadas occidentales, y han demostrado y coincidido en el hecho de que «en iguales condiciones, las mujeres tienden, por término medio, a emplear más variantes de mayor estatus social que los hombres», lo que es, según Trudgill, «el descubrimiento más

100. *Cf.* William Labov (1966), L. Levine y H.J. Crockett (1966), Roger Shuy, Walt Wolfram y W.K. Riley (1967), Ralph Fasold (1968), Walt Wolfram (1969), Gillian Sankoff y Henrietta Cedergren (1971), Peter Trudgill (1972 a, 1974 a), Suzanne Romaine (1978), Lesley Milroy (1980) y Jenny Cheshire (1982), entre otros.

sorprendentemente coherente de todos los obtenidos de los estudios de dialectos sociolingüísticos en el mundo industrializado occidental» (Chambers y Trudgill 1980: 72). Este fenómeno ha dado lugar a toda una serie de explicaciones diferentes durante los últimos veinte años. Peter Trudgill (1983 b: Cap. 9) destaca siete de ellas:

1) Dale Spender (1980), fuera del dominio de la Lingüística, sugirió que el fenómeno de diferenciación de sexo no existe y que por tanto no necesita explicarse; de modo escéptico, indicó que no le convencían las afirmaciones de los investigadores de la ***Sociolingüística*** hechas sobre el tema: «podría ser posible que la mujer hablara 'mejor' que el hombre, ... pero por el momento las evidencias de que disponemos no son convincentes». Sin embargo, según Trudgill (1983 b: 162), los datos obtenidos en los estudios sociolingüísticos son «total y abrumadoramente convincentes»:

> Es el descubrimiento más coherente surgido de los estudios sociolingüísticos durante los últimos 20 años. Este fenómeno puede resultarle a alguna gente embarazoso e indeseable, pero no cabe duda de que es cierto.

2) Fundándose en la *teoría de la acomodación* de Howard Giles (Giles 1973, y Giles y Smith 1979), otros, como Philip Smith (1979), sugirieron que este fenómeno se debía al hecho de que los investigadores de los estudios sociolingüísticos eran hombres; de este modo, mientras que los informantes de sexo masculino están más relajados o más dispuestos a acomodarse y producir un habla casual los informantes de sexo femenino, por el contrario, ante un entrevistador masculino no sienten la misma relajación, y por tanto producen un habla menos casual. Según Trudgill (1983 b: 162), ese no es el caso aquí, puesto que estudios llevados a cabo por investigadoras, como Suzanne Romaine (1978), Lesley Milroy (1980) o Jenny Cheshire (1982), dieron exactamente los mismos resultados que los realizados por investigadores.

3) Esta explicación está relacionada con la noción de *propiedad*:[101] del mismo modo que, en nuestra cultura, sería inapropiado

101. Esta explicación ha sido bastante controvertida puesto que Dale Spender malinterpretó y, según Peter Trudgill, caricaturizó una analogía con el uso de la falda hecha por Trudgill (1983 a: 88-9) para ilustrar el factor de la *propiedad* en las diferencias entre el habla del hombre y el de la mujer. Para más detalles, véase Trudgill (1983 b: 162-4) y Spender (1980).

que los hombres vistieran falda y las mujeres traje a rayas de tres piezas, también puede considerarse inapropiado que éstas blasfemen más o que utilicen lenguaje indecente. En cualquier caso, como las nociones de *propiedad* cambian con el tiempo, Trudgill no considera este factor como una explicación sólida.

4) Otro intento por explicar este fenómeno ha sido la equiparación de diferencias en el *uso de la lengua* con diferencias *dialectales* y *acentuales*, lo que Trudgill (1983 b: 164) considera un error. Hay que distinguir entre diferencias de *uso de la lengua* en el habla masculina y femenina (uso de determinadas partículas de duda, determinados mecanismos sintácticos, como la elipsis y las *tag-questions*, y determinadas estrategias comunicativas en la conversación)[102] y diferen-

102. Si bien no es nuevo, el estudio de las relaciones entre el *lenguaje* y el *sexo* ha sido una de las áreas de investigación sociolingüística más importantes y más estudiadas durante los últimos treinta años aproximadamente -«ha habido un enorme aumento del interés, y se han escrito literalmente miles de ponencias y artículos sobre diferentes aspectos del tema» (Trudgill 1985 d: ix). Hay investigadores, como David Graddol y Joan Swann (1989), que sostienen que sería más preciso llamar a estos estudios *lenguaje y género*, puesto que estamos tratando una categoría social más que biológica: el término 'sexo' hace referencia a una distinción biológica (macho-hembra), mientras que 'género' es un vocablo empleado para describir categorías construidas socialmente en torno al sexo (masculino-femenino-neutro). Incluso el término *generolecto, (genderlect)*, también ha sido sugerido para referirse a la forma de hablar del hombre y de la mujer. Sin embargo 'género' tiene un significado técnico para los lingüistas, lo que ha hecho que otros muchos investigadores (*cf.* Philip Smith 1985 o Jennifer Coates 1986) prefieran la etiqueta *lenguaje y sexo*. Como cualquier otro estudio relacionado con el cambio social, esta novedosa área sociolingüística de investigación también ha estado sujeta a controversias como consecuencia de las inherentes susceptibilidades de sus contenidos no menos provocativos: «... gran parte del aumento del interés por el tema se ha relacionado con el nacimiento del movimiento feminista contemporáneo, y con un correspondiente desarrollo de la concienciación por fenómenos tales como el sexismo y los estereotipos del papel a desempeñar según el sexo» (Trudgill 1985 d: ix). Esta área no se ocupa meramente del sexo como un parámetro social independiente (además del estatus social, la edad, la etnia, el estilo, etc.) en la correlación de variables sociolingüísticas, lo cual sería lingüístico en su propósito; más bien, el tratamiento que da al sexo tiene una dimensión diferente que es tanto social como lingüística: la forma en que el lenguaje refleja y ayuda a mantener las actitudes sociales ante el hombre y la mujer: «El estudio del lenguaje y el sexo se ha centrado en una serie de problemas diferentes, incluyendo el sexismo en la lengua, también las diferencias de uso de ésta y las estrategias conversacionales del hombre y la mujer, además de las diferencias dialectales y acentuales de tipo eminentemente cuantitativo» (Trudgill 1985 d: ix). Ha estudiado los fenómenos del sexismo en la **estructura lingüística** (uso genérico de términos masculinos; *cf.* Ann Bodine 1975), en el **vocabulario** (términos de tratamiento) y en el **uso de la lengua**, donde el trabajo de Robin Lakoff (1973) ha recibido numerosas contrarréplicas (*cf.* Jacqueline Sachs, Philip Lieberman y D. Erickson (1973), Don Zimmerman y Candace West (1975, 1977) y Bent Preisler (1986) entre otros).

Capítulo VI:

CAMBIO LINGÜÍSTICO Y DIFUSIÓN

«Hasta ahora [...], por lo general, los lingüistas se han interesado más por los resultados de este tipo de procesos que por los procesos en sí»

Peter Trudgill (1983b: 87)

Los objetivos de la *Dialectología Tradicional* y la *Sociolingüística*, en su sentido de lingüística secular, coinciden en última instancia en el estudio de un ámbito específico de la variación lingüística: el cambio lingüístico. Sin embargo, como Uriel Weinreich (1953) lamentó, ha existido un abismo entre la lingüística teórica y los trabajos dialectológicos: si hasta ahora los dialectólogos se han centrado en los resultados de los procesos del cambio lingüístico, la lingüística secular, por el contrario, está más interesada en los procesos mismos. De este modo, Weinreich sugirió diferentes formas para lograr una combinación fructífera de las dos disciplinas, en particular, la aplicación de los conceptos teóricos —en aquel momento estructuralistas— al estudio de la variación lingüística. Desde entonces lingüistas como Peter Trudgill han estado trabajando en la conexión de las dos áreas; de ahí su *Geolingüística*. Con el desarrollo de una teoría integradora del cambio lingüístico que incorpore elementos tanto de la *Lingüística Teórica* y de la *Sociolingüística*, se puede solucionar el problema de cómo tender un puente sobre el abismo del que hablaba Weinreich.[113]

---

113. Según John Rickford (1990 : 273-4), «de entre los sociolingüistas y dialectólogos actuales, Peter Trudgill es quien tiene más conocimiento de primera mano de una mayor variedad

En otras palabras, el estudio de las situaciones de contacto de lenguas y dialectos, los mecanismos del cambio lingüístico y su difusión, el escenario geográfico y social, la naturaleza de su variabilidad y la estructura de los sistemas lingüísticos permitirán perfeccionar la teoría lingüística y nuestro conocimiento de la naturaleza del lenguaje. Pero estos cometidos, a pesar de ser muy interesantes, son realmente complejos de manejar: «... el cambio lingüístico es una de las cosas más fascinantes y enigmáticas del lenguaje humano» (Andersson y Trudgill 1990: 142).

VI.1. ESTRUCTURA SOCIOLINGÜÍSTICA Y DIFUSIÓN

Ciertamente, el cambio lingüístico tiene que concebirse tanto lingüística como socialmente: es, literalmente, un fenómeno sociolingüístico. Sin embargo, cómo es un cambio lingüístico antes de ser un cambio lingüístico, o cómo *se origina* realmente, es un misterio: «el cambio lingüístico es uno de los fenómenos más enigmáticos y fascinantes con que los dialectólogos y científicos lingüistas se han encontrado» (Trudgill 1990 a: 7). De hecho, parafraseando a Jean Aitchison (1991: 6), podemos afirmar que sabemos muy poco sobre cómo, dónde y por qué se da, y quién lo inicia. Lo que es evidente es que tiene lugar dentro de una comunidad de habla y que factores sociales, factores geográficos así como determinados entornos lingüísticos son de una importancia primordial en la difusión de las innovaciones: «los cambios lingüísticos pueden extenderse de un grupo social a otro (**difusión sociolingüística**), de una palabra a otra (**difusión léxica**) y de un entorno lingüístico a otro (**difusión lingüística**). También pueden [...] extenderse de un lugar a otro» (**difusión geográfica**) (Chambers y Trudgill 1980 : 182). Factores físicos, como la *distancia geográfica*

---

de situaciones de lenguas en contacto y, como Weinreich (1953), está familiarizado con muchos estudios de casos poco conocidos o raramente citados. En definitiva, él está en una excelente posición para ofrecerle al campo la teoría sociolingüística comprensible y pronosticable que necesitamos sobre el contacto de dialectos y lenguas».

y las *barreras geográficas* (montañas, ríos o grandes zonas pantanosas) son de gran importancia en la diferenciación regional de la lengua y en la difusión de las innovaciones lingüísticas. Su difusión depende del área geográfica donde aparezcan; por tanto, como las modas, las formas lingüísticas innovadoras normalmente se propagan de las ciudades más grandes —donde hay mucha más movilidad y flujo— a las más pequeñas y, finalmente, a los pueblos: «... las innovaciones lingüísticas, como cualesquiera otras innovaciones, se extienden a menudo de un núcleo urbano a otro, y sólo más tarde se propagan por el campo circundante. Esto se debe al dominio económico, demográfico y cultural en general de la ciudad sobre el campo, y a la estructura de las redes de comunicación» (Trudgill 1983a: 171-2).

Del mismo modo que la *distancia geográfica* y las *barreras geográficas* juegan un papel fundamental en la **diferenciación regional de la lengua**, la *distancia social* y las *barreras sociales*, como la clase social, edad, raza, religión, etc., son también de una importancia primordial en la **diferenciación social de la lengua** y en la difusión de las innovaciones lingüísticas. Siempre que la diferenciación social está presente en un sistema lingüístico, hay también una relativa *prominencia* (*salience*) de las diferentes variables lingüísticas, siendo más prestigiosas aquellas variantes que son más prominentes. Esta prominencia, que es una medida tanto de su conocimiento como de su diferenciación con respecto a los hablantes de la comunidad de habla y su disposición para adaptarse a ella, se correlaciona con la variación estilística y forma un continuum. Ni que decir tiene que es a las variantes utilizadas por las clases más altas a las que normalmente se les atribuye más estatus, excepto en los casos de prestigio encubierto. Así, en situaciones en las que la atención está centrada en el habla, los hablantes de todas las clases tienden a alterar ésta en la misma dirección; a saber: tienden a aumentar el uso de las variantes de estatus más elevado, lo que significa que la variación estilística normalmente es una consecuencia directa de la variación de la clase social: «las diferencias en la clase social dan lugar a la asignación de juicios de valor a determinadas variantes lingüísticas y las situaciones formales conducen a un mayor uso de las pronunciaciones mejor valoradas» (Chambers y Trudgill 1980 : 82). De este modo, como mostraba la Figura 20 en **V.2** (página 166), la variable (ng) en Norwich es una buena muestra de la relación existente entre el contexto estilístico y la clase social. Sin embargo no todas las variables estudiadas en Norwich por Trudgill seguían ese modelo de variación social y estilística; es decir, que no todas las variables que estaban sujetas a diferenciación por clase social exhibían también variación estilística. La variable (a:), por ejemplo, cuando se correlacionaba con la clase social y el estilo sufría muy poca o prácticamente ninguna variación estilística:

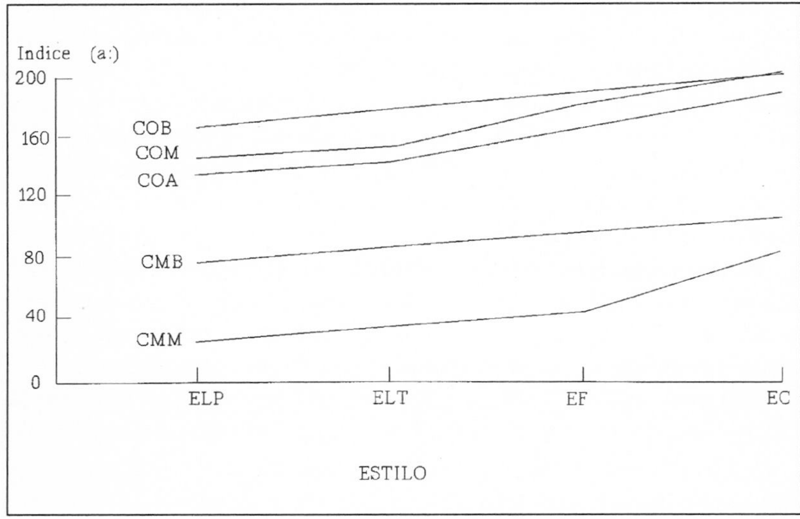

Por tanto, si con unas variables lingüísticas la variación social es amplia pero hay poca o ninguna variación estilística, con otras, por el contrario, los datos muestran escasa diferencia entre las clases, pero considerable variación estilística. Peter Trudgill (1974 a: 103) extrajo la siguiente conclusión:

> Nuestra investigación de la covariación de fenómenos fonológicos y sociológicos, por tanto, nos ha ofrecido ciertas revelaciones sobre la naturaleza de la variación estilística. Si bien está relacionada con la diferenciación de clase so-

cial, no necesariamente es una consecuencia de ésta. La variación estilística tiene lugar en el caso de variables sujetas a diferenciación de clase sólo cuando la conciencia social se centra en estas variables por el hecho de que: i) están sufriendo un cambio lingüístico; o ii) están sujetas a presiones correctivas manifiestas; o iii) están implicadas en contrastes fonológicos superficiales; o iv) son considerablemente diferentes al acento equivalente de prestigio (en el caso de aquellos hablantes que tengan algún contacto con éste).

William Labov (1972 a: 178-80) destacó entre otros aspectos de la estructura sociolingüística del cambio lingüístico en proceso el de sus mecanismos. Un cambio, normalmente, se origina en la fluctuación lingüística irregular del habla de un subgrupo social limitado que, por una causa determinada (presiones internas o externas), inconscientemente, detecta un debilitamiento de su identidad propia dentro de la comunidad; cuando el cambio se extiende a todos los miembros del subgrupo sin que éstos sean conscientes de ello y sin estar sujeto a variación estilística, se denomina *indicador (indicator)*, que es el caso de la variable (a:) en Norwich. Si el cambio se extiende a otros subgrupos de la comunidad de habla hasta el punto de que los valores del subgrupo original han llegado a ser adoptados, también inconscientemente, por la mayoría de la comunidad de habla y ya *está* sujeto no sólo a diferenciación social, sino también a variación estilística, entonces se denomina *marcador (marker),* que es el caso de la variable (ng) en Norwich. Como se ha mencionado, estos estadios son parte de un **cambio desde abajo**, no en el sentido de un cambio originado en las clases sociales más bajas —aunque suele ser el caso— sino un cambio por debajo del nivel de conocimiento consciente.[114] Sin embargo, si el grupo en el que se produjo el cambio no era el de más alto estatus de la comunidad de habla, la forma alterada puede no ser adoptada y con el tiempo llega a *estigmatizarse*. Esta estigmatización inicia el **cambio desde arriba** del nivel de conocimiento consciente. En ese momento los hablantes tienden a hacer uso consciente y espo-

114. Los hablantes parecen ser menos conscientes de una variable *indicador* que de una *marcador*. La *pronunciación*, la *ortografía*, el *cambio lingüístico* y la *oposición fonológica* son de una importancia primordial a la hora de considerar por qué los hablantes son más sensibles ante las implicaciones sociales de unas variables que de otras; *cf.* Chambers y Trudgill (1980 : 84-6).

rádico de las variantes respaldadas por los grupos de estatus más elevado (las variantes de prestigio) especialmente en contextos estilísticamente más formales (estilos muy controlados). Si la estigmatización es lo suficientemente extrema, los hablantes pueden llegar a ser especialmente conscientes de la forma alterada, y sus connotaciones sociales y regionales pueden también llegar a ser de dominio común entre sus hablantes, quienes entonces son capaces de dar cuenta de ésta sin dificultad alguna, aunque no necesariamente con precisión. Llegados a este punto, la forma alterada es un *estereotipo* y con el tiempo puede desaparecer o permanecer estancada, esto es, sin sufrir más cambios. Sin embargo, si el cambio se origina en el grupo de estatus más elevado de la comunidad de habla, no se estigmatiza y puede llegar a ser un modelo de prestigio empleado de forma más frecuente por los grupos de estatus más elevado y en estilos más formales. De este modo la variación misma y los modelos de estratificación social y de estilo resultan del cambio lingüístico y a la vez interactúan con él; sin embargo, siempre hay que tener en cuenta que si bien todo cambio implica variabilidad, no toda variabilidad implica cambio.

Modelos inusuales de diferenciación de estilo pueden encontrarse en la estructura sociolingüística e incluso pueden ser indicativos de un cambio lingüístico en proceso. Estudiando la /r/ postvocálica, Labov (1966) descubrió que había situaciones en las que los hablantes de CMB prestaban considerable atención a su habla, *exageraban* los casos y sobrepasaban incluso a los de las clases más elevadas en su uso de un determinado rasgo prestigioso, como es la /r/ postvocalica en la ciudad de Nueva York. Los resultados están mostrados en el gráfico de la página siguiente.

William Labov consideró este fenómeno como un caso de *hipercorrección* y lo explicó en términos de *inseguridad lingüística* de la CMB: los hablantes de clase media baja no están tan seguros socialmente como los de la CMA por cuanto no están lo suficientemente distanciados de la clase obrera como para suponer que no van a identificarlos con ellos; por tanto, en esas situaciones en las que los hablantes de CMB controlan muy estrechamente su habla realizan grandes esfuerzos para mostrar su estatus social haciendo uso, e inconscientemente excediéndose, de rasgos lingüísticos prestigiosos. Las *hiperco-*

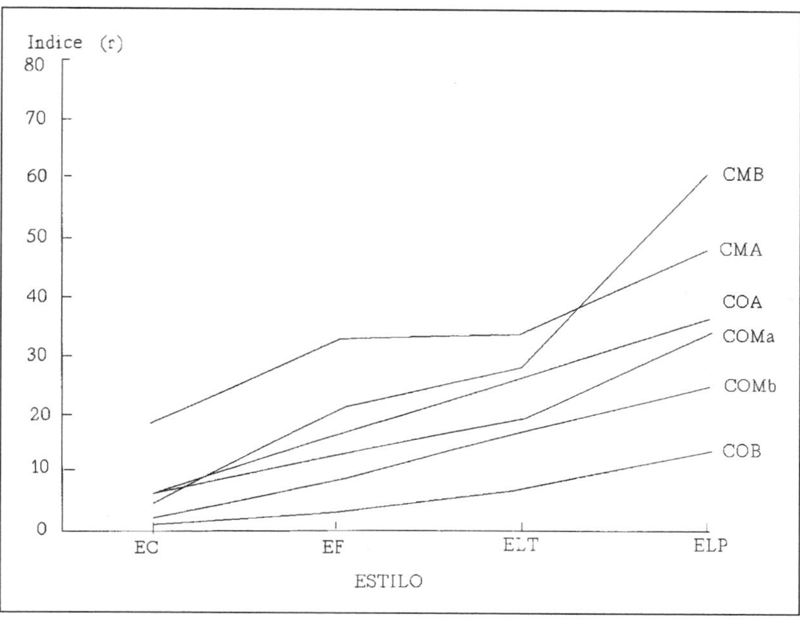

rrecciones, pues, «consisten en intentos por adoptar una variedad de habla más prestigiosa que, debido a una generalización excedida, conducen a la producción de formas que no ocurren en la variedad prestigiosa objeto de imitación» (Trudgill 1986 a: 66).[115]

En el proceso de cualquier cambio lingüístico o innovación, hay algunos elementos de la sociedad —clase social, edad, sexo, grupo étnico, etc., además de la región geográfica— que toman la delantera; esto es, están en la vanguardia de una innovación determinada. En las innovaciones basadas en la **clase social**, son la COA y la CMB las que normalmente tienen un habla más marcadamente divergente de las normas de los grupos sociales situados por debajo de ellos en la escala, por su tendencia a la continua movilidad social. El siguiente gráfico visualiza este fenómeno, con una mayor variación lingüística

115. «Nos 'corregimos' no sólo cuando deberíamos sino también cuando no» (Andersson y Trudgill 1990 : 118).

entre las clases media baja (CMA) y obrera alta (COA), las cuales son más móviles (*cf.* Trudgill 1974 a):

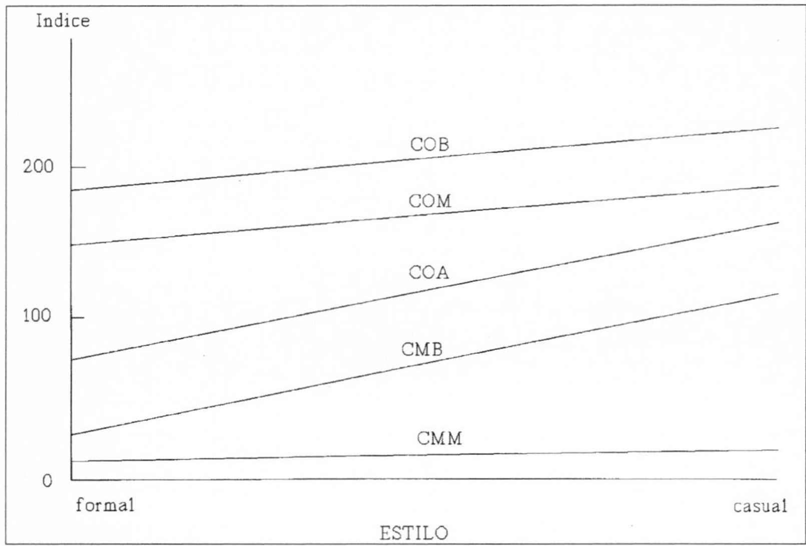

Es ya un caso clásico lo que William Labov (1966) descubrió en la isla de Martha's Vineyard (véase **II.2.2**): los pescadores de la isla llevaban la delantera de una innovación que conllevaba la centralización de los diptongos ([aʊ] > [əʊ] y [aɪ] > [əɪ]), y el resto de la población estable de la isla había adoptado cada vez más este rasgo lingüístico como un marcador para distinguirse de la numerosa población de verano (turistas). En las innovaciones basadas en la **edad**, es la población de hablantes más jóvenes la que normalmente muestra en su habla los rasgos innovadores, del mismo modo que la gente mayor muestra unas formas más conservadoras (*cf.* Labov 1966 y Trudgill 1988 b). Muy frecuentemente las innovaciones también pueden tener al **sexo** como factor fundamental, siendo la mujer el hablante que es más consciente de un cambio lingüístico si éste tiene lugar en la dirección de la variedad de prestigio; consideremos aquí el fenómeno del prestigio manifiesto en los hablantes femeninos, quienes autoevaluaban su uso de rasgos prestigiosos muy por encima de lo que realmente hacían (véase **III.9** y **V.3**); o, como se ha visto en **V.6**, el caso investigado por Lesley Milroy (1980), quien descubrió que la población masculina del área de Ballymacarret, en Belfast, permanece firmemente 'atrincherada' en la clase trabajadora mientras que la población femenina está en la vanguardia de las innovaciones lingüísticas que tienen lugar en la dirección del habla estándar.[116]

VI.2. ACOMODACIÓN LINGÜÍSTICA EN EL CAMBIO LINGÜÍSTICO Y DIFUSIÓN

Peter Trudgill (1986 a: Cap. 1) sugiere que la *Teoría de la Acomodación* de Howard Giles es una base ciertamente útil para el entendimiento de la convergencia/divergencia lingüística que tiene lugar cuando los hablantes de dialectos diferentes interaccionan: la *acomodación lingüística* entre hablantes de antecedentes dialectales diferentes, con la interacción directa cara a cara *('face-to-face interaction')*, puede ayudar a la difusión del cambio.[117] Teniendo en cuenta tanto la acomodación a corto plazo entre los miembros de la misma región o comunidad de habla como la acomodación a largo plazo entre los miembros de diferentes regiones o comunidades de habla y empleando un análisis lingüístico cuantitativo como herramienta de investigación, Trudgill explora una serie de preguntas sin contestar sobre este proceso, tales como a qué rasgos lingüísticos le afecta, en qué orden, y por qué, con el fin último de detectar regularidades en las situaciones de acomodación, poder hacer generalizaciones teóricas y, por tanto,

116. *Cf.* Chambers y Trudgill (1980), Trudgill (1972 a, 1974 a, 1974 b, 1983 a, 1983 b, 1988 b y 1990 g).

117. El psicólogo social del lenguaje Howard Giles y sus colaboradores (Giles 1973, Giles y Smith 1979) desarrollaron lo que se conoce como *teoría de la acomodación*, que se centra en el habla y trata de explicar por qué los hablantes modifican su lengua en presencia de otros y del modo y grado en que lo hacen (Trudgill 1986 a: 2). Howard Giles habló de *convergencia acentual*, «si el emisor en una situación dual desea conseguir la aprobación social del receptor, entonces puede adaptar sus modelos acentuales en la dirección de los de esta persona, esto es, reducir las diferencias de pronunciación» (Giles 1973). El proceso opuesto, la *divergencia acentual* puede ocurrir, en cambio, si los hablantes desean disociarse mutuamente o mostrar desaprobación de otros. Véase **II.2.2**.

poder pronosticar el cambio lingüístico y la difusión en las situaciones de contacto y mezcla de dialectos. Un concepto clave es la relativa prominencia de un rasgo dialectal, que es una medida tanto de su conocimiento como de su distintividad con respecto a los hablantes de otros dialectos y su disposición para variar o acomodarse a éstos: «la acomodación tiene lugar realmente con la modificación de aquellos aspectos de la fonología segmental que son *prominentes* en el acento al que hay que acomodarse» (Trudgill 1986 a: 20). Esta prominencia está relacionada con cuatro factores —la ***estigmatización***, el ***cambio lingüístico***, la ***distancia fonética*** y la ***oposición fonológica***—, pero también hay ***factores aceleradores*** —las **dificultades de comprensión** y la **naturalidad fonológica**— y ***factores inhibidores*** —las **restricciones fonotácticas**, los **conflictos homonímicos** y la **prominencia extrafuerte**— que afectan al *ritmo (rate)* de la adquisición de determinados rasgos prominentes y que no pueden predecirse. Peter Trudgill descubrió que la *ruta (route)* seguida durante la acomodación a largo plazo por postadolescentes o adultos, era fija: en el caso de la acomodación lingüística de los hablantes británicos de inglés a los hablantes norteamericanos de inglés, en su mayoría se ajustaban al siguiente modelo:

1) -/t/- > -[d̬]-
2) /a:/ > /æ/ en *dance*, etc.
3) [ɒ] > [ɑ] en *top*, etc.
4) ø > /r/ / —— {C, #}

Sin embargo la *ruta* seguida durante la acomodación a largo plazo por adolescentes no era nada fija, sino que más bien había una amplia variedad seguidas por éstos durante el proceso de acomodación (Trudgill 1986 a : 38):[118]

> Por el contrario, otros factores pueden acelerar la acomodación a determinados rasgos. Estos factores incluyen las dificultades de comprensión y la naturalidad fonológica. La presencia de estos factores inhibidores y aceleradores conduce, en la acomodación a largo plazo, a rutas fijas por las que todos los ha-

118. Para más detalles, véase Trudgill (1981 a y 1986 a: Cap. 1).

blantes que se están adaptando de una variedad determinada a otra, independientemente de su ritmo de proceso, adquieren los rasgos de la variedad objeto de acomodación en el mismo orden. La mayor flexibilidad de adquisición de los niños hace que no estén sujetos al efecto de los factores inhibidores en el mismo grado y que, por tanto, muestren una mayor variedad de rutas a seguir durante la acomodación. Sin embargo incluso los niños están sujetos a unos límites en el grado de acomodación, con unas oposiciones fonológicas y unos modelos de condicionamiento alofónicos más complejos que no adquieren correctamente a no ser que les hayan sido expuestos en el habla de sus padres.

VI.3. CAMBIO LINGÜÍSTICO: LENGUAS EN CONTACTO E INTERLENGUA

Algunas formas del cambio lingüístico pueden ser relativamente 'connaturales' (*cf.* **III.8**), por cuanto es probable que ocurran en todos los sistemas lingüísticos, en todo momento y sin estímulos externos, debido a la naturaleza intrínseca de los propios sistemas lingüísticos (Sección **VI.1**). Sin embargo otros tipos de cambio lingüístico pueden ser relativamente 'antinaturales' como consecuencia de situaciones de contacto lingüístico: no se deben a la naturaleza intrínseca de los sistemas lingüísticos, sino a los procesos que tienen lugar en determinadas situaciones sociolingüísticas.[119] Aunque los lingüistas, según

119. A pesar de considerar esta distinción en el cambio lingüístico a través del contacto de lenguas, Trudgill (1989 c: 227) admite que no es en modo alguno conveniente ser muy dogmático sobre conceptos tan relativos como **normal** y **anormal**, especialmente cuando caemos en la trampa del 'eurocentrismo' y analizamos desde el punto de vista de nuestro mundo: «... es importante reconocer, en mayor grado de lo que a veces se hace, que lo que es normal en unos contextos sociales, como las situaciones de alto contacto, no lo es en otras, como en las de bajo contacto, y viceversa. Además, como 'normal' en verdad significa 'normal en ciertos contextos sociales', debemos tener mucho cuidado de no considerar algunos contextos sociales como más importantes que otros en el estudio del cambio lingüístico. En concreto no deberíamos considerar a las situaciones de alto contacto como más importantes que las de bajo simplemente porque ocurran normalmente en el mundo occidental». En otras palabras, «estoy seguro de que si toda la Europa Occidental, en el momento del desarrollo de la ciencia lingüística, hubiera hablado lenguas que tenían clics en su sistema fonético —o si en ese momento la ciencia lingüística se hubiera desarrollado en el sur de Africa— veríamos a los clics mucho más normales que como lo hacemos ahora, quizás incluso situándolos más cerca de la parte alta que de la baja de nuestros cuadros del alfabeto fonético» (Trudgill 1989 c: 235).

Trudgill (1990 f: 104), no consiguen «en absoluto explicar satisfactoriamente por qué unos cambios determinados ocurren donde y cuando lo hacen y no en otro momento y otro lugar», es evidente que, sean lenguas o dialectos, el contacto entre variedades lingüísticas distintas tiene un efecto importante en el cambio lingüístico: «... todos estamos de acuerdo en que, en iguales condiciones, las lenguas cuyos hablantes tienen contactos frecuentes con hablantes de otras variedades cambian más rápidamente que aquéllas cuyos hablantes tienen contactos externos poco frecuentes» (Trudgill 1989 a: 247).[120] Peter Trudgill (1989 c: 231) nos ofrece el caso de una lengua de alto contacto, como es el danés, y el caso de una de bajo contacto, como el feroese (de las Islas Feroe); aunque ambas variedades descienden de un antepasado común, el Nórdico Antiguo (Old Norse), las dos han sufrido cambios lingüísticos diferentes con el tiempo y actualmente difieren notablemente:

> ... el danés es, desde casi todos los puntos de vista, considerablemente más innovador que el más conservador feroese. Esto es, que a pesar de haber descendido de un antepasado común, el Nórdico Antiguo, hoy difieren notablemente uno del otro. Esto se debe a los cambios lingüísticos que han tenido lugar durante los últimos 1.000 años aproximadamente —si bien, y de modo decisivo, han ocurrido muchos más cambios de éstos en el danés que en el feroese—. Y seguramente podemos estar de acuerdo en que los feroeses han sido una comunidad lingüística más aislada que Dinamarca durante los últimos 1.000 años.

En las situaciones de alto contacto de lenguas, con acomodación a largo plazo y cambios 'antinaturales', los ***pidgins, criollos, criolloides*** y ***koinés***[121] son por excelencia los casos más ampliamente conocidos. Los cambios sufridos en estas situaciones de alto contacto pueden describirse con el término técnico de *simplificación*: el cambio de una

---

120. Las variedades habladas en las áreas geográficamente periféricas tienden a ser menos innovadoras que las habladas en las áreas más centrales (véase **II.3.1** para las *áreas lingüísticas*, *áreas focales*, *áreas de transición*, *áreas remanentes*, etc.).

121. Una *koiné* es una lengua común, pero no necesariamente estándar. K.M. Petyt (1980 : 25) define una *koiné* como «una forma de habla compartida por personas de diferentes vernáculos —aunque para algunas de ellas la *koiné* misma puede ser su vernáculo»—. Define un *vernáculo* como «el habla de un determinado país o región», o más bien, «una forma de habla transmitida de padres a hijos como principal medio de comunicación».

estructura sintética a una analítica, una reducción de la redundancia, y un aumento de la regularidad (véase **III.8**). Las formas intermedias, 'híbridas', o *Interlengua*, del modo propuesto por Larry Selinker (1972)[122] en los estudios de la adquisición de una segunda lengua, tienen lugar cuando el contacto entre dos lenguas (L1 y L2) conduce al desarrollo de formas que en realidad no ocurrieron en ninguna de las dos originariamente (ni en L1 ni en L2); esto es, la interlengua es un conocimiento sistemático de la lengua que es independiente tanto de la L1 del aprendiz como del sistema de la L2 que está tratando de aprender. Como se ha visto en **III.8**, también es bien sabido que una de las características más interesantes de estas lenguas en contacto es generalmente la cantidad de parecidos que tienen unas con otras, independientemente de la posición y la distancia geográfica, e incluso siendo las lenguas base de las que derivan muy distintas. Se han ofrecido diversas explicaciones sobre los orígenes y la naturaleza de estas lenguas de alto contacto, pero, parafraseando a Trudgill (1983 a: 191), cualquiera que sea la explicación de estas semejanzas entre ellas, «estas lenguas son un fascinante ejemplo de las consecuencias lingüísticas que puede originar la interacción de grupos sociales, étnicos y lingüísticos diferentes en contextos sociales específicos».

Por el contrario, en situaciones de bajo contacto,[123] con acomodación a corto plazo y cambios 'connaturales', los procesos sufridos pueden describirse presumiblemente con lo opuesto a la simplificación, que es la *complicación*: el cambio de una estructura analítica a otra sintética y un aumento general de la redundancia y de la irregularidad. Se sabe más bien poco del tipo de cambios que sufren estas len-

---

122. Varios términos han sido empleados por diferentes investigadores para referirse al mismo fenómeno: Nemser (1971) habla de *sistemas aproximados* (*approximative systems*), y Pit Corder (1971) habla de *dialectos idiosincrásicos* y *competencia transicional* (*idiosyncratic dialects* y *transitional competence* respectivamente).

123. Las lenguas no tienen que existir necesariamente en alto o en bajo contacto sino más bien gradualmente dentro de un continuum: «Por supuesto reconozco que, en realidad, las variedades no se ajustan sólamente a las dos categorías de alto y bajo contacto. La realidad es un continuum que va del contacto alto al bajo, con las complicaciones adicionales de que el grado de contacto pueda cambiar con el tiempo y de que pueda ser de muy diferentes grados. Sin embargo, para el propósito de esta breve ponencia, continuaré hablando, por conveniencia, de variedades de alto contacto y de bajo» (Trudgill 1989 c: 227).

guas de bajo contacto: a diferencia de la considerable cantidad de información que tenemos sobre las lenguas de alto contacto, muy pocos estudios sobre variedades de bajo contacto han sido llevados a cabo por la dificultad de encontrarlas ahora; como consecuencia de las cada vez más densas redes de comunicación en el mundo, éstas eran más comunes antes que ahora. Sin embargo, si realmente estamos interesados en profundizar más sobre la naturaleza intrínseca de los sistemas lingüísticos y de su propensión al cambio, también tenemos que centrar nuestra atención en los cambios lingüísticos en situaciones de bajo contacto de lenguas —por medio de investigaciones *in situ* de las variedades lingüísticas más aisladas que sea posible encontrar—, puesto que representan los límites hasta donde las lenguas pueden llegar cuando se las deja solas:[124]

> ... aun cuando haya menos cambios que estudiar en estas lenguas por su bajo ritmo de cambio, serán de un enorme interés para cualquier investigador que adopte, en lingüística histórica, el enfoque del 'uso del presente para explicar el pasado'. Cuando entran en contacto, el presente *no* es como el pasado, y es mediante la investigación de las lenguas aisladas como más probablemente podemos conseguir nuevas revelaciones sobre el tipo de cambios lingüísticos que ocurrieron en el pasado remoto [...] Si queremos conseguir un mayor entendimiento sobre la facultad humana del lenguaje y sobre la completa variedad de lenguas humanas posibles, no podemos permitirnos ignorar lo aislado, lo remoto, lo marginal.
>
> *Peter Trudgill (1989 a: 252)*

VI.4. CAMBIO LINGÜÍSTICO: DIALECTOS EN CONTACTO E INTERDIALECTO

Al igual que con las lenguas en contacto, en las situaciones de alto contacto de dialectos es más probable que los cambios lingüísticos ocurran más rápidamente y además tiendan a la simplificación, mientras que en las situaciones de bajo contacto de dialectos los cambios

---

124. Para más detalles sobre el cambio lingüístico en situaciones de lenguas en contacto, véase Peter Trudgill (1978 a, 1983 b: Cap. 5, 1988 a, 1989 a, 1989 b, 1989 c, 1990f).

lingüísticos normalmente son más lentos y tienden a la complicación. En *Dialects in Contact* (1986 a) Trudgill examinó los procesos que habitualmente tienen lugar en las situaciones de alto contacto entre variedades mutuamente inteligibles por vía de la acomodación, concentrándose en la mezcla y formación de nuevos dialectos.

Para hacer predicciones sobre las rutas geográficas a seguir por las innovaciones lingüísticas en un macronivel de dialectos en contacto —esto es, la transmisión de una forma lingüística de un área geográfica a otra— se han ofrecido modelos de difusión geográfica que incorporan parámetros de *distancia* y *población*: un **factor demográfico**, que es el número de habitantes de las comunidades implicadas en una interacción —cuanto mayor sea la población de una ciudad, más probabilidades habrá de entrar en contacto con hablantes de esa ciudad—, y un **factor geográfico**, que es la distancia entre los diferentes centros —por término medio, la gente entra en contacto más frecuentemente con quienes viven más próximos— (*cf.* Chambers y Trudgill 1980, y Trudgill 1983 b; véase también **II.3.3**).

En un micronivel de dialectos en contacto —esto es, la transmisión de una forma lingüística de un área geográfica a otra por medio de los hablantes— la difusión de los cambios lingüísticos es menos conocida. Lo que está claro, según Trudgill, es que la *acomodación* es crucial en la difusión geográfica de las innovaciones lingüísticas y que la interacción directa cara a cara entre los hablantes es, a su vez, esencial para que la acomodación tenga lugar: si las actitudes son favorables, en la interacción directa los hablantes se acomodan el uno al otro lingüísticamente reduciendo desemejanzas entre sus modelos de habla y adoptando rasgos del habla del otro —y no imitándolos 'servilmente'—.[125] De este modo «se puede decir que la difusión ha teni-

125. «... los medios de comunicación electrónicos no son muy operativos en la difusión de las innovaciones lingüísticas, a pesar de las opiniones populares ampliamente conocidas que indican lo contrario. Lo importante del televisor es que la gente, por mucho que lo vea y lo escuche, no le habla (e incluso si lo hace, ¡éste no puede oírle!), con la consecuencia de que no tiene lugar la acomodación. Si hubiera alguna duda sobre la vital importancia del contacto directo en este proceso, uno sólo tendría que observar los modelos geográficos asociados con la difusión lingüística. Si la televisión y la radio a escala nacional fueran la principal fuente de esta difusión, entonces toda Inglaterra estaría afectada simultáneamente por una determinada innovación. Por supuesto esto no es lo que ocurre: las innovaciones que tienen como origen Londres llegan a

do lugar, presumiblemente, en la primera ocasión que un hablante emplea un rasgo nuevo *en ausencia* de hablantes de la variedad que originariamente contenía este rasgo» (Trudgill 1986 a: 40).

Pero en este contacto entre dialectos, las formas lingüísticas transmitidas por el dialecto fuente ('emisor del préstamo' o *loan-giver*) normalmente no son idénticas a las que con el tiempo adquiere el dialecto receptor ('receptor del préstamo' o *loan-taker*), por una serie de interrupciones habidas durante el proceso de la transmisión y, por tanto, la acomodación es imperfecta, dado que puede constar sencillamente de procesos *incompletos*, aunque puede también ser imperfecta por otros motivos. La acomodación puede ser incompleta de tres modos diferentes, si bien éstos pueden también tener lugar en conjunción unos con otros:

1. Los hablantes pueden reducir desemejanzas de pronunciación con otros hablantes alternando su propia variante de una forma con la de los otros;

2. Los hablantes pueden reducir desemejanzas de pronunciación con otros hablantes haciendo uso de la variante de los otros en unas palabras pero no en otras, lo que da lugar al proceso de ***transferencia*** *(transfer)* y al desarrollo de ***dialectos mezclados*** *(mixed dialects)*, esto es, variedades lingüísticas en las que la acomodación en situaciones de contacto entre dialectos es incompleta por ser parcial a nivel *léxico*.

3. Los hablantes pueden reducir desemejanzas de pronunciación con otros hablantes haciendo uso de pronunciaciones intermedias entre las de los dos dialectos en contacto, lo que da lugar al proceso de ***aproximación*** *(approximation)* y al desarrollo de ***falsos dialectos*** *(fudged dialects)*; esto es, variedades lingüísticas en las que la acomodación en situaciones de contacto entre dialectos es incompleta por ser parcial a nivel *fonético*.

Norwich antes que a Sheffield, y a Sheffield antes que a Newcastle» (Trudgill 1986 a: 40). La radio y la televisión, por consiguiente, sólo juegan un papel esencial en la difusión de determinadas innovaciones que son rasgos lingüísticos altamente prominentes, como palabras nuevas, expresiones idiomáticas o pronunciaciones de moda de palabras específicas, que son *imitadas* o *copiadas* de la televisión o la radio, pero que no han sufrido acomodación alguna.

Peter Trudgill (1986 a: 62) propone que, del mismo modo que existen formas de *interlengua* —en el sentido de Selinker (1972)— en situaciones de contacto entre lenguas, también hay formas *interdialectales*, tales como formas intermedias, hiperdialectalismos e hipercorrecciones, en situaciones de contacto entre dialectos con acomodación incompleta: «la etiqueta 'interdialecto' tiene el propósito de referirse a las situaciones en las que el contacto entre dos dialectos conduce al desarrollo de formas que en verdad no ocurrieron originariamente en ninguno de ellos». Trudgill (1986 a: 63) nos ofrece diferentes ejemplos de formas interdialectales, a nivel léxico, en zonas de transición:

> ... tenemos el bien conocido ejemplo del dialecto alemán en el que un área donde 'patata' es *grundbirne* 'pera de tierra' está separada de otra donde es *erdapfel* 'manzana de tierra' por un área intermedia en la que la forma es *erdbirne*. Un ejemplo del mismo fenómeno en el inglés moderno es el uso de *take away* en el centro y sur de Inglaterra para referirse a los restaurantes chinos y a cualquier otro establecimiento en el que se puede comprar comida para llevar. Este área del centro-sur de Inglaterra está dividida de una del norte (principalmente Escocia e Irlanda del Norte), donde se emplea el término *carry out*, por un área intermedia (parte del norte de Inglaterra) donde se emplea la forma intermedia *take out*.

Si desde un punto de vista atomístico se ha podido ver que el fenómeno de contacto entre dialectos por medio de la acomodación lingüística da como resultado formas interdialectales, desde un punto de vista holístico, el fenómeno de contacto entre dialectos puede conducir a la mezcla de dialectos, lo que a su vez puede dar lugar, en determinadas circunstancias, y a través del mismo tipo de procesos y restricciones, al nacimiento de nuevos dialectos, esto es, variedades interdialectales totalmente nuevas (*cf.* Trudgill 1986 a: Cap. 3). Según Trudgill, los procesos implicados en la formación de dialectos nuevos serían los mostrados en el cuadro de la página siguiente.

En las situaciones de contacto y mezcla de dialectos (D_1 + D_2) puede haber un enorme grado de variabilidad lingüística en los estadios primarios, y los fenómenos del ***interdialecto*** —como las formas intermedias, hiperdialectalismos e hipercorrecciones— tienden a apa-

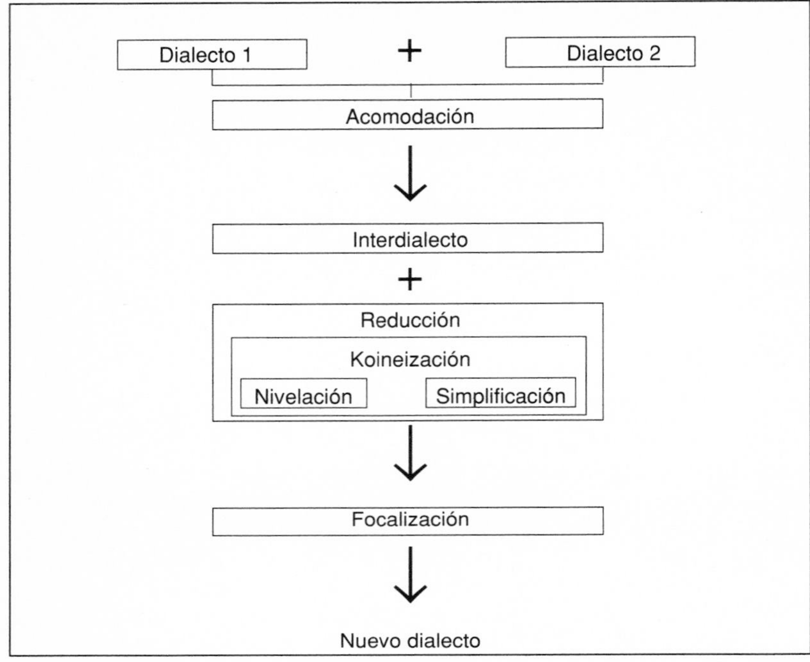

recer, en la interacción directa, mediante el proceso de ***acomodación***. Con el tiempo, empieza a tener lugar la ***focalización***[126] *(focusing)* mediante la ***reducción*** *(reduction)* de las variantes presentes en la mezcla. A su vez esta reducción ocurre por medio del proceso de ***koineización***, consistente en los procesos de *nivelación*, *(levelling)*, —la pérdida de variantes complejas, marcadas o minoritarias presentes en la mezcla de dialectos en favor de formas más simples, no marcadas, o mayoritarias— y de *simplificación* —básicamente, una reducción de irregularidades—. Después de la koineización y la focalización,[127]

126. *Cf.* los términos de variedades *focalizadas* y *difusas* de Le Page en **III.2.**

127. «Sin embargo, incluso después de la koineización puede que sobrevivan algunas variantes restantes de la mezcla original. Donde esto sucede, puede haber un *reajuste* [*reallocation*], de manera que las variantes procedentes originariamente de dialectos regionales diferentes pueden llegar a ser, en el nuevo dialecto, *variantes dialectales de clase social, variantes estilísticas, variantes espaciales* o, en el caso de la fonología, *variantes alofónicas*» (Trudgill 1986 a: 126).

el proceso de ***formación de un nuevo dialecto*** se completa y el nacimiento de éste ha tenido lugar.[128] Según Peter Trudgill (1990 f), la formación de un nuevo dialecto suele ocurrir en:

—**Situaciones de dialectos coloniales:** desde el punto vista lingüístico es la más importante, puesto que la mezcla de dialectos en ausencia de algunos anteriormente existentes se considera que es, junto con la interacción, la única explicación de la estructura de un nuevo dialecto: «por ejemplo, un nuevo dialecto del inglés ha surgido en Australia como consecuencia de la mezcla de dialectos procedentes originariamente de diferentes partes de las Islas Británicas. El mismo proceso puede presenciarse en el caso de los dialectos del hindi en las Islas Mauricio y Trinidad, y en muchos otros casos».

—**Nuevas ciudades:** «donde se planifican y construyen nuevas ciudades, como Milton Keynes en Inglaterra o Rjukan en Noruega, en áreas que anteriormente eran rurales, normalmente hay mucha mezcla de poblaciones y de dialectos, conforme van llegando los nuevos habitantes procedentes de las diferentes partes del país en cuestión. Puede desarrollarse un nuevo dialecto que sería muy diferente al de las áreas inmediatas».

—**Una rápida expansión urbana:** ésta es la situación menos interesante, porque con lo que aquí trataríamos sería con la influencia de dialectos nuevos en uno ya existente: «fenómenos similares también ocurren en las situaciones en las que los pueblos o pequeñas ciudades ya existentes sufren una rápida expansión, con una fuerte inmigración de otros lugares, como consecuencia de, digamos, un desarrollo industrial, como el que tuvo lugar en Høyanger a principios de este siglo. Puede que aparezca un nuevo dialecto que sería bastante diferente del original».

Hemos tratado el cambio lingüístico tanto en un micro-nivel de interacción —en una determinada comunidad de habla con variantes sociales en contacto— como en un macro-nivel de interacción —con determinadas variedades regionales o lenguas en contacto—. A pesar de

128. El contacto entre dialectos también puede conducir al proceso de *mortandad dialectal* (*dialect death*), con una consiguiente pérdida de conocimiento por parte de la gente sobre cómo se habla exactamente su dialecto local.

estas generalizaciones formuladas a partir de observaciones empíricas, «el cambio lingüístico constituye uno de los grandes misterios sin resolver de la ciencia lingüística, y el enigma de la causa y propósito de éste es un reto con el que generaciones de lingüistas y filólogos han luchado [...] Hemos llegado a ser muy expertos explicando por qué ocurren determinados cambios lingüísticos, y por qué se espera que tengan lugar unos más que otros. Sin embargo, todavía somos muy inexpertos explicando su funcionamiento: ¿por qué determinados cambios ocurren en una variedad lingüística concreta en un momento dado, y no en otras variedades u otros momentos?» (Trudgill 1992 b: vii). Por muy enigmáticos y llenos de inconvenientes que estén, el estudio de las situaciones de lenguas y dialectos en contacto, los mecanismos del cambio lingüístico y su difusión, sus escenarios sociales y geográficos, la naturaleza de su variabilidad y la estructura de los sistemas lingüísticos constituyen puntos de convergencia en el perfeccionamiento de la teoría lingüística y, en último término, de nuestro conocimiento de la naturaleza del lenguaje en cuanto capacidad humana.[129]

---

129. Para más detalles sobre el cambio lingüístico en las situaciones de dialectos en contacto, véase Peter Trudgill (1978 a, 1983 b: Cap. 5, 1986 a, 1986 b, 1986 c, 1988 a, 1989 a, 1989c, 1990 f, 1990 g, 1992 c), y Peter Trudgill y Tina Foxcroft (1978). Otros trabajos interesantes sobre la variación y el cambio lingüísticos son, entre otros, los de Jenny Cheshire (1982), R.L. Cooper (1982), Suzanne Romaine (1982), I. Rauch y G.F. Carr (eds) (1983), Jean Aitchison (1991), y James Milroy (1992).

CONCLUSIÓN

> *«Cuanto más sepamos sobre una lengua, más podremos descubrir sobre ella»*
>
> William Labov (1972 c: 98)

Con la intención de ser simplemente un recordatorio de lo que se ha discutido en los capítulos previos, aquí trataremos de responder a la pregunta '¿cuáles son las contribuciones de Peter Trudgill a la Lingüística, en general, y a la *Sociolingüística*, en particular?'.

• Ha contribuido decisivamente a proporcionar una dimensión social a la *Lingüística*: «hay una estrecha interrelación entre el lenguaje y la sociedad». Un sistema lingüístico monolítico era incapaz de explicar el hecho de que la estructura social pudiera mantener alguna relación *causal* con esas variaciones presentes en la lengua. Principalmente en los años sesenta, hubo una lógica reacción contra este modelo teórico del lenguaje que dió lugar a un cambio de la noción de comunidad de habla *sistemáticamente homogénea* a *regularmente heterogénea*.

• Ha sido el pionero de la Sociolingüística laboviana en Gran Bretaña, llevando a cabo la primera aplicación a gran escala de una investigación de estilo laboviano en una comunidad de habla de las Islas Británicas, la ciudad de Norwich.

• Ha delimitado y clasificado los estudios dentro del espectro de *lenguaje* y *sociedad* según sus objetivos, diferenciando aquellos estudios que él considera claramente sociolingüísticos por naturaleza, ya que utilizan datos sociológicos y/o lingüísticos con fines exclusivamente lingüísticos, de aquéllos que claramente no lo son, puesto que utilizan datos lingüísticos con fines meramente sociológicos. Divide los estudios de *lenguaje* y *sociedad* en **1)** aquéllos en los que los objetivos son completamente sociológicos: la *Etnometodología*; **2)** aquéllos en los que los objetivos son en parte sociológicos y en parte lingüísticos: la *Sociología del Lenguaje*, la *Psicología Social del Lenguaje*, la *Lingüística Antropológica*, el *Análisis del Discurso*, y la *Etnografía de la Comunicación*; y **3**) aquéllos en los que los objetivos son puramente lingüísticos: la *Dialectología Tradicional*, la *Lingüística Secular*, y la *Geolingüística*.

• Se ha ocupado de las relaciones entre la *Dialectología Tradicional* y la *Sociolingüística*, donde ha llevado a cabo sus investigaciones más importantes, considerando a la segunda, en cierto sentido, como la consecuencia natural de la primera, e incluso sugiriendo la *Geolingüística* como la confluencia de la *Dialectología*, la *Sociolingüística Laboviana*, y la *Geografía Humana*.

• A pesar de ser la *Sociolingüística*, intrínsecamente, la rama más aplicada de la **Lingüística** —puesto que implica la interacción del *lenguaje* y la *sociedad*—, Peter Trudgill (1984 a) ha encontrado perfectamente factible y legítimo distinguir entre teoría y aplicaciones en esta disciplina: *Sociolingüística Teórica*, por un lado, y *Sociolingüística Aplicada*, por otro. La primera trata de obtener una mayor comprensión de la naturaleza del lenguaje, e incluso de la sociedad, y la segunda se ocupa de la aplicación de los descubrimientos teóricos sociolingüísticos para la solución de problemas reales. Es de destacar, en este sentido, la *Sociolingüística Forense*, la *Sociología Aplicada del Lenguaje*, o el *Análisis Aplicado del Discurso*, todas ellas interdisciplinares. Este interés por el valor práctico de la investigación sociolingüística está motivado por dos principios labovianos: el *Principio de Corrección del Error ('The Principle of Error Correction')*, que postula que:

> El científico que se percate de que una idea o práctica social muy difundida de importantes consecuencias es invalidada por sus propios datos científicos está obligado a poner este error en conocimiento de la mayor audiencia posible.
>
> *William Labov (1982 : 172)*

y el *Principio del Deber Contraído ('The Principle of the Debt Incurred')*:

> El investigador que posea datos lingüísticos de los miembros de una comunidad de habla tiene la obligación de ponerlos en conocimiento de ésta cuando los necesite.
>
> *William Labov (1982 : 173)*

• Ha revisado y redefinido conceptos que son fundamentales en el enfoque sociolingüístico del lenguaje: *lengua, dialecto, variedad, voz, acento, estilo, registro, autonomía, heteronomía, slang, cant, jerga, argot, lingua franca, pidgin, criollo*, etc. Hasta los años sesenta, el lenguaje y muchos fenómenos relacionados con éste han sido considerados desde un punto de vista muy limitado y normativo, basado en ese modelo teórico monolítico, al que hicimos referencia con anterioridad.

• Ha criticado y mostrado como indeseable la presencia, en el Reino Unido, de determinadas actitudes sociales frente a la lengua que evidencian el carácter arbitrario y subjetivo de nociones como las de *corrección, adecuación* y *estética* de las lenguas, en general, y de los dialectos y acentos del inglés, en particular. Mucha gente en Inglaterra no sabe que el inglés estándar, es un dialecto igual que cualquier otra variedad no estándar, ni que el problema **inglés estándar** *vs* **inglés no estándar** no debería confundirse con el problema del lenguaje **formal** *vs* **informal**, ni que la dualidad estándar/no-estándar no debería ser relacionada con dicotomías como **correcto** *vs* **incorrecto**, **adecuado** *vs* **inadecuado** o **estético** *vs* **antiestético**. Esta situación en Gran Bretaña tiene mucho que ver con la fuerte relación existente entre los *acentos* y *dialectos*, por un lado, y los antecedentes *sociales* y *regionales*, por otro.

• Es un defensor de la tolerancia y la diversidad lingüísticas: no sólo ha defendido las variedades lingüísticas de las actitudes sociales, sino que también ha intentado apoyar y subsanar la carencia de información instruida sobre la diversidad lingüística de las Islas Británicas y del mundo de habla inglesa en general. Su defensa de ésta pluralidad tiene como base el hecho de que las barreras lingüísticas a la comunicación que ésta implica conducen también a la diversidad cultural:

> Por supuesto, desde muchos puntos de vista es cierto que un gran aumento de la diversidad lingüística a nivel mundial sería desafortunado. Concretamente en la esfera de la política internacional, es conveniente que los diferentes pueblos puedan comunicarse lo más libre y acertadamente posible. Pero, al mismo tiempo, también es válido defender que el mantenimiento de un cierto número de barreras lingüísticas a la comunicación es algo bueno. Estas barreras, si bien son penetrables, garantizan la supervivencia de diferentes comunidades lingüísticas.

> Y la división de la población mundial en diferentes grupos hablantes de lenguas también diferentes fomenta el desarrollo de la diversidad cultural, lo que a su vez puede conllevar oportunidades para el desarrollo de modelos alternativos de explorar posibilidades de progreso social, político y tecnológico. Un mundo en el que todos hablasen la misma lengua podría ser un lugar muy insípido y anquilosado.
>
> *Peter Trudgill (1975a: 16)*

Su visión del lenguaje como fenómeno social, estrechamente ligado a la estructura social y a los sistemas de valores de la sociedad, y su apología por la diversidad y tolerancia lingüísticas como portadores de la diversidad cultural en Inglaterra han sido subrayados insistentemente:

> Inglaterra sería un lugar más pobre sin su rico mosaico de dialectos regionales.
>
> *Peter Trudgill (1990 a: 18)*

> Afortunadamente, sin embargo, es cierto que nunca habrá una total uniformidad en todo el país, porque las innovaciones seguirán siempre extendiéndose y retrocediendo, y seguirán, por tanto, produciendo el rico mosaico de variación regional de pronunciación que siempre ha caracterizado a Inglaterra desde que, por primera vez, el inglés se convirtió en su lengua.
>
> *Peter Trudgill (1990 a: 78)*

> Los dialectos tradicionales y los dialectos modernos de Inglaterra forman parte de nuestro entorno lingüístico, y deberían protegerse, exactamente de la misma manera que nuestro entorno físico.
>
> *Peter Trudgill (1990 a: 126)*

• En este mismo sentido de la diversidad lingüística y concretamente la tolerancia, Trudgill ha contribuido a la solución de problemas educativos de Inglaterra relacionados con esas actitudes sociales, más que lingüísticas, frente a los acentos/dialectos sociales/regionales rechazando el enfoque tradicional de la 'eliminación del inglés no estándar' y sosteniendo que la política ideal debería ser la combinación de los enfoques del 'bidialectismo' y la 'apreciación de las diferencias dialectales': «enseñar el inglés estándar en las escuelas, mediante el método del bidialectismo, a la vez que intentar cultivar la tolerancia del dialecto» (Trudgill 1975 a: 71).

• Ha subrayado además la importancia de los *tacos*, los *marcadores discursivos* y los *términos de slang* dentro del repertorio verbal de una lengua. A pesar de estar estigmatizados —se les considera 'lenguaje indecente'— tienen sus funciones específicas en el habla y soportan los valores culturales de la sociedad. Además, si se les considera 'lenguaje indecente', debe quedar claro que la 'indecencia' no se encuentra inherentemente presente en la lengua, sino más bien en el punto de vista que la gente tiene sobre ésta: «*el lenguaje indecente no es sólo una cuestión de lenguaje. También es una cuestión de personas*».

• Mediante sus investigaciones en *Lingüística Secular*, con la correlación de variables lingüísticas, sociales y contextuales, ha participado en el desarrollo de los estudios de la *variación* y la constatación de la *variabilidad*, en cuanto capacidad de variación, como un fenómeno en el que están involucrados tanto factores sociales (clase, sexo, edad, raza, religión, redes sociales, ambición social, etc.) como lingüísticos, contextuales y situacionales: aparece la *variable sociolingüística* como aquella variable lingüística que se correlaciona significativamente con variables sociales; esto es, formas socialmente diferentes pero lingüísticamente equivalentes de decir lo mismo.

• Ha popularizado un concepto introducido por William Labov, el *prestigio encubierto* —esos valores ocultos asociados con el habla no estándar y normalmente no expresados de modo manifiesto. Asumiendo que «el prestigio encubierto refleja el sistema de valores de nuestra sociedad y de las diferentes subculturas dentro de ésta» fue capaz de detectarlo, medirlo y cuantificarlo en su investigación sobre Norwich.

• Ha contribuido al desarrollo de los estudios del *cambio lingüístico* y su *difusión*: el progreso de un cambio depende en gran medida de **factores sociales** (clase, edad, sexo, raza, etc., como *barreras sociales* que establecen una *distancia social*), **factores geográficos** (montañas, ríos, zonas pantanosas, distancia geográfica, etc., como *barreras geográficas* naturales), y ciertos **entornos lingüísticos** que lo permitan.

• Ha investigado las lenguas y dialectos en contacto, siendo quien más conocimiento de primera mano tiene sobre diferentes situaciones de lenguas/dialectos en contacto y estudios de casos poco conocidos o raramente citados: introdujo el concepto de *criolloide*, o criollo abortado, para referirse a aquellas variedades que, como consecuencia de un contacto lingüístico, han sufrido simplificación y mezcla, pero nunca han experimentado el proceso de reducción asociado con la pidginización completa ni, por consiguiente, el de expansión asociado con la criollización. Al igual que los pidgins y los criollos, los criolloides son el resultado de cambios lingüísticos antinaturales en situaciones de alto contacto.

• En relación con el cambio lingüístico en las situaciones de contacto, cabe destacar su propuesta del concepto de *interdialecto* —como equivalente al de interlengua— en casos de dialectos en contacto con acomodación incompleta: «la etiqueta 'interdialecto' tiene el propósito de referirse a las situaciones en las que el contacto entre dos dialectos conduce al desarrollo de formas que en verdad no ocurrieron originariamente en ninguno de ellos».

Uno de los principales dogmas presentes en las investigaciones de Trudgill es el principio laboviano «cuanto más sepamos sobre una lengua, más podremos descubrir sobre ella», que significa sencillamente, en sus propias palabras, que «cuanto más sepamos sobre una variedad lingüística, más podremos entender sobre su naturaleza y su estructura, y más podremos saber sobre el tipo de cuestiones que hemos de plantearnos a la hora de planificar otras investigaciones» (Trudgill 1983 b: 34-5). Trabajos como los llevados a cabo por el profesor Peter Trudgill hasta ahora consolidan el campo de la ***Sociolingüística***, ofreciéndole más base teórica obtenida a través de investigaciones empíricas, e iluminan el camino que nos ha de llevar a un mayor progreso en el estudio de la naturaleza y estructura del lenguaje.

APÉNDICE: ENTREVISTA CON EL PROFESOR PETER TRUDGILL[130]

P.: En sus obras apenas hay referencias históricas (en cuanto a autores, obras y movimientos teóricos) relacionadas con los orígenes y desarrollo de la *Sociolingüística*, ¿podemos, por tanto, decir que es porque se considera a usted mismo como un *practicante* de esta disciplina, con todo lo que ello implica, más que un autor que describe la teoría; esto es, un lingüista del *mundo real* más que un lingüista de *sillón*?

R.: **Sí, pienso que sí. Me considero ante todo un lingüista y pienso que es importante hacer trabajos prácticos [...] Como decía, me considero, en primer lugar, un lingüista y, en segundo lugar, un sociolingüista, aunque supongo que en lo que yo estoy realmente interesado es en la *Variación Lingüística* tanto social como histórica; creo que es importante basar el trabajo en estos campos en la *investigación empírica*, y no creo que haya nada más estéril que teorizar sin datos científicos, especialmente las clasificaciones teóricas de tipo taxonómico. Por tanto, yo indudablemente prefiero la teoría cuando surge de los datos más que al contrario.**

---

130. La siguiente entrevista, realizada por el autor del presente trabajo, tuvo lugar en el despacho de Peter Trudgill en el Departamento de Lengua y Lingüística de la Universidad de Essex, los días 13 y 14 de Noviembre de 1991. Debido a su relevancia consideramos conveniente su inclusión como apéndice.

P.: Aparte de esta consideración suya como empirista, ¿dónde se le puede situar a usted en la Sociolingüística Británica? ¿Hay diferentes escuelas, direcciones o líneas? ¿qué piensa de los Milroys, Halliday, Gregory y Carroll, Hudson, etc.?

R.: **Sí. Pienso que lo primero que hay que decir de la Sociolingüística Británica es que, si quieres, el 'abuelo' de la Sociolingüística Británica fue indudablemente, en mi opinión, Bob Le Page. Él es quien ha influido más en el tipo de *Sociolingüística* que yo hago, en la que los Milroy han hecho, en la que Jenny Cheshire ha hecho, y también me gustaría mencionar a Suzanne Romaine en esta relación porque, si bien ella no es británica, estuvo aquí durante mucho tiempo y fue muy influyente; y continuando en esta misma tradición está, por ejemplo, Paul Kerswill, ahora en la Universidad de Reading, quien está haciendo este mismo tipo de investigación, que es básicamente investigación de tipo laboviano, pero con una cierta influencia del modo de pensar de Le Page. De hecho, hace un cierto tiempo, hice una ponencia sobre la Sociolingüística Británica en la que mostré el modo en que mi trabajo, el de Romaine y el de los Milroy han sido influidos por Le Page. Luego, por otro lado, tienes a otros que tú mencionas que están más en la tradición del lingüista británico Firth, que da lugar al trabajo de Halliday y de ahí supongo que al de gente como Sinclair, Coulthard y otros. Pienso que ese es otro tipo de tradición que es mucho menos empírica, en el sentido de que no es realmente *Lingüística Secular* del tipo laboviano y es una especie de lingüística *social* más que *socio*-lingüística, pienso. Yo indudablemente no me situaría en esa tradición. Pero, aun así, creo que es justo decir que la persona más influyente en la Sociolingüística Británica ha sido indudablemente Labov, ¡quien, desde luego, no es británico en absoluto!**

P.: Por tanto, dos líneas: una empirista, estadounidense, laboviana y adaptada al mundo británico por Bob Le Page...

R.: **Sí, bueno, no adaptada. Creo que Le Page no ha sido particularmente influido por Labov, sino que la gente más joven que él,**

casi todos... , porque él fue la primera persona en Gran Bretaña que hizo Sociolingüística, aunque la gente tiende a pensar que fui yo el primero...

P.: Sí, eso es lo que yo he escrito y es lo que quería preguntarle...

R.: **Sí, porque Le Page hizo la mayoría de su trabajo de *Sociolingüística* en el Caribe, y mucho del que hizo fue antes de que la palabra 'sociolingüística' comenzara a ser utilizada; y él no ha publicado mucho, pero ha sido muy influyente. Por tanto, yo diría 'no adaptada' —él no adaptó el trabajo laboviano— sino que más bien lo que tú ves en el trabajo de gente más joven como los Milroys, yo mismo, aunque sin duda nosotros hemos hecho aportaciones fundamentales, es una especie de síntesis de la corriente de Le Page y la metodología de Labov, pienso. Y luego tienes la otra línea, que es la *Lingüística* de Halliday, que no es en absoluto *Sociolingüística* realmente del tipo laboviano.**

P.: ¿Y Hudson?

R.: **Hudson, sabes, no hace *Sociolingüística*. Hudson no es un sociolingüista, y hay un buen número de gente por ahí como Hudson y Wardhaugh que han escrito libros sobre *Sociolingüística* pero que nunca han hecho ninguna. Hudson, pienso, estaría de acuerdo con esto, con que él no es un *practicante* de la *Sociolingüística*; él tiene ideas sobre *Sociolingüística*, asiste a conferencias de *Sociolingüística* y contribuye muy valiosamente, pero él nunca ha hecho realmente ninguna. Él nunca ha salido fuera realmente ni ha conseguido datos científicos por sí mismo. Por tanto este trabajo es un poco parasitario, especialmente el de Wardhaugh, porque él nunca ha hecho una aportación original, él ha hecho libros muy útiles y buenos, pero en los que todo es informar sobre lo que otra gente ha hecho.**

P.: Trabajos más teóricos...

R.: **No particularmente teóricos, en el sentido de que ellos no han ... bueno, Wardhaugh no ha introducido ninguna perspectiva**

teórica nueva. Hudson sí ha pensado sobre aspectos sociolingüísticos desde un punto de vista teórico.

P.: Por tanto, dos líneas y una en medio sin definirse, ni empírica ni teórica.

R.: **Exacto, una especie de línea de escritura de libros de texto.**

P.: ¿Y Michael Gregory y Susanne Carroll?

R.: **Sí, ellos están en la línea de Halliday.**

P.: Por tanto, se le puede considerar a usted como el pionero de la sociolingüística laboviana en Gran Bretaña.

R.: **Sí, fui una de las primeras personas que siguió a Labov y ciertamente fui el primero en seguirlo aquí.**

P.: Él escribió *The Social Stratification of English in New York City* y usted escribió, muy poco después, *The Social Differentiation of English in Norwich...*

R.: **Exacto. Él publicó su libro en 1966 y... mi tesis fue acabada en 1971 pero comencé a trabajar en ella en 1967. La de Labov fue publicada en el 66, y en el 67 yo empecé a hacer mi investigación.**

P.: Y, más tarde, él publicó sus *Sociolinguistic Patterns* y usted los *Sociolinguistic Patterns in British English.*

R.: **Sí, fue un seguimiento a propósito y muy consciente de sus ejemplos. De hecho, en *Sociolinguistic Patterns of British English* dije, en el Prefacio, que nosotros elegimos a propósito ese título para demostrar que estábamos trabajando dentro del paradigma laboviano.**

P.: Por tanto podemos decir que los dos líderes, *lingüistas seculares*, son Labov, en los Estados Unidos, y usted en el Reino Unido.

R.: **Si por 'líderes' entiendes 'primeros cronológicamente', sí.**

P.: Hemos dicho que en su obra apenas hay referencias históricas sobre los orígenes de la *Sociolingüística*, y las que hay se refieren a la *Dialectología Tradicional*. ¿Quiere esto decir que considera a la *Sociolingüística* como 'la moderna, urbana, Dialectología', esto es, como la evolución natural de la *Dialectología*?

R.: **Pienso que sí. Creo que la sociolingüística laboviana representa, en cierto sentido, una consecuencia natural o continuación de la tradición dialectológica, especialmente porque la motivación original de la Dialectología era responder a cuestiones lingüísticas históricas, y Labov la relacionó también con el cambio lingüístico. Por tanto, yo diría que la sociolingüística de Labov está estrechamente relacionada con la Dialectología.**

P.: ¿Y la *Geolingüística*, como la confluencia de la *geografía dialectal* (***Dialectología Tradicional***), *dialectología urbana* (***Lingüística Secular***) y la *geografía humana* (***Ciencias Sociales***)? ¿Se puede considerar esta disciplina como la *Sociolingüística Auténtica*, con objetivos puramente lingüísticos?

R.: **¿La *Geolingüística* en el sentido en el que Chambers y yo la utilizamos?**

P.: Sí.

R.: **Sí, yo diría que en ese sentido la *Geolingüística* es un tipo particular de *Lingüística Secular*, pero que se concentra en la dimensión geográfica.**

P.: ¿Hay revistas de *Sociolingüística* en el Reino Unido, aparte de las generales *Language in Society, The International Journal of the Sociology of Language*, etc.?

R.: **No, no hay. También hay una revista bastante reciente que edita Labov, *Language Variation and Change. Language Variation and Change* y *Language in Society* son de Cambridge University Press, en ese sentido son británicas, pero ambas tienen editores y equipos de editorial norteamericanos.**

P.: El término *sociolecto* sólo lo he visto en sus obras creo que una o dos veces y el término que normalmente aparece es *dialecto social*, que es el utilizado en el mundo británico. ¿Hay alguna diferencia para preferir uno en lugar del otro?

R.: **Sí, debo decir que es algo sobre lo que no he pensado mucho. Creo que lingüísticamente es más fácil hablar de *dialectos sociales* y *dialectos regionales*, y eso es lo que normalmente hago. Otra gente dice *socio*-lecto pero normalmente no dicen '*regio*-lecto', aunque alguna gente lo hace, y otra gente —C.J. Bailey concretamente— utiliza el termino *lecto* para referirse a 'variedades' sin especificar si son regionales o sociales, porque, después de todo, todas las variedades son tanto regionales como sociales simultáneamente —depende del punto de vista desde el que lo mires en un momento determinado. Pero... no... no estoy especialmente interesado por el término *sociolecto* pero tampoco me opongo a él, creo que *sociolecto* y *dialecto social* significan exactamente la mismo cosa.**

P.: Según la lectura que he hecho de su obra, parece que usted acuñó, creó, el término *criolloide*...

R.: **Sí, lo hice, acuñé el término *criolloide*, pero también lo hizo otra gente, al menos otra persona y creo que quizás dos, de forma independiente. La otra persona de la que tengo constancia es John Platt, que era australiano —murió muy recientemente—; él trabajó sobre el inglés de Singapur y Malasia y sostenía que al**

menos algunas formas de inglés, formas de inglés como segunda lengua habladas allí, podrían ser llamadas *criolloides*. Por tanto su uso del término no es en realidad exactamente igual que el mío, pero tampoco totalmente diferente.

P.: ¿Y el término *generolecto*? lo utilizó el pasado año en el Curso de **Sociolingüística** aquí en la Universidad de Essex pero no aparece en sus trabajos.

R.: **Sí, a mí particularmente no me gusta, porque sugiere —... bueno todos estos términos pueden sugerir si no tienes cuidado (*sociolecto, dialecto...*)— que estás hablando de variedades discretas o distintas, pero, si por *generolecto* tú simplemente quieres referirte a la forma en que hombres y mujeres hablan, creo que es un poco desafortunado, en el sentido de que sugiere que estas formas de hablar, estas variedades son mucho más distintas de lo que en realidad son. Yo no me opongo firmemente a él, pero no es un término que yo haya utilizado en mi obra.**

P.: *Sociolingüística Teórica* versus *Sociolingüística Aplicada*. ¿Podemos decir que a lo largo de los pasados años, la *Sociolingüística* ha ido construyendo sus fundamentos teóricos, de forma que ahora podemos diferenciar entre la teoría sociolingüística, por un lado, y sus aplicaciones, por otro?

R.: **Sí, pienso que sí.**

P.: ¿Podemos decir que prefiere la *Sociolingüística Aplicada* más que la *Sociolingüística Teórica*?

R.: **Creo que la *Sociolingüística Aplicada*, como cualquier otra cosa aplicada, consiste simplemente en utilizar los descubrimientos de la investigación sociolingüística y aplicarlos a la solución de cualquier problema del mundo real, para el que sea relevante. Yo prefiero no hacer *Sociolingüística Aplicada*, pero creo que de algu-**

na manera tienes una obligación de hacer algo si con ello puedes ayudar a solucionar problemas del mundo real.

P.: ¿Qué quiere decir cuando manifiesta que la *Sociolingüística* se entiende en Europa de manera diferente a como se entiende en Gran Bretaña y los Estados Unidos?

R.: **Por supuesto, yo no conozco en profundidad lo que ocurre en los diferentes países europeos. Pero sé que, por ejemplo, la Sociolingüística Alemana ha estado tradicionalmente mucho menos orientada hacia el tipo de trabajo laboviano que la Sociolingüística Británica; y muchos investigadores en Alemania, que se autodenominan sociolingüistas, se interesaron mucho por el trabajo de Bernstein, ¡aunque Bernstein no es en absoluto un lingüista!, y menos un sociolingüista; sí, Ammon en concreto. Creo que si la *Sociolingüística* es algo, es precisamente un tipo de lingüística —Labov diría que «es una forma de hacer lingüística»—, y creo que esto es menos cierto en el caso de determinados investigadores europeos, aunque yo no los conozco lo suficiente como para emitir un juicio dogmático sobre ellos.**

GLOSARIO[131]

ACENTO *(accent)*: la pronunciación concreta de una variedad lingüística, que puede incluir rasgos que identifican al hablante regional y/o socialmente (*cf.* Trudgill 1983 a: 17).

ACENTO NO RÓTICO *(non-rhotic accent)*: aquel acento que no pronuncia el sonido /r/, presente gráficamente en una palabra, excepto seguido de vocal (la /r/ no prevocálica o también /r/ postvocálica).

ACENTO RÓTICO *(rhotic accent)*: aquel acento que pronuncia el sonido /r/, presente gráficamente en una palabra, tanto en posición prevocálica como no prevocálica.

ACROLECTO *(acrolect)*: término utilizado por Dereck Bickerton para hacer referencia al «dialecto de más prestigio en una comunidad de habla con varios dialectos sociales» (Trudgill 1984 b: 573).

ALTERNANCIA DE CÓDIGOS *(code-switching)*: véase CAMBIO DE CÓDIGO.

ANÁLISIS DEL DISCURSO *(discourse analysis)*: un campo sociolingüístico con objetivos tanto sociológicos como lingüísticos que «analiza de diferentes modos los textos y la interacción conversacional con la intención de obtener un mayor entendimiento de la cohesión y coherencia textual, y de las reglas para llevar a cabo e interpretar la conversación» (Trudgill 1984 a: 3).

ANTROPOLINGÜÍSTICA *(anthrolinguistics)*: véase LINGÜÍSTICA ANTROPOLÓGICA.

---

131. Para un glosario mucho más completo, véase Trudgill (1992 a).

ÁREA DE TRANSICIÓN *(transition area)*: término empleado por los dialectólogos para referirse a un área atravesada por muchas isoglosas o por un *haz de isoglosas*, y que no pertenece de modo claro a ningún *área focal*; son el resultado de que dos innovaciones diferentes recorren distancias similares, pero no idénticas, en direcciones diferentes.

ÁREA FOCAL *(focal area)*: término utilizado por los dialectólogos para referirse a un núcleo urbano, área nuclear o central, donde aparece y comienza a difundirse una innovación lingüística.

ÁREA REMANENTE *(relic area)*: término utilizado por los dialectólogos para referirse a aquellos territorios que conservan los rasgos lingüísticos de una etapa de desarrollo previa a la difusión de los nuevos; surgen como consecuencia de haber sido dejados atrás y aislados los territorios por dos cuñas de avance que se encuentran.

ARGOT *(argot)*: palabra francesa empleada, como *cant*, para hacer referencia al lenguaje de criminales, gitanos, vagabundos, vendedores ambulantes, etc.

BARRERA LINGÜÍSTICA *(language barrier)*: obstáculo, físico o social, a la difusión de cambios lingüísticos. Éstas pueden ser *barreras geográficas*, como las montañas, ríos o zonas pantanosas, o *barreras sociales*, como la clase social, edad, sexo, raza, religión, etc.

BASILECTO *(basilect)*: término empleado por Dereck Bickerton para hacer referencia a «la variedad más alejada de la de prestigio (*acrolecto*)» (Trudgill 1984 b: 573).

BIDIALECTISMO *(bidialectalism)*: «capacidad de uso de dos dialectos (ya sociales o ya regionales) de una lengua» (Trudgill 1984 b: 573).

CAMBIO DE CÓDIGO *(code-switching)*: «cambio de una variedad lingüística a otra, según los participantes, situación, imagen que el hablante quiere dar, etc.» (Trudgill 1984 b: 574).

CAMBIO DE ESTILO *(style shift)*: el cambio de un *estilo* a otro dependiendo de la situación o contexto social.

CAMBIO DE LENGUA *(language shift)*: «el cambio de uso regularizado del estatus de *lengua materna*, como frecuentemente ocurre en las comunidades de inmigrantes» (Trudgill 1984 b: 576).

CAMBIO DESDE ARRIBA *(change from above)*: se refiere a los cambios lingüísticos producidos por encima del nivel de conocimiento consciente de los hablantes; i.e., cambios producidos conscientemente.

CAMBIO DESDE ABAJO *(change from below)*: se refiere a los cambios lingüísticos producidos por debajo del nivel de conocimiento consciente de los hablantes; i.e., cambios producidos inconscientemente.

CANT *(cant)*: término empleado por el mundo marginal para referirse al lenguaje de criminales, gitanos, vagabundos, vendedores ambulantes, etc.

CLASES DE ELOCUCIÓN *(elocution lessons)*: clases «que normalmente se permiten los grupos socialmente inseguros en una sociedad —a menudo el grupo segundo más alto— que desean mejorar su posición social y económica adquiriendo los adornos externos de la clase de estatus más elevado, incluyendo un acento de más prestigio que el que ellos (o sus hijos) en ese momento tienen» (Andersson y Trudgill 1990 : 138).

COMPETENCIA COMUNICATIVA *(communicative competence)*: término introducido por el lingüista y antropólogo Dell Hymes por analogía con el de *competencia* de Chomsky: todos los hablantes nativos de una lengua tienen que saber no sólo la gramática, fonología y vocabulario de ésta sino también cómo *usar* la lengua apropiadamente en la sociedad en que viven. La *Etnografía de la Comunicación* incluye el estudio de lo que es necesario para ser comunicativamente competente en diferentes comunidades (*cf.* Trudgill 1992 a : 17).

COMPETENCIA RECEPTIVA *(receptive competence)*: término propuesto por la Gramática Polilectal para referirse a la habilidad de los hablantes para entender diversas variedades, por tener interiorizada alguna forma de gramática diasistémica.

COMPLICACIÓN *(complication)*: proceso opuesto al de SIMPLIFICACIÓN.

COMUNIDAD DE HABLA *(speech community)*: una comunidad de hablantes que comparten el mismo repertorio verbal y las mismas normas de comportamiento lingüístico (*cf.* Trudgill 1992 a).

CONVERGENCIA ACENTUAL *(accent convergence)*: término introducido por Howard Giles para hacer referencia al proceso por el que las diferencias de pronunciación entre dos interlocutores, los cuales desean conseguir la aprobación social uno del otro, se reducen mediante la adaptación de sus modelos acentuales (*cf.* Giles 1973; Trudgill 1986 a: 2).

CRIOLLO *(creole)*: es un *pidgin* que ha adquirido hablantes nativos (Trudgill 1983 a: 182).

CRIOLLIZACIÓN *(creolisation)*: «proceso por el cual un *pidgin* se convierte en un *criollo*, conllevando normalmente una expansión a nivel estructural (vocabulario, gramática) y estilístico» (Trudgill 1984 b: 575).

CRIOLLOIDE *(creoloid)*: término introducido por Peter Trudgill para referirse a aquellas variedades que, como consecuencia de un contacto lingüístico, han sufrido simplificación y mezcla, pero nunca han experimentado el proceso de reducción asociado con la pidginización completa ni, por consiguiente, el de expansión asociado con la criollización (*cf.* Trudgill 1983 b, 1989 a: 249, 1992 a).

CRITERIOS DEFINIDORES *(defining criteria)*: cuando una lengua actúa como una característica definidora, concretamente en aquellos casos en los que hay implicadas diferentes lenguas: los individuos se identifican a sí mismos como pertenecientes a un grupo étnico determinado dependiendo de cuál de las lenguas habladas en la comunidad sea la suya materna (*cf.* Trudgill 1983 a: 53-4).

CRITERIOS IDENTIFICADORES *(identifying criteria)*: cuando una lengua actúa como una característica identificadora, concretamente en aquellos casos en los que hay implicadas diferentes lenguas que conllevan diferenciación social (*cf.* Trudgill 1983 a: 53-4).

CUÑA DE AVANCE *(wedge)*: término empleado en la Dialectología para referirse a la forma que toma una innovación lingüística en proceso de difusión geográfica.

DESCRIOLLIZACIÓN *(decreolisation)*: proceso que hace que una lengua de contacto se parezca más a la lengua base, conllevando mecanismos de *purificación*, como opuesto al de mezcla, *complicación*, como opuesto al de simplificación, y *expansión*, como opuesto al de reducción.

DIALECTO *(dialect)*: «una variedad regional o social de una lengua que se distingue de otras por rasgos específicos de gramática y vocabulario, y que puede ser asociada con un *acento* distintivo» (Trudgill 1984 b: 575).

DIALECTO SOCIAL (*social dialect*): término empleado en ***Sociolingüística*** para referirse a una variedad lingüística (o lecto) definido en términos sociales (frente a los regionales).

DIALECTOS MAYORITARIOS *(mainstream dialects)*: término empleado por Peter Trudgill para referirse a los dialectos «hablados por la mayoría de la población anglófona y que difieren mucho menos unos de otros que los dialectos tradicionales» (Trudgill 1990 a: 5); pueden dividirse en el *Dialecto del Inglés Estándar* y los *Dialectos No Estándares Modernos*.

DIALECTOS MEZCLADOS (*mixed dialects*): variedades lingüísticas en las que la acomodación en una situación de contacto entre dialectos es incompleta por ser parcial a nivel léxico (*cf.* Trudgill 1986 a: 60).

DIALECTOS TRADICIONALES *(traditional dialects)*: término utilizado por Peter Trudgill para referirse a aquellos dialectos que son «variedades conservadoras y a menudo rurales principalmente habladas por gente mayor»; difieren considerablemente, en cuanto a sus características lingüísticas, de las variedades mayoritarias, i.e., de los *dialectos mayoritarios* (*cf.* Andersson y Trudgill 1990 : 165; Trudgill 1990 a : 5).

DIALECTOLOGÍA *(dialectology)*: «el estudio de formas lingüísticas variables geográficamente en áreas predominantemente rurales» (Chambers y Trudgill 1980 : 54).

DIALECTOLOGÍA TRADICIONAL *(traditional Dialectology)*: véase DIALECTOLOGÍA.

DIALECTOLOGÍA SOCIAL *(social dialectology)*: véase LINGÜÍSTICA SECULAR.

DIALECTOLOGÍA URBANA *(urban dialectology)*: véase LINGÜÍSTICA SECULAR.

DIALECTOMETRÍA (*dialectometry*): «uno de los más recientes esfuerzos, dentro de una larga línea de intentos, por descubrir los principios para evaluar o graduar las isoglosas una vez detectadas» (Chambers y Trudgill 1980 : 112); «trabaja con las respuestas de una sola palabra en los cuestionarios de informes dialectales y se ocupa de cuantificar grados de diferencia entre variedades aparentemente estáticas e invariables» (Trudgill 1983 b: 49).

DIASISTEMA *(diasystem)*: término introducido por Uriel Weinreich para referirse a un sistema de nivel superior que pudiera incorporar dos o más sistemas de dialectos.

DIFUSIÓN *(diffusion)*: «el estudio del progreso de las innovaciones lingüísticas» (Chambers y Trudgill 1980 : 163). «Se puede decir que la difusión ha tenido lugar, presumiblemente, en la primera ocasión en que un hablante emplea un rasgo nuevo *en ausencia* de hablantes de la variedad originariamente portadora de este rasgo —en otras palabras, cuando ya no es acomodación—» (Trudgill 1986 a: 40).

DIFUSIÓN GEOGRÁFICA *(geographical diffusion)*: la difusión de rasgos o cambios lingüísticos de un lugar a otro.

DIFUSION LÉXICA *(lexical diffusion)*: la difusión de cambios lingüísticos de una palabra a otra; «teoría por la que un cambio lingüístico se propaga de modo gradual por el vocabulario, de un morfema a otro» (Chambers y Trudgill 1980 : 175).

DIFUSIÓN LINGÜÍSTICA (*linguistic diffusion*): «la propagación de cambios lingüísticos de un entorno a otro» (Chambers y Trudgill 1980 : 182).

DIFUSIÓN REGIONAL *(regional diffusion)*: véase DIFUSIÓN GEOGRÁFICA.

DIFUSIÓN SOCIOLINGÜÍSTICA *(sociolinguistic diffusion)*: «la difusión de cambios lingüísticos de un grupo social a otro» (Chambers y Trudgill 1980 : 1982).

DIGLOSIA (*diglossia*): un determinado tipo de estandarización lingüística en el que dos variedades de una lengua coexisten en una comunidad de habla y en el que cada una de ellas tiene asignada una función social concreta (Trudgill 1983 a: 113).

DIVERGENCIA ACENTUAL *(accent divergence)*: término introducido por Howard Giles para hacer referencia al proceso por el que las diferencias de pronunciación entre dos interlocutores, los cuales no desean conseguir la aprobación social uno del otro, se amplían con el fin de afirmar la identidad propia (*cf.* Giles 1973; Trudgill 1986 a: 2).

EFECTO DE VECINDAD *(neighbourhood effect)*: la difusión gradual de rasgos lingüísticos de un lugar a otro inmediato geográficamente.

ESCALA IMPLICACIONAL *(implicational scale)*: aquella situación en la que un cambio lingüístico determinado provoca otro sucesivamente.

ESTILO *(style)*: «variedad de lengua dependiente de la situación, descrita en términos de formalidad vs. informalidad» (Trudgill 1984 b: 579).

ETNOGRAFÍA DEL HABLA *(ethnography of speaking)*: véase ETNOGRAFÍA DE LA COMUNICACIÓN.

ETNOGRAFÍA DE LA COMUNICACIÓN (*ethnography of communication*): un campo sociolingüístico con objetivos tanto sociológicos como lingüísticos que «se centra en el papel que el lenguaje desempeña en la 'conducta comunicativa de las comunidades' —las maneras en que el lenguaje realmente se utiliza en las diferentes culturas—» (Trudgill 1978b: 7).

ETNOLINGÜÍSTICA *(ethnolinguistics)*: véase ETNOGRAFÍA DE LA COMUNICACIÓN.

ETNOMETODOLOGíA *(ethnomethodology)*: una rama de la Sociología que se relaciona con algunos aspectos de la Sociolingüística, como el *análisis de la conversación*, por su uso, como datos científicos, de material conversacional grabado. Sin embargo, la mayoría de los etnometodologistas generalmente no están interesados en el lenguaje de la conversación como tal sino en el contenido de lo que se dice (*cf.* Trudgill 1992 a).

FALSOS DIALECTOS *(fudged dialects)*: variedades lingüísticas en las que la acomodación en una situación de contacto de dialectos es incompleta por ser fonéticamente parcial (fonéticamente intermedia entre las de los dialectos originales y base) (*cf.* Trudgill 1986 a: 60).

FORMA RECESIVA *(recessive form)*: «palabra, estructura o pronunciación anticuada cuyo uso está disminuyendo (geográfica o socialmente) frente a una forma más reciente» (Trudgill 1984 b: 578).

FORMAS INTERDIALECTALES *(interdialect forms)*: formas lingüísticas que no pertenecen a ninguna de las dos variedades lingüísticas en contacto.

FUSIÓN *(merger)*: término utilizado en Lingüística para referirse a la convergencia de unidades lingüísticas que eran diferenciables originariamente.

GRAMÁTICA NORMATIVA *(normative grammar)*: véase GRAMÁTICA PRESCRIPTIVA.

GRAMÁTICA POLILECTAL *(polylectal* o *panlectal grammar)*: término referido a una gramática que incorpora más de una variedad; la gramática polilectal se construyó sobre la dialectología generativa asumiendo que todos los hablantes pueden entender muchos más dialectos de que los que realmente hablan.

GRAMÁTICA PRESCRIPTIVA *(prescriptive grammar)*: gramática que ofrece a sus lectores las reglas sobre cómo debería utilizarse la lengua.

GENEROLECTO *(genderlect)*: término utilizado por algunos investigadores para referirse a la forma de hablar del hombre y la mujer.

GEOLINGÜÍSTICA *(geolinguistics)*: área sociolingüística introducida por Peter Trudgill que combina la *Geografía Lingüística*, la *Dialectología Urbana* y la *Geografía Humana*, y cuyos objetivos son puramente lingüísticos (*cf.* Chambers y Trudgill 1980).

HAZ DE ISOGLOSAS *(bundle of isoglosses)*: término empleado por los dialectólogos para referirse a una serie de isoglosas que circulan muy próximas en la misma dirección de tal modo que se asemejan a una auténtica frontera dialectal (*cf.* Chambers y Trudgill 1980 : 109-112).

HIPÓTESIS DE LA NORMA IMPUESTA *(imposed norm hypothesis)*: argumento que «sugiere que la variedad de prestigio es considerada como la más agradable simplemente por las normas culturales. Sostiene que un dialecto o acento estándar consigue su prestigio directamente del estatus del grupo social que, por casualidad, hablaba así» (Trudgill, Giles, Bourhis y Lewis 1974).

HIPÓTESIS DEL VALOR INHERENTE *(inherent value hypothesis)*: «un argumento que sostiene que un dialecto o acento goza de un prestigio determinado por ser inherentemente la forma más agradable de esa lengua»; la combinación de este argumento con el de la *teoría del déficit lingüístico* sugiere que «un dialecto estándar ha alcanzado su prestigio por encima de otras variedades por ser objetivamente la forma más agradable estéticamente y lingüísticamente la más sofisticada de esa lengua» (Trudgill, Giles, Bourhis y Lewis 1974).

HIPERCORRECCIÓN *(hypercorrection)*: es una forma de *hiperadaptación* consistente en los intentos por adoptar una variedad de habla más prestigiosa que, debido a una generalización excedida, conducen a la producción de formas que no ocurren en la variedad prestigiosa objeto de imitación (*cf.* Trudgill 1986 a: 66).

IDIOLECTO *(idiolect)*: «el habla de una persona concreta en un momento y estilos concretos» (Trudgill 1983 a: 32).

INDICADOR *(indicator)*: un cambio lingüístico producido por debajo del nivel de conocimiento consciente de los miembros de un subgrupo de una comunidad de habla y que no está sujeto a variación estilística.

INGLÉS ESTÁNDAR *(standard english)*: el dialecto hablado por aproximadamente el 12% de la población británica y utilizado como la variedad estándar a ser impartida en los colegios.

INTERDIALECTO *(interdialect)*: término introducido por Peter Trudgill referido a «las situaciones en las que el contacto entre dos dialectos conduce al desarrollo de formas que en verdad no ocurrieron originariamente en ninguno de los dialectos» (Trudgill 1986 a: 62).

INTERLENGUA *(interlanguage)*: término introducido por Larry Selinker referido a «una forma de lenguaje que surge cuando un hablante está intentando aprender una lengua extranjera y que se compone de rasgos lingüísticos de la lengua objeto de aprendizaje, o *target language*, y de la lengua materna y puede que de otros rasgos que no están presentes en ninguna de éstas» (Trudgill 1984 b: 576).

ISOGLOSA *(isogloss)*: una línea trazada en un mapa que indica los límites de uso de un determinado rasgo o fenómeno lingüístico.

ISOFONO *(isophone)*: una línea trazada en un mapa que separa las áreas geográficas con usos fonológicos peculiares.

JERGA *(jargon)*: término que se refiere al registro especializado interno de un grupo visto desde la perspectiva de un miembro ajeno al grupo; su término técnico en la ciencia lingüística es el de *registro*. En un sentido totalmente diferente, también se emplea este término para referirse a una forma de lenguaje surgida en una situación de contacto lingüístico como consecuencia de pidginización, pero que aún no ha sufrido estabilización, focalización ni ninguna otra forma de codificación informal incluso. A estas variedades lingüísticas difusas también se les llama *variedades prepidgin* (*cf.* Trudgill 1992 a).

KOINE *(koiné)*: una lengua común que no necesariamente tiene que ser la estándar; «una forma de habla compartida por personas de diferentes vernáculos —aunque para algunas de éstas la *koiné* misma puede ser su vernáculo—» (Petyt 1980 : 25).

KOINEIZACIÓN *(koinéisation)*: un proceso que a su vez comprende los procesos de *mezcla, nivelación* y *simplificación* (Trudgill 1986 a: 127).

LECTO *(lect)*: término utilizado por el lingüista norteamericano Charles-James Bailey para referirse aquella variedad o 'tipo de lengua' que es neutra en cuanto a si es un *sociolecto* o un *dialecto* (geográfico) (Trudgill 1992 a : 48).

LENGUA *(language)*: una lengua es «una variedad que es autónoma junto con todas aquellas variedades que son dependientes (heterónomas) de ésta» (Chambers y Trudgill 1980 : 11).

LENGUA BASE *(target/source language)*: la lengua objeto de aprendizaje, traducción, interpretación, etc. En el estudio de los *pidgins y criollos*, se refiere a la lengua de la que un *pidgin* o *criollo* se ha derivado.

LENGUA DE LA COMUNIDAD *(community language)*: «una lengua que es especialmente característica de un subgrupo específico de la sociedad» (Trudgill 1984 b: 574).

LENGUA FUENTE *(target/source language)*: véase LENGUA BASE.

LENGUA MATERNA *(mother tongue)*: «la lengua adquirida de modo natural por alguien en su niñez; la primera lengua adquirida o la primeramente utilizada en casa por un niño» (Trudgill 1984 b: 577).

LINGUA FRANCA *(lingua franca)*: «una lengua que se utiliza como medio de comunicación entre personas sin una lengua nativa común» (Trudgill 1983 a: 157).

LINGÜÍSTICA ANTROPOLÓGICA *(anthropological linguistics)*: área sociolingüistica con objetivos sociológicos y lingüísticos que «estudia la variación lingüística y uso en relación a los modelos culturales y creencias del hombre, tal y como se investiga con las teorías y métodos de la antropología» (Crystal 1985 : 18).

LINGÜÍSTICA INTERNA *(linguistique interne)*: véase MICROLINGÜÍSTICA.

LINGÜÍSTICA EXTERNA *(linguistique externe)*: véase MACROLINGÜÍSTICA.

LINGÜÍSTICA SECULAR *(secular linguistics)*: área sociolingüística con objetivos puramente lingüísticos introducida por el lingüista norteamericano William Labov que se basa en el trabajo empírico sobre la lengua hablada en su contexto social, tal y como es realmente usada en la vida de cada día, y está interesada en llegar a profundizar en el conocimiento de los mecanismos del cambio lingüístico, la naturaleza de la variabilidad lingüística y la estructura de los sistemas lingüísticos (*cf.* Trudgill 1978 b: 11).

LINGÜÍSTICA VARIACIONISTA *(variationist linguistics)*: véase LINGÜÍSTICA SECULAR.

MACROLINGÜÍSTICA *(macrolinguistics)*: se ocupa del lenguaje en un sentido amplio: se centra en la adquisición y uso de la lengua, la interdependencia de la cultura, la sociedad y la lengua (*cf.* Fishman 1972; Lyons 1981).

MACROSOCIOLINGÜÍSTICA *(macrosociolinguistics)*: término empleado a veces para referirse a la *lingüística secular*, la *sociología del lenguaje* y otras áreas implicadas en el estudio de grupos de hablantes relativamente grandes (*cf.* Trudgill 1992 a).

MALAPROPISMOS *(malapropisms)*: empleos erróneos involuntarios de palabras cultas por confusión con otras, normalmente homófonas (*cf.* Andersson y Trudgill 1990 : 150).

MAPAS DESCRIPTIVOS *(display maps)*: mapas utilizados por los dialectólogos en sus estudios que «simplemente transfieren las respuestas contabilizadas de un rasgo determinado a un mapa, situando la contabilización en una perspectiva geográfica» (Chambers y Trudgill 1980 : 28-33).

MARCADOR *(marker)*: un cambio lingüístico producido por debajo del nivel de conocimiento consciente de los miembros de un subgrupo de la comunidad de habla que está sujeto no sólo a diferenciación social sino también a variación estilística.

MAPAS INTERPRETATIVOS *(interpretative maps)*: mapas utilizados por los dialectólogos en sus estudios que intentan ofrecer una mayor información general que los descriptivos, mostrando la distribución de las variantes predominantes de una región a otra» (Chambers & Trudgill 1980 : 28-33).

MESOLECTO *(mesolect)*: término empleado por Dereck Bickerton para referirse, dentro del continuum dialectal social, a un lecto o lectos que tienen un estatus social intermedio entre el *acrolecto* y el *basilecto*; es una variedad intermedia que normalmente se da en las situaciones de lenguas criollas.

METODOLOGÍA DE TIEMPO APARENTE *(apparent time methodology)*: perspectiva utilizada para estudiar el cambio lingüístico en una determinada comunidad que compara el habla de los informantes más viejos con el de los más jóvenes (generaciones) (*cf.* Chambers y Trudgill 1980 : 163-4).

METODOLOGÍA DE TIEMPO REAL *(real time methodology)*: perspectiva utilizada para estudiar el cambio lingüístico en una determinada comunidad que compara el habla de una población determinada desde al menos dos puntos diferentes en el tiempo (*cf.* Chambers y Trudgill 1981: 163-4).

MEZCLA *(admixture)*: proceso de mezcla de rasgos lingüísticos procedentes de diferentes lenguas o dialectos en situaciones de contacto.

MEZCLA DE DIALECTOS *(dialect mixture)*: el proceso/resultado de mezcla de dialectos en situaciones de contacto entre éstos.

MICROLINGÜÍSTICA *(microlinguistics)*: se ocupa del lenguaje en un sentido más restringido: se centra sólo en la estructura de los sistemas lingüísticos y trabaja con la *fonología, morfología, sintaxis, semántica* y *análisis del discurso* como niveles de análisis comunes (*cf.* Fishman 1972; Lyons 1981).

MICROSOCIOLINGÜÍSTICA *(microsociolinguistics)*: término utilizado a veces para referirse al estudio de la interacción conversacional, el análisis del discurso y de la conversación, y otras áreas de la ***Sociolingüística*** implicadas en el estudio de grupos de hablantes relativamente pequeños (*cf.* Trudgill 1992 a).

MODELO DE DIFUSIÓN CON FORMA DE S *(s-curve model of diffusion)*: modelo de difusión observado en los estudios de variación que asume una velocidad de cambio lingüístico demasiado rápida en los estadios intermedios y más lenta en su principio y su final, en lugar de ser uniforme.

MODELO DE GRAVEDAD *(gravity model)*: modelo «designado para dar cuenta de la influencia lingüística de un centro urbano sobre otro, basado en la asunción de que la interacción de dos centros está en función de sus poblaciones y de la distancia entre ambos, y que la influencia de uno sobre el otro está en proporción con el número de habitantes de cada uno» (Chambers y Trudgill 1980 : 197).

NIVELACIÓN *(levelling)*: «proceso por el que los dialectos o acentos pierden sus rasgos distintivos y se hacen cada vez más semejantes» (Trudgill 1984 b: 576); la pérdida de variantes minoritarias, marcadas o complejas presentes en la mezcla de dialectos en favor de formas mayoritarias, no marcadas o más simples también presentes (*cf.* Trudgill 1986 a; 1989 c).

N.O.R.M.S. *(Nonmobile Older Rural Male Speakers)*: sigla introducida por el lingüista canadiense Jack Chambers para referirse a las características de los informantes requeridos para los estudios de la Dialectología Tradicional: los informantes debían ser hablantes no ambulantes, mayores, rurales y varones (*cf.* Chambers y Trudgill 1980).

OBSERVACIÓN COMO MIEMBRO PARTICIPE *(participant observation)*: técnica antropológica también empleada en investigaciones sociolingüísticas para superar la *paradoja del observador*: la metodología requiere que el investigador se haga miembro del grupo investigado, a menudo durante un período de tiempo considerable, de manera que el grupo pueda ser estudiado por dentro (*cf.* Trudgill 1992 a).

PARADOJA DEL OBSERVADOR *(observer's paradox)*: término introducido por William Labov para hacer referencia al principal objetivo de cualquier investigador del uso de una lengua en situaciones naturales: «el objetivo de la investigación lingüística en la comunidad debe ser averiguar cómo las personas hablan cuando no son examinadas sistemáticamente; pero sólo podemos obtener estos datos mediante una observación sistemática» (Labov 1972 a: 209). Esto es, 'observar al informante sin que éste observe que está siendo observado'.

PARÁMETRO SOCIAL *(social parameter)*: término utilizado por los lingüistas seculares para referirse a los factores sociales, como el sexo, edad, clase social, raza, etc., que normalmente se correlacionan con variables lingüísticas para determinar si hay variación sociolingüística o no.

PIDGIN *(pidgin)*: una variedad de lengua sin hablantes nativos que surge en una situación de contacto lingüístico multilingüe y que opera como una *lingua franca* (*cf.* Trudgill 1992 a).

PIDGINIZACIÓN *(pidginisation)*: «el proceso de formación de una lengua *pidgin*, mediante la simplificación de la gramática y el vocabulario de las lenguas en contacto» (Trudgill 1984 b: 578).

PLANIFICACIÓN LINGÜÍSTICA *(language planning)*: término utilizado en la ***Sociolingüística***, concretamente en la *Sociología del Lenguaje*, para referirse al intento sistematizado por solucionar los problemas de comunicación de una comunidad estudiando las diversas lenguas o dialectos que utiliza y desarrollando una política realista en lo que concierne a la selección y uso de diferentes lenguas.

PRESTIGIO ENCUBIERTO *(covert prestige)*: término introducido por William Labov y popularizado por Peter Trudgill, referido al comportamiento lingüístico que lleva a algunas personas, privada y subconscientemente, a tener una predisposición más favorable con respecto a otras formas lingüísticas —dialectos, acentos o rasgos lingüísticos determinados—, no precisamente estándares, a pesar de mostrarse ellos mismos como partidarios de las que gozan del prestigio manifiesto en la comunidad de habla: valores ocultos asociados con el habla no estándar y normalmente no expresados abiertamente (*cf.* Trudgill 1972 a).

PRESTIGIO MANIFIESTO *(overt prestige)*: término introducido en la teoría sociolingüística por William Labov y popularizado por Peter Trudgill que se refiere al respeto que adquieren algunas variedades dialectales, acentos o incluso rasgos lingüísticos determinados como consecuencia de una buena reputación que es totalmente subjetiva, y a menudo ocasional. Cuando este prestigio se expresa de forma general y pública en el comportamiento lingüístico de la comunidad de habla se llama *prestigio manifiesto.*

PRONUNCIACIÓN RECONOCIDA *(received pronunciation)*: un acento sin localización —en el sentido de que no revela ningún origen regional- que goza de prestigio manifiesto en Gran Bretaña, puesto que se le asocia con antecedentes sociales o culturales más elevados. Aproximadamente es hablado por el 3% ó 5% de la población británica y también se le conoce como *BBC English, Oxford English*, o *Queen's English.*

PSICOLOGíA SOCIAL DEL LENGUAJE *(social psychology of language)*: un área sociolingüística con objetivos tanto sociológicos como lingüísticos que «se ocupa de las actitudes frente a las variedades de lengua y del modo en que los hablantes interaccionan recíprocamente a través de la conversación» (Trudgill 1984 a: 2).

PURIFICACIÓN *(purification)*: proceso opuesto al de *mezcla.*

REDUCCIÓN *(reduction)*: la pérdida de vocabulario o de unidades morfosintácticas en situaciones de contacto entre lenguas o dialectos.

REGISTRO *(register)*: una variedad lingüística utilizada en situaciones sociales específicas con fines también específicos (formal, científico, religioso, etc.). Normalmente se caracteriza por el vocabulario, aunque también puede haber rasgos gramaticales implicados. (*cf.* Trudgill 1983 a: 101; 1992 a).

REPERTORIO VERBAL *(verbal repertoire)*: la totalidad de las variedades lingüísticas utilizadas por una determinada comunidad de hablantes en diferentes situaciones y con fines también distintos (*cf.* Trudgill 1983 a: 100).

SHIBBOLETH: Palabra hebrea que se refiere ahora a un uso lingüístico considerado como lema o rasgo distintivo capaz de diferenciar a un grupo de otro. Su origen está en el Antiguo Testamento, donde se puede encontrar uno de los ejemplos más ilustrativos, y quizás el más sangriento, de una diferencia dialectal observada cuando los hombres de Galad luchaban contra los de Efraím en los vados del Jordán: «Algunos efraimitas se habían infiltrado en las líneas de Galad como aliados. Un líder de los efraimitas ideó una forma para detectar a estos impostores, llamó a un sospechoso y le pidió que nombrara una espiga de maíz, que los efraimitas pronunciaban como *shibbolet.* Según la fuente bíblica (Jueces XII, 6), 'El dijo *sibbolet*, por lo que no supo pronunciarla bien. Entonces se lo llevaron y lo sacrificaron'» (Chambers y Trudgill 1980 : 15).

SIMPLIFICACIÓN *(simplification)*: proceso que tiene lugar en situaciones de lenguas/dialectos en contacto y que implica un cambio de estructura sintética a analítica: una reducción de la redundancia, una morfofonémica más simple, un orden de palabras más fijo, un cambio de estructuras marcadas a no marcadas y un aumento de la regularidad.

SLANG *(slang)*: término referido a aquellas palabras o expresiones, normalmente ingeniosas y expresivas, que se emplean en el lenguaje informal y hablado; es a menudo peculiar a un grupo e incluso a una determinada generación.

SOCIOLECTO *(sociolect)*: véase DIALECTO SOCIAL.

SOCIOLINGÜÍSTICA AUTÉNTICA *(sociolinguistics proper)*: véase LINGÜÍSTICA SECULAR.

SOCIOLINGÜÍSTICA CORRELACIONAL *(correlational sociolinguistics)*: véase LINGÜÍSTICA SECULAR.

SOCIOLINGÜÍSTICA CUANTITATIVA *(quantitative sociolinguistics)*: véase LINGÜÍSTICA SECULAR.

SOCIOLINGÜÍSTICA LABOVIANA *(labovian sociolinguistics)*: véase LINGÜÍSTICA SECULAR.

SOCIOLOGÍA DEL LENGUAJE *(sociology of language)*: área sociolingüística con objetivos tanto sociológicos como lingüísticos que «se ocupa del estudio de quién habla qué lengua (o variedad) con quién y con la aplicación de estos descubrimientos a problemas sociales, políticos y educativos» (Trudgill 1983 a: 32-3).

TÉCNICA DE MATCHED GUISE *(matched guise technique)*: técnica introducida por Wallace Lambert en la *Psicología Social del Lenguaje* para investigar las actitudes lingüísticas frente acentos, dialectos o lenguas: un número determinado de hablantes, todos ellos con diferentes acentos de una lengua o dialecto, es grabado leyendo el mismo pasaje en prosa, pero uno de ellos es grabado dos veces, cada vez con un acento diferente; con lo cual los informantes a los que se les pide juzgar a los hablantes, aunque creen que están evaluando a diferentes personas, reaccionan ante la misma utilizando diferentes acentos (*cf.* Trudgill 1992 a).

TÉCNICA DIFERENCIAL SEMÁNTICA *(semantic differential*

technique): «una forma de evaluar las reacciones emocionales o subjetiva de los hablantes frente a elementos léxicos con el fin de describir las dimensiones afectivas de la organización de conceptos en una lengua» (Trudgill 1984 b: 578).

TEORÍA DEL DÉFICIT LINGÜíSTICO *(language deficit theory)*: teoría desarrollada por algunos psicólogos de la educación norteamericanos en los años setenta que «defendían que los dialectos no estándares son formas 'subestándares' de la variedad de prestigio. Sugieren que un dialecto no estándar contiene muchas irregularidades y está limitado en su potencial expresivo»; la combinación de este argumento con el de la *hipótesis del valor inherente* sugiere que «un dialecto estándar ha alcanzado su prestigio por encima de otras variedades por ser objetivamente la forma más agradable a nivel estético y lingüísticamente la más sofisticada de esa lengua» (Trudgill, Giles, Bourhis y Lewis 1974).

TEORÍA DE LA ACOMODACIÓN *(accommodation theory)*: teoría introducida por Howard Giles que se centra en el habla y discute e intenta explicar por qué los hablantes modifican su lengua en presencia de otros del modo y grado en que lo hacen (*cf.* Giles 1973; Giles y Smith 1979).

TEORÍA DE LA PRIVACIÓN VERBAL *(verbal deprivation theory)*: véase TEORÍA DEL DÉFICIT LINGÜÍSTICO.

TEORÍA DE LA VARIACIÓN *(variation theory)*: La investigación lingüística basada en el trabajo empírico del área de la *Lingüística Secular* que se ocupa de aplicar los datos obtenidos en dichos estudios a la solución de problemas de la teoría lingüística, como el modo, la causa del cambio lingüístico y el estatus cognitivo de la variabilidad lingüística (*cf.* Trudgill 1992 a : 77). «La serie de premisas e hipótesis que surgen como consecuencia de aceptar a la variable como una unidad estructural en el modelo gramatical» (Chambers y Trudgill 1980 : 207).

TRANSFERENCIA *(transfer)*: término utilizado en *Lingüística Aplicada* para referirse al proceso de uso del conocimiento de la primera lengua en el aprendizaje de una segunda; la transferencia puede ser positiva, cuando se transfiere un modelo de la primera lengua idéntico al de la segunda, o negativa, cuando el modelo es diferente, apareciendo en este último caso errores producidos por la primera lengua.

VARIABLE LINGÜÍSTICA *(linguistic variable)*: «una unidad lingüística con dos o más variantes implicadas en covariación con otras variables sociales y/o lingüísticas» (Chambers y Trudgill 1980: 60).

VARIABLE SOCIOLINGÜÍSTICA *(sociolinguistic variable)*: término utilizado por los lingüistas seculares para referirse a aquellas variables lingüísticas que se correlacionan significativamente con variables sociales: si las variables lingüísticas pueden considerarse como formas socialmente diferentes pero lingüísticamente equivalentes de decir lo mismo, se llaman *variables sociolingüísticas.*

VARIACIÓN ESTILÍSTICA *(stylistic variation)*: el diferente uso de rasgos lingüísticos dependiendo del contexto estilístico.

VARIACIÓN LIBRE *(free variation)*: término empleado en Fonología para referirse a la posibilidad de sustitución de un sonido por otro en un entorno determinado sin que provoque un consiguiente cambio de significado.

VARIEDAD *(variety)*: término neutro utilizado en la corriente sociolingüística del lenguaje para referirse a cualquier tipo específico de lenguaje —*dialecto, acento, sociolecto, estilo* o *registro*— al que queramos considerar por alguna razón como una entidad individual (*cf.* Chambers y Trudgill 1980 : 5; Trudgill 1992 a : 77).

VARIEDAD PREPIDGIN *(pre-pidgin variety)*: véase JERGA (segundo uso).

VARIEDADES DIFUSAS *(diffuse varieties)*: término introducido por Bob Le Page para referirse a aquellas lenguas no asumidas por sus hablantes como claramente distintas a otras, puesto que presentan unos límites bastante difusos; sus hablantes no tienen una idea muy clara sobre qué es lo que constituye su lengua y lo que no (*cf.* Trudgill 1986 a: 85-6).

VARIEDADES FOCALIZADAS *(focused varieties)*: término empleado por Bob Le Page para referirse a aquellas lenguas, tales como las europeas más conocidas, que se cree que son claramente distintas a otras: sus 'límites' están claramente delineados, y los miembros de la comunidad de habla muestran un alto nivel de conformidad con lo que constituye 'la lengua' y lo que no (*cf.* Trudgill 1986 a: 85-6).

VERNÁCULO *(vernacular)*: «La variedad de lengua local de una determinada comunidad de habla» (Trudgill 1992 a : 78), como opuesta una lengua dominante o estándar.

BIBLIOGRAFÍA

Antes de listar las referencias mencionadas a lo largo de este estudio queremos clasificar el corpus de trabajos de Peter Trudgill —16 libros, 39 artículos, 11 reseñas, 2 informes para el Consejo de Investigación de Ciencias Sociales (SSRC), un informe para el Consejo de Investigación Económico y Social (ESRC) y 19 prefacios para editor en la serie *Language in Society* de la Editorial Basil Blackwell— en el cual distinguiríamos nueve temas generales diferentes cubiertos en total —no es necesario decir que algunos trabajos pueden considerarse como pertenecientes a más de un tema general—:

1. Trabajos relacionados con la *Sociolingüística* en general y sus direcciones:

«Introduction: Sociolinguistics and Sociolinguistics» (1978 c).
«Where Does Sociolinguistics Stops?» (1978 d).
Sociolinguistics: *An Introduction to Language and Society* (1983 a).
«Scandinavian Sociolinguistics: An Outsider's View» (1985 b).
Introducing Language and Society (1992).

2. Trabajos relacionados con la *Sociología del Lenguaje* y la *Psicología Social del Lenguaje*: problemas educativos y actitudes ante la lengua

Accent, Dialect and the School (1975 a).
«The Imposed Norm Hypothesis: A Validation» (1974; con Howard Giles, Richard Bourhis y Alan Lewis).
«Sociolinguistics and Scots Dialects» (1975 c).
«Språk og Kjiøn i det Engelske Språket» (1976).
«Language Disadvantage: Further Discussion» (1977).
«Why Albanian-Greeks are not Albanians: Language Shift in Attica and Biotia» (1977; con George Tzavaras).

«Sociolinguistics and Linguistic Value Judgements: Correctness, Adequacy and Aesthetics» (1978; con Howard Giles).

«Standard and Non-Standard Dialects of English in the United Kingdom: Problems and Policies» (1979).

«Tal Dialekt, Skriv Dialekt!» (1979; con Ernst Håkon Jahr).

The Grammar of English Dialect: A Survey of Research. Report to the ESRC (1984; con V.K. Edwards y B. Weltens) (también en **6**).

«To Engelskmenn om Norsk Språkpolitikk» (1985; con Stephen Walton).

«Dialect and Education in the United Kingdom» (1989; con Jenny Cheshire).

3. Trabajos relacionados con la *Lingüística Antropológica*: términos tabúes y blasfemia

Bad Language (1990; con Lars Andersson) (también en **2**).

Coping with America: A Beginner's Guide to the USA (1985 a; no es en absoluto un libro sobre Lingüística, pero contiene algunos aspectos antropológicos de la cultura norteamericana).

4. Trabajos relacionados con la *Lingüística Secular*:

«Sex, Covert Prestige and Linguistic Change in the Urban British English of Norwich» (1972 a).

«Phonological Rules and Sociolinguistic Variation in Norwich English» (1973 a).

The Social Differentiation of English in Norwich (1974 a).

A Sociolinguistic Study of Albanian Dialects Spoken in the Attica and Biotia Areas of Greece. Report to the SSRC (1975; con George Tzavaras) (también en **2** y **5**).

«Creolisation in Reverse: Reduction and Simplification in the Albanian Dialects of Greece» (1978 a) (también en **5**).

Sociolinguistic Patterns in British English (ed) (1978 b; con las contribuciones de Richard Bourhis, Jenny Cheshire, Ellen Douglas-Cowie, Olwen Elyan, Tina Foxcroft, Howard Gilesry Knowles, James Milroy, Ronald Macaulay, Lesley Milroy, John Pallowe, Malcolm Petyt, Euan Reid, Suzanne Romaine y Philip Smith).

«On the Sociolinguistics of Vocalic Mergers: Transfer and Approximation in East Anglia» (1978; con Tina Foxcroft).

«Phonetic and Linguistic Markers in Speech» (1979; con John Laver).

Dialectology (1980; con J.K. Chambers) (también en **5**).

«Acts of Conflicting Identity: A Sociolinguistic Look at British Pop Songs» (1980) (también en **2**).

«Linguistic Accommodation: Sociolinguistic Observations on a Socio-psychological Theory» (1981 a) (también en **2**).

«On the Limits of Passive 'Competence': Sociolinguistics and the Polylectal Grammar Controversy» (1982 a) (también en **5**).

«The Contributions of Sociolinguistics to Dialectology» (1982 b) (también en **5**).

On Dialect: Social and Geographical Perspectives (1983b) (también en **2** y **5**).

«The Pronunciation of /l/ in Sphakiá, Crete» (1986 d).

«Norwich Revisited: Recent Linguistic Changes in an English Urban Dialect» (1988 b) (también en **5**).

«The Sociophonetics of /l/ in the Greek of Sphakiá» (1989 d).

«Dialect Contact, Dialectology and Sociolinguistics» (1992 c) (también en **1** y **5**).

A Sociolinguistic Study of Linguistic Change in Urban East Anglia, Report to the SSRC (n.d.) (también en **5**).

5. Trabajos relacionados con la *Geolingüística* y la *Dialectología*:

«Linguistic Change and Difussion: Description and Explanation in Sociolinguistic Dialect Geography» (1974 b).

«Linguistic Geography and Geographical Linguistics» (1975 c).

Dialects in Contact (1986 a).

«The Role of Irish English in the Formation of Colonial Englishes» (1986 b).

«New-Dialect Formation and the Analysis of Colonial Dialects: The Case of Canadian Raising» (1986 c).

«Dialectology: Present Directions» (1987 c).

«On the Role of Dialect Contact and Interdialect in Linguistic Change» (1988 a).

«Interlanguage, Interdialect and Typological Change» (1989 a).

«Language Contact and Simplification» (1989 b).

«Contact and Isolation in Linguistic Change» (1989 c).
«Dialect Geography» (1990 b).
«Dialect Contact and Dialect Mixture: The Svalvard Perspective» (1990 f).
«Dialect Contact and the Transmission of Linguistic Forms» (1990 g).
«Dialect Typology and Social Structure» (forthcoming) (también en **4**).

6. Trabajos relacionados con las *Variedades del Inglés*:

English Accents and Dialects (1979; con Arthur Hughes).

International English: A Guide to Varieties of Standard English (1982; con Jean Hannah).

Language in the British Isles (1984 b; con las contribuciones de A.J. Aitken, G.M. Awbery, Michael Barnes, Michael V. Barry, Wynford Bellin, A. Bliss, Jenny Cheshire, R.D. Clement, Ellen Douglas-Cowie, John Edwards, V.K. Edwards, A.C. Gimson, Ian Hancock, John Harris, Kenneth MacKinnon, Marilyn Martin-Jones, James Milroy, Lesley Milroy, Cathair Dochartaigh, Euan Reid, Cynthia Shuken, N. Spence, David Sutcliffe, Alan R. Thomas, R.L. Thomson, Martyn Wakelin y John C. Wells).

The Dialects of England (1990 a).

Dialects of English: Studies in Grammatical Variation (ed) (1991; con J.K. Chambers como co-editor y las contribuciones de Keith Brown, Jenny Cheshire, Donna Christian, Edina Eisikovits, Walter Eitner, Crawford Feagin, Jean-Marc Gachelin, John Harris, Martin Harris, Ann Houston, Ossi Ihalainen, William Labov, Harold Paddock y Walt Wolfram) (también en **4**).

7. Trabajos relacionados con la *Sociolingüística Aplicada*:

Applied Sociolinguistics (ed) (1984 a; con las contribuciones de Allan Bell, Jenny Cheshire, John Edwards, Ralph Fasold, Howard Giles, James Milroy, Lesley Milroy, Michael Stubbs y Alastair Walker).

8. Reseñas de libros:

Reseña de BURLING (1970) *Man's Many Voices: Language in its Cultural Context* (1972 b).

Reseña de HYMES (ed) (1971) *Pidginization and Creolization of Languages* (1973 b).
Reseña de BERNSTEIN (1973) *Class, Codes and Control* (1975 d).
Reseña de ORTON, SANDERSON & WIDDOWSON (eds) (1979) *The Linguistic Atlas of England* (1981 b).
Reseña de JAHR (1984) *Talemålet i Skolen* (1985 c).
Reseña de KIRK et al (eds) (1985) *Studies in Linguistic Geography: The Dialects of English in Britain and Ireland* (1987 b).
Reseña de VENÅS (1984) *Mål of Miljø: Innføring i Sosiolingvistikk eller Språksosiology* (1987 a).
Reseña de Reseña de BIRKELAND & KVALSVIK (1986) *Folkemål og Danning: Nynorse Lærebøker 1867-1915*; y GERDENER (1986) *Der Purismus im Nynors Historische Entwicklung und Heutiger Sprachgebrauch* (1989 e).
Reseña de AMMON, DITTMAR & MATTHEIER (eds) (1987/88) *Soziolinguistik* (1990 c).
Reseña de JOHNSEN (ed) (1987) *Vårt Eget Språk* (1990 d).
Reseña de LEHISTE (1988) *Lectures on Language Contact*; y THOMASON & KAUFMAN (1988) *Language Contact, Creolization and Genetic linguistics* (1990 e).

9. Prefacios para Editor en la serie *Language in Society* de Blackwell:

GILES & ST CLAIR (eds) (1979) *Language and Social Psychology* (Trudgill 1979) (con William Labov y Ralph Fasold).
MILROY (1980) *Language and Social Networks* (Trudgill 1987e; 2ª edición).
SAVILLE-TROIKE (1982) *The Ethnography of Communication: An Introduction* (Trudgill 1982 c).
STUBBS (1983) *Discourse Analysis: The Sociolinguistic Analysis of Natural Language* (Trudgill 1983 c).
FASOLD (1984) *The Sociolinguistics of Society* (Trudgill 1984 c).
ROMAINE (1984) *The Language of Children and Adolescents. The Acquisition of Communicative Competence* (Trudgill 1984 d).
SMITH (1985) *Language, the Sexes and Society* (Trudgill 1985 d).
VESTERGAARD & SCHRODER (1985) *The Language of Advertising* (Trudgill 1985 e).

TRUDGILL (1986) *Dialects in Contact* (Trudgill 1986 a).
MÜHLHÄUSLER (1986) *Pidgins and Creole Linguistics* (Trudgill 1986 e).
MILROY (1987) *Observing & Analysing Natural Language* (Trudgill 1987 d).
PRESTON (1989) *Sociolinguistics and Second Language Acquisition* (Trudgill 1989 f).
ROMAINE (1989) *Bilingualism* (Trudgill 1989 g).
MÜHLHÄUSLER & HARRÉ, (1990) *Pronouns & People* (Trudgill 1990 h).
FASOLD (1990) *Sociolinguistics of Language* (Trudgill 1990 i).
WILSON (1990) *Politically Speaking* (Trudgill 1990 j).
BELL (1991) The *Language of News Media* (Trudgill 1991 a).
COUPLAND, COUPLAND & GILES (1991) *Language, Society and the Elderly* (Trudgill 1991 b).
MILROY (1992) *Linguistic Variation and Change* (Trudgill 1992 b).

Referencias mencionadas

ABAD NEBOT, F. (1977) *Lecturas de Sociolingüística*. Madrid: Edaf.

AEBISCHER, V. & FOREL, C. (eds) (1983) *Parlers Masculins, Parlers Feminins*.Suiza: Delachaus & Niestle.

ALMELA PÉREZ, R. (1985) *Apuntes Gramaticales Sobre la Interjección*. Murcia: Universidad de Murcia.

ALVAR, M. (1963) «Los Atlas Lingüísticos de España», en *PFLE*, I, Madrid, 1963.

ALVAR, M. (1968) «Estado Actual de los Atlas Lingüísticos Españoles», en *Actas del XI CILFR*, I, Madrid, 1968.

ALVAR, M. (1973) *Estructuralismo, Geografía Lingüística y Dialectología Actual*. Madrid: Gredos (2ª Edición).

AMMON, U. (1987) «Language - Variety/Standard Variety - Dialect», en AMMON, DITTMAR & MATTHEIER (editores) (1987/1988), pp. 316-335.

AMMON, U., DITTMAR, N. & MATTHEIER, K.J. (eds) (1987) *So-*

ciolinguistics: An International Handbook of the Science of Language and Society (vol 1). Berlín: Walter de Gruyter.

AMMON, U., DITTMAR, N. & MATTHEIER, K.J. (eds) (1988) *Sociolinguistics: An International Handbook of the Science of Language and Society* (vol 2). Berlín: Walter de Gruyter.

ANDERSSON, L. & TRUDGILL, P.J. (1990) *Bad Language*. Oxford: Basil Blackwell.

ARDENER, E. (ed) (1971) *Social Anthropology and Linguistics* (ASA Monographs No. 10). Londres: Tavistock.

ATCHISON, J. (1991) *Language Change: Progress or Decay?* Cambridge: Cambridge University Press (2ª Edición).

AWERY, G.M. (1982). Reseña de CHAMBERS, J.K. & TRUDGILL, P. (1980) *Dialectology*. Cambridge: C.U.P.; y PETYT, K.M. (1980) *The Study of Dialect, An introduction to Dialectology.* Londres: Andre Deutsch. En J*ournal of Linguistics*, Vol. 18, 1982.

BAILEY, C.J. & SHUY, R.W. (eds) (1973) *New Ways of Analysing Variation in English*. Washington, D.C.: Georgetown University Press.

BAILEY, C.J. (1982) *On the Yin and Yang Nature of Language*. Ann Arbor: Karoma.

BAÑON HERNANDEZ, A.M. (1993) *El Vocativo en Español: Propuestas para su Análisis Lingüístico*. Barcelona: Ediciones Octaedro.

BARBOUR, S. & STEVENSON, P. (1990) *Variation in German: A Critical Approach to German Sociolinguistics*. Cambridge: CUP.

BARTOLI, M. (1925) *Introduzione alla Neolinguistica*. Ginebra: L.S. Olschki.

BARTOLI, M. (1945) *Saggi di Linguistica Spaziale*. Turín: Bond.

BARTSCH, R. (1987) *Norms of Language*. Nueva York: Longman.

BASSO, K.H. (1974) «The Ethnography of Writing», en BAUMAN & SHERZER (eds) (1974), pp. 425-32.

BAUGH, J. & SHERZER, J. (eds) (1984) *Language in Use: Readings in Sociolinguistics*, Englewood Cliffs, N.J.: Prentice-Hall.

BAUMAN, R. & SHERZER, J. (eds) (1974) *Explorations in the Ethnography of Speaking*. Cambridge: C.U.P. (2ª edición 1989).

BELL, R.T. (1976) *Sociolinguistics: Goals, Approaches and Problems*. Londres: Batsford.

BELL, A. (1991) *The Language of News Media* (Language in Society Series, 17). Oxford: Basil Blackwell.

BERNSTEIN, B. (1971-5) *Class, Codes and Control* (3 vols). Londres: Routledge & Kegan Paul. (Vol I: 1971; Vol 2: 1973; Vol III: 1975).

BICKERTON, D. (1975). Reseña de TRUDGILL, P.J. (1974) *The Social Differenciation of English in Norwich*. Cambridge: C.U.P. En *Journal of Linguistics*, Vol. 11, 1975.

BIRDWHISTELL, R.L. (1972) «A Kinesic-Linguistic Exercise: The Cigarette Scene», en GUMPERZ & HYMES (eds) (1972), pp. 381-404.

BLOOMFIELD, L. (1933) *Language*. Londres: Allen & Unwin.

BOARD, CHORLEY, HAGGET & STODDART (eds) (1975) *Progress in Geography: International Reviews in Current Research 7*. Londres: Edward Arnold.

BODINE, A. (1975) «Androcentrism in Prescriptive Grammar: Singular 'they', sex-indefinite 'he', and 'he or she'», en *Language in Society*, vol. 4, 1975, pp. 129-46.

BOLTON, K. (1992) «Sociolinguistics Today: Asia and the West», in BOLTON & KWOK (eds) (1992), pp. 5-66.

BOLTON, K. & KWOK, H. (eds) (1992) *Sociolinguistics Today: International Perspectives*, Londres: RKP.

BONFANTE, G. (1947) «The Neolinguistic Position», en *Language*, Vol. 23, 1947, pp. 344-75.

BREIVIK, L.E. & JAHR, E.H. (eds) (1989) *Language Change: Contributions to the Study of its Causes*. Berlín: Mouton de Gruyter.

BRIGHT, W. (ed) (1966) *Sociolinguistics: Proceedings of the UCLA Sociolinguistics Conference,* 1964. La Haya: Mouton.

BROWN, R. & LENNEBERG, E.H. (1954) «A Study in Language and Cognition», en R. BROWN (1970).

BROWN, R. (1970) *Psycholinguistics*. Nueva York: Free Press.

BROWN, P. (1980) «How and Why Women are More Polite: Some evidence from a Mayan Community», en McCONNELL-GINET, BORKER & FURMAN (eds) (1980), pp. 111-136.

BROWN, G. & YULE, G. (1983) *Discourse Analysis*. Cambridge: C.U.P.

BRUMFIT, C.J. & JOHNSON, K. (eds) (1979) *The Communicative Approach to Language Teaching*. Londres: O.U.P.

BURLING, R. (1970) *Man's Many Voices: Language in its Cultural Context*. Nueva York: Holt, Rinehart and Winston.

BURTON, D. & STUBBS, M. (1975) «On Speaking Terms: Analysing Conversational Data», en *Journal of the Midlands Association for Linguistics Studies*, Otoño 1975.

BUTTON, G. & LEE, J.R.E. (1987) *Talk and Social Organisation*. Clevedon: Multilingual Matters.

CABRERA, L. (1958) *La Sociedad Secreta Abakuá*. La Havana: Ediciones C.R.

CAPELL, A. (1966) *Studies in Sociolinguistics*. La Haya: Mouton.

CASAD, E.H. (1974) *Dialect Intelligibility Testing* (Publication No. 38, SIL Publications in Linguistics), Norman, Oklahoma.

CHAMBERS, J.K. & TRUDGILL, P.J. (1980) *Dialectology*. Cambridge: C.U.P.

CHESHIRE, J. (1978) «Present Tense Verbs in Reading English», en TRUDGILL (ed) (1978 b), pp. 52-68.

CHESHIRE, J. (1982) *Variation in an English Dialect: A Sociolinguistic Study*. Cambridge: CUP.

CHESHIRE, J. (ed) (1991) *English Around the World: Sociolinguistic Perspectives*. Cambridge: CUP.

CHESHIRE, EDWARDS, MÜNSTERMANN & WELTENS (eds) (1989) *Dialect and Education: Some European Perspectives*. Clevedon: Multilingual Matters.

CHOMSKY, N. (1965) *Aspects of the Theory of Syntax*. Cambridge, MA.: MIT Press.

COATES, J. (1986) *Women, Men and Language*. Nueva York: Longman.

COLE, P. & MORGAN, J.L. (1975) *Syntax and Semantics: Speech Acts*. Nueva York: Academic Press.

COOPER, R.L. (1982) *Language Spread: Studies in Diffusion and Social Change*. Bloomington, IN: Indiana University Press.

COPPIETERS, F. & GOYVAERTS, D. (eds) (1978) *Functional Studies in Language and Literature*, Gent: Story-Scientia.

CORDER, S.P. (1971) «Idiosyncratic Dialects and Error Analysis», en *International Reseña de Applied Linguistics* (IRAL), vol IX, 1971, pp. 149-159.

COOK, G. (1989) *Discourse*. Oxford: OUP.

COOPER, R.L. & SPOLSKY, B. (eds)(1991) *The Influence of Language on Culture and Thought: Essays in Honor of Joshua A. Fishman's Sixty-fifth Birthday*. Berlín: Mouton De Gruyter.

COULMAS, F. (1987) «Soziolinguistische Aspekte der Kulturanthropologie», en AMMON, DITMMAR & MATTHEIER (eds) (1987), pp. 432-442.

COUPLAND, N., COUPLAND, J. & GILES, H. (1991) *Language, Society and the Elderly. Discourse, Identity and Ageing* (Language in Society Series, 18). Oxford: Basil Blackwell.

COUPLAND, N, GILES, H. & WIEMANN, J.M. (eds) (1991) *'Miscommunication' and Problematic Talk.* California: SAGE Publications.

CRYSTAL, D. (ed) (1982) *Linguistic Controversies: Essays in Linguistic Theory and Practice in Honour of F.R. Palmer*. Londres: Edward Arnold.

DADA, A. (1984). Reseña de TRUDGILL, P.J. & HANNAH, J. (1982) *International English: A Guide to Varieties of Standard English*. Londres: Arnold. En *Language in Society*, Vol. 13, 1984.

DECAMP, D. (1971) «The Study of Pidgin and Creole Languages», en HYMES (ed) (1971), pp. 13-43.

DE SILVA, M.W.S. (1980) *Aspects of Linguistic Behaviour: Festchrift for R.B. Le Page*, University of York: York Papers in Linguistics 9, 1980.

DOUGLAS-COWIE, E. (1978) «Linguistic Code-switching in a Northern Irish Village: Social Interaction and Social Ambition», en TRUDGILL (ed) (1978 b), pp. 37-51.

DRESSLER, W. & MEID, W. (eds) (1978) *Proceedings of the Twelfth International Congress of Linguistics*, Innsbruck: Institut für Sprachwissenschaft der Universität Innsbruck.

DUBOIS, B.L. & CROUCH, I. (eds) (1979) *The Sociology of the Languages of American Women.* Papers in Southwest English IV, San Antonio: Trinity University.

EDMONDSON, W. & HOUSE, J. (1981) *Let's Talk and Talk About It.* Munich: Urban & Schwarzenberg.

EDWARDS, V.K., TRUDGILL, P.J. & WELTENS, B. (1984) *The Grammar of English Dialects. A Survey of Research*, A Report to the ESRC Education and Human Development Committee. Londres: Economic and Social Research Council.

FASOLD, R. (1968) «A Sociolinguistic Study of the Pronunciation of Three Vowels in Detroit Speech». Copias mimeográficas sin publicar: Center for Applied Linguistics.

FASOLD, R. & SHUY, R. (eds) (1977) *Analyzing Variation in Language*. Washington, D.C.: Georgetown University Press.

FASOLD, R. (1984) *The Sociolinguistics of Society* (Language in Society Series). Oxford: Basil Blackwell.

FASOLD, R. (1990) *Sociolinguistics of Language* (Language in Society Series). Oxford: Basil Blackwell.

FEAGIN, C. (1982). Reseña de CHAMBERS, J.K. & TRUDGILL, P.J. (1980) *Dialectology*. Cambridge: C.U.P. En *Language*, Vol. 58:3, 1982.

FELLMAN, J. (1976). Reseña de TRUDGILL, P.J. (1974/1983) *Sociolinguistics: An Introduction to Language and Society*. Londres: Penguin (Edición Revisada). En Lingua, Vol. 38, 1976.

FERGUSON, C. (1959) «Diglossia», en *WORD*, vol. 15, 1959, pp. 325-340. También en GIGLIOLI (ed) (1972), pp. 232-51.

FISHMAN, J. (ed) (1968) *Readings in the Sociology of Language*. La Haya: Mouton.

FISHMAN, J. (1971) *Sociolinguistics: A Brief Introduction*. Rowley, MA: Newbury House.

FISHMAN, J. (1972) *The Sociology of Language: An Interdisciplinary Social Science Approach to Language in Society*. Rowley, MA.: Newbury House.

FISIAK, J. (ed) (1988) *Historical Dialectology*. Berlín: De Gruyter.

FRAKE, C.O. (1964) «How to Ask for a Drink in Subanun», en *American Anthropologist*, vol. 66 (6:2), 1964, pp. 127-32. También en GIGLIOLI (1972) y PRIDE & HOLMES (1972).

FRANCIS, W.N. (1983) *Dialectology: An Introduction*, Nueva York: Longman.

FRETHEIM, T. & HELLAN, L. (eds) (1982) *Papers from the Sixth Scandinavian Conference of Linguistics*, Trondheim: Tapir.

GARCIA MARCOS, F. (1993) *Nociones de Sociolingüística*. Barcelona: Octaedro.

GARFINKEL, H. (1967) *Studies in Ethnomethodology*. Englewood Cliffs, N.J.: Prentice-Hall.

GARVIN, P.L. & LASTRA, Y. (eds)(1974) *Antología de Estudios de Etnolingüística y de Sociolingüística*. México: UNAM.

GASS, MADDEN, PRESTON & SELINKER (eds) (1989) *Variation in Second Language Acquisition: Psychological Issues*. Clevedon: Multilingual Matters.

GEE, J.P. (1990) *Social Linguistics and Literacies: Ideology in Discourses*. Basingstoke: The Falmer Press.

GIGLIOLI, P.P. (ed) (1972) *Language and Social Context*. Londres: Penguin Books.

GILES, H. (1971a) «Patterns of Evaluation in Reactions to RP, South Welsh and Somerset accented speech», en *British Journal of Social and Clinical Psychology*, vol. 10.

GILES, H. (1971b) «Teacher's Attitudes Towards Accent Usage and Change», en *Educational Review*, vol. 24.

GILES, H. (1973) «Accent mobility: A Model and Some Data», en *Anthropological Linguistics*, vol. 15, pp. 87-105.

GILES, H., BOURHIS, R., & DAVIES, A. (1974) «Prestige Speech styles: The Imposed Norm and Inherent Value Judgements», en W. McCORMACK & S. WURM (eds) (1974).

GILES, H. (ed) (1977) *Language, Ethnicity and Intergroup Relations* (European Monographs in Social Psychology 13), Londres: Academic Press.

GILES, H. & SMITH, P. (1979) «Accommodation Theory: Optimal Levels of Convergence», en H. GILES & R. St. CLAIR (eds) (1979).

GILES, H., HEWSTONE, M., RYAN, E.B. & JOHNSON, P. (1987) «Research on Language Attitudes», en AMMON, DITTMAR & MATTHEIER (eds) (1987), pp. 585-597.

GILES, H. & St. CLAIR, R. (eds) (1979) *Language and Social Psychology* (Language in Society Series). Oxford: Basil Blackwell.

GILES, H., ROBINSON, W.P. & SMITH, P.M. (eds) (1980) *Language: Social Psychological Perspectives*. Oxford: Pergamon.

GILES, H. & ROBINSON, W.P. (eds) (1990) *Handbook of Language and Social Psychology*. Chichester: Wiley.

GILES, H. & COUPLAND, N. (1991) *Language: Contexts and Consequences*. Milton Keynes: Open University Press.

GIMENO MENENDEZ, F. (1990) *Dialectología y Sociolingüística Españolas*. Alicante: Universidad de Alicante.

GLADWIN, T. & STURTEVANT, W. (eds) (1962) *Anthropology and Human Behaviour.* Washington, D.C.: Anthropological Society of Washington.

GLASS, D.V. (ed) (1954) *Social Mobility in Britain*. Londres: Routledge & Kegan Paul.

GOFFMAN, E. (1976) «Replies and Responses», en *Language in Society*, Vol. 5, 1976.

GOLDTHORPE, J. & LOCKWOOD, D. (1963) «Affluence and the British Class Structure», en *Sociological Review*, vol. 11, 1963, pp. 133-163.

GRADDOL, D. & SWANN, J. (1989) *Gender Voices*. Oxford: Basil Blackwell.

GREGG, R.J. (1987). Reseña de TRUDGILL, P.J. (ed) (1984) *Language in the British Isles*. Cambridge: C.U.P. En *Language in Society*, Vol. 16, 1987.

GRICE, H.P. (1975) «Logic and Conversation», en Cole & Morgan (1975), pp. 41-58.

GRIERA, A. (1924-) *Atlas Lingüistic de Catalunya*. Barcelona: Institut d'Estudis Catalans.

GRIMSHAW, A.D. (1990) *Conflict Talk: Sociolinguistic Investigations of Arguments in Conversations*. Cambridge: CUP.

GUMPERZ, J.J. & HYMES, D. (eds) (1972) *Directions in Sociolinguistics: The Ethnography of Communication*. Nueva York: Holt, Rinehart and Winston.

GUMPERZ, J.J. (ed) (1982a) *Language and Social Identity*. Cambridge: C.U.P.

GUMPERZ, J.J. (1982b) *Discourse Strategies*. Cambridge: C.U.P.

GUMPERZ, J.J. & COOK-GUMPERZ, J. (1982) «Introduction: Language and the Communication of Social Identity», en GUMPERZ (ed) (1982), pp. 1-21.

GUY, G. (1980) «Variation in the Group and the Individual: the Case of final Stop Deletion», en LABOV (ed) (1980), pp. 1-36.

HAAS, M. (1951) «Interlingual Word Taboos», en *American Anthropologist*, 53, pp. 338-44. También en HYMES (ed) (1964).

HAGGETT, P. (1965) *Location Analysis in Human Geography*. Londres: Edward Arnold.

HAGEN, A. (1987) «Sociolinguistic Aspects in Dialectology», en AMMON, DITTMAR & MATTHEIER (eds) (1987), pp. 402-413.

HÄGERSTRAND, T. (1952) «The Propagation of Innovation Waves», en *Lund Studies in Geography, Series B, Human Geography* 4. Lund: Gleerup.

HANCOCK, I. (1984) «Shelta and Polari», en TRUDGILL (1984 b), pp. 384-403.

HANCOCK, I. (1987) «History of Research on Pidgins and Creoles», en AMMON, DITTMAR & MATTHEIER (eds) (1987), pp. 459-469.

HARRIS, LITTLE, & SINGLETON (eds) (1986) *Perspectives on the English Language in Ireland*. Dublín: Centre for Language and Communication Studies/Trinity College.

HARRIS, J. (1988). Reseña de TRUDGILL. P.J. (1986) *Dialects in Contact*. Oxford: Blackwell. En *Journal of Linguistics*, Vol. 24, 1988.

HARRIS, S. (1984) «Questions as a Mode of Control in Magistrates' Courts», en *The International Journal of the Sociology of Language*, vol. 49, 1984, pp. 5-27.

HAUGEN, E. (1966) *Language Conflict and Language Planning: The Case of Modern Norwegian*. Cambridge: MA.: Harvard University Press.

HERMANN, T. (1982) *Advances in the Social Psychology of Language*. Cambridge: CUP.

HERTZLER, J.O. (1965) *The Sociology of Language*. Nueva York: Random House.

HOLM, J. (1989) *Pidgins and Creoles* (2 vols.). Cambridge: CUP.

HOLMES, J. (1992) *An Introduction to Sociolinguistics*. Nueva York: Longman.

HOLTUS, G, METZELTIN, M, & SCHMITT, C. (eds) (1992) *Lexicon der Romanistischen Linguistik* (Vol IV,1: Aragonés/Navarro, Español, Asturiano/Leonés), Tübingen: Max Niemeyer Verlag.

HORVATH, B. (1985) *Variation in Australian English.* Cambridge: CUP.

HUDSON, K. (1978) *The Jargon of the Professions.* Londres: MacMillan.

HUDSON, R.A. (1980) *Sociolinguistics.* Cambridge: C.U.P.

HUGHES, A. & TRUDGILL, P.J. (1979) *English Accents and Dialects: An Introduction to Social and Regional Varieties of British English.* Londres: Arnold.

HUGHES, G. (1991) *Swearing: A Social History of Foul Language, Oaths and Profanity in English.* Oxford: Basil Blackwell.

HYMES, D. (1962) «The Ethnography of Speaking», en GLADWIN & STURTEVANT (eds) (1962), pp. 13-53.

HYMES, D. (ed) (1964) *Language in Culture and Society: A Reader in Linguistics and Anthropology.* Nueva York: Harper and Row.

HYMES, D. (1968) «The Ethnography of Speaking». En FISHMAN, J. (ed) (1968).

HYMES, D. (1971) *Pidginization and Creolization of Languages.* Cambridge: C.U.P.

HYMES, D. (1972) «On Communicative Competence», en PRIDE & HOLMES (eds) (1972).

HYMES, D. (1974) *Foundations in Sociolinguistics: An Ethnographic Approach.* Londres: Tavistock Publications.

HYMES, D. (1983) *Essays in the History of Linguistic Anthropology.* Amsterdam/Philadelphia: Benjamins.

JAHR, E.H. (ed) (en preparación) *Language Contact and Language Change*, Berlín: Mouton de Gruyter.

JAKOBSON, R. (1981) «Linguistics and Poetics», en *Selected Writings III: Poetry of Grammar and Grammar of Poetry.* La Haya: Mouton.

JANICKI, K. (1990) *Toward Non-Essentialist Sociolinguistics.* Berlín: Mouton de Gruyter.

JESPERSEN, O. (1922) *Language: Its Nature, Development and Origin.* Londres: Allen & Unwin.

JIMENEZ CANO, J.M. (1992) «Lengua y Generaciones», en G. HOLTUS, M. METZELTIN & C. SCHMITT (eds) (1992), pp. 267-275.

JONES, V.M. (1979) «Some Problems in the Computation of Sociolinguistic Data». Tesis doctoral no publicada, University of Newcastle upon Tyne. (British Library microfilm D26800/79).

KAPLAN, R.B. (1966) «Cultural Thought Patterns in Inter-cultural Education», en *Language Learning*, Vol. 16, pp. 1-20.

KAYE, A.S. (1990). Reseña de FISIAK, J. (ed) *Historical Dialectology: Regional and Social*, (Trends in Linguistics, Studies and Monographs No. 37), Berlín: Mouton de Gruyter. En *Journal of Linguistics*, Vol. 26, 1990.

KERBRAT-ORECCHIONI, C. (1986) *La Enunciación. De la Subjetividad en el Lenguaje*. Buenos Aires: Hachette.

KLOSS, H. (1967) «Abstand-Languages und Ausbau-Languages», en *Anthropological Linguistics*, vol. 9:7, 1967, pp. 29-41.

KÖKERITZ, H. (1932) *The Phonology of the Suffolk Dialect*. Uppsala: Appelberg.

KROCH, A. (1979) «Towards a Theory of Social Dialect Variation», en *Language in Society*, vol. 7, 1979, pp. 17-36.

KURATH, H. & McDAVID, R.I. (1968) *The Pronunciation of English in the Atlantic States*. Ann Arbor: University of Michigan Press.

KURATH, H. (1972) *Studies in Area Linguistics*. Bloomington: Indiana University Press.

LABOV, W. (1963) «The Social Motivation of a Sound Change», en *WORD*, vol. 19, pp. 273-309. También en LABOV (1972), pp. 1-42.

LABOV, W. (1966) *The Social Stratification of English in New York City*. Washington, D.C.: Center for Applied Linguistics.

LABOV. W. (1972a) *Sociolinguistic Patterns*. Oxford: Blackwell.

LABOV, W. (1972b) *Language in the Inner City*. Filadelfia: University of Pennsylvania Press.

LABOV, W. (1972c) «Some Principles of Linguistic Methodology», en *Language in Society*, Vol. 1, 1972, pp. 97-120.

LABOV, W. (1973) «The Linguistic Consequence of Being a Lame», en *Language in Society*, Vol. 2, 1973, pp. 81-115.

LABOV, W. (ed) (1980) *Locating Language in Time and Space*. Nueva York: Academic Press.

LABOV, W. (1982) «Objectivity and Commitment in Linguistic Science: The Case of the Black English Trial in Ann Arbor», en *Language in Society*, vol. 11, 1982, pp. 165-201.

LAKOFF, R. (1973) «Language and Woman's Place», en *Language in Society*, vol. 2, 1973, pp. 45-80.

LAVANDERA, B. (1978) «Where does the Sociolinguistic Variable Stop?», en *Language in Society*, vol. 7, 1978, pp. 171-82.

LAVANDERA, B. (1988) «The Study of Language in its Socio-cultural Context», en F. NEWMEYER (ed) (1988), vol. IV, pp. 1-13.

LAVANDERA, B. (1984) *Variación y Significado*. Buenos Aires: Hachette.

LAVER, J. & TRUDGILL, P.J. (1979) «Phonetic and Linguistic Markers in Speech», en K. SCHERER & H. GILES (eds) (1979), pp. 1-32.

LEACH, E. (1964) «Anthropological Aspects of Language: Animal Categories and Verbal Abuse», en E. LENNEBERG (ed) (1964).

LEITER, K. (1980) *A Primer on Ethnomethodology*. Londres: O.U.P.

LEHMANN, W.P. & MALKIEL, Y. (eds) (1968) *Directions for Historical Linguistics*. Austin: University of Texas Press.

LENNEBERG, E.H. (ed) (1964) *New Directions in the Study of Language*. Cambridge, MA.: MIT Press.

LE PAGE, R.B. (1964) *The National Language Question: Linguistic Problems of Newly Independent States*. Londres: O.U.P.

LE PAGE, R.B. (1975) «Polarizing Factors: Political, Social, Economic Operating on the Individual's Choice of Identity through Language Use in British Honduras», en SAVARD & VIGNEAULT (eds) (1975), pp. 537-51.

LE PAGE, R.B. (1978) «Projection, Focussing, Diffusion», en *Society for Caribbean Linguistics Occasional Papers 9*.

LE PAGE, R.B. & TABOURET-KELLER, A. (1985) *Acts of Identity*. Londres: C.U.P.

LEVI, J. (1982) *Linguistics, Language and Law: A Topical Bibliography*. Bloomington: Indiana University Linguistics Club.

LEVINE, L. & CROCKETT, H.J. (1966) «Speech Variation in a Piedmont Community: Postvocalic r», en LIEBERSON (ed) (1966).

LIEBERSON, S. (ed) (1966) *Explorations in Sociolinguistics*. La Haya: Mouton.

LOPEZ MORALES, H. (1978) *Unidades de Sociolingüística*. Madrid: UNEM.

LOPEZ MORALES, H. (1989) *Sociolingüística*, Madrid: Gredos.

LYONS, J. (1981) *Language and Linguistics: An Introduction*. Cambridge: C.U.P.

MACAULAY, R.K.S. (1976). Reseña de TRUDGILL, P.J. (1974) *The Social Differenciation of English in Norwich*. Cambridge: C.U.P. En *Language*, Vol. 52:1, 1976.

MACAULAY, R.K.S. (1986). Reseña de TRUDGILL, P.J. (ed) (1984) *Language in the British Isles*. Cambridge: C.U.P. En *Language*, Vol. 62:4, 1986.

MAGENS, J.M. (1770) *Grammatica over det Creolske sprog, som bruges paa de trende Danske Eilande, St. Croix, St. Thomas, og St. Jans i Amerika*. Copenhague: Gerhard Giese Salikath.

MARCELLESI, J.B. & ELIMAM, A. (1987) «Language and Society from a Marxist Point of View», en AMMON, DITTMAR & MATTHEIER (eds) (1987), pp. 443-452.

MARTIN, F.M. (1954) «Some Subjective Aspects of Social Stratification», en GLASS (ed) (1954).

MASECK, C., HENDRICK, R. & MILLER, M. (eds) (1981) *Papers from the Parasession on Language and Behavior. Chicago Linguistic Society*. Chicago: University of Chicago.

MATIAS, M. (1984) *Bilinguismo e Níveis Sociolinguísticos numa Região Luso-Espanhola*. Coimbra: Universidade de Coimbra.

MAYER, K.B. (1955) *Class and Society*. Nueva York: Random House.

McCLURE, J.D. (ed) (1975) *The Scots Language in Education: Association for Scottish Literary Studies. Occasional Papers No 3*. Aberdeen: Association for Scottish Literary Studies.

McCONNELL-GINET, S., BORKER, R. & FURMAN, N. (eds) (1980) *Women and Language in Literature and Society*. Nueva York: Praeger.

McCORMACK, W. & WURM, S. (eds) (1974) *Language in Anthropology IV: Language in Many Ways*. La Haya: Mouton.

MILROY, J. (1992) *Linguistic Variation & Change* (Language in Society Series, 19). Oxford: Basil Blackwell.

MILROY, L. (1980) *Language and Social Networks* (Language in Society Series). Oxford: Basil Blackwell (2ª edición 1989).

MILROY, L. (1987) *Observing & Analysing Natural Language* (Language in Society Series). Oxford: Basil Blackwell.

MILROY, J. & MILROY, L. (1985) *Authority in Language: Investigating Language Prescription and Standardisation.* Londres: Routledge & Kegan Paul.

MORENO FERNÁNDEZ, F. (1988) *Sociolingüística en EE.UU. (1975-1985): Guía Bibliográfica Crítica.* Málaga: Agora.

MORENO FERNÁNDEZ, F. (1990) *Metodología Sociolingüística*, Madrid: Gredos.

MÜHLHÄUSLER, P. (1986) *Pidgins and Creole Linguistics* (Language in Society Series). Oxford: Basil Blackwell.

MÜHLHÄUSLER, P. (1987) «The Study of Pidgin and Creole Languages», en AMMON, DITTMAR & MATTHEIER (eds) (1987), pp. 646-652.

MÜHLHÄUSLER, P. & HARRÉ, R. (1990) *Pronouns & People* (Language in Society Series). Oxford: Blackwell.

MUNBY, J. (1978) *Communicative Syllabus Design.* Londres: C.U.P.

NEHLS, D. (1984). Reseña de TRUDGILL, P.J. & HANNAH, J. (1982) *International English: A Guide to Varieties of Standard English.* Londres: Arnold; y BAILEY, W. & GÖRLACH, M. (eds) (1982) *English as a World Language.* Ann Arbor: The University of Michigan Press. En *IRAL*, Vol. XXII/4, 1984.

NEMSER, W. (1971) «Approximative Systems of Foreign Language Learners», en *International Reseña de Applied Linguistics* (*IRAL*), vol. IX, 1971, pp. 115-123.

NEWMEYER, F.J. (ed) (1988) *Linguistics: The Cambridge Survey* (4 vols.). Cambridge: CUP.

OFTEDAL, M. (1985). Reseña de TRUDGILL, P.J. (ed) (1984) *Language in the British Isles.* Cambridge: C.U.P. En Norsk Lingvistisk Tidsskrift, 2/1985.

OLSSON, G. (1965) *Distance and Human Interaction.* Filadelfia: Regional Science Research Institute.

ORTON, H. & DIETH, E. (1962-71) *Survey of English Dialects.* Introducción y 4 vols. en 12 partes. Leeds: E.J. Arnold & Son Limited, para la Universidad de Leeds.

PARSONS, E.C. (1933-43) *Folklore of the Antilles, French and English* (3 vols.). New York: American Folklore Society.

PETYT, K.M. (1980) *The Study of Dialect: An Introduction to Dialectology*. London: André Deustch.

PHILIPS, S.U. (1976). Reseña de TRUDGILL, P.J. (1974/1983) *Sociolinguistics: An Introduction to Language and Society*. Londres: Penguin (Edición Revisada). En *Language in Society*, Vol. 5, 1976.

PHILIPS, S.U. (1984) «Contextual Variation in Courtroom Language Use: Noun Phrases Referring to Crimes», en *The International Journal of the Sociology of Language*, vol. 49, 1984, pp. 29-50.

PHILIPSEN, G. & CARBAUGH, D. (1986) «A Bibliography of Fieldwork in the Ethnography of Communication», en *Language and Society*, Vol. 15, 1986, pp. 387-398.

PLATT, J.T. (1977). Reseña de TRUDGILL, P.J. (1975) *Accent, Dialect and the School*. Londres: Arnold. En Lingua, Vol. 42, 1977.

POLOMÉ, E. (ed) (1990) *Research Guide on Language Change*. Berlín: De Gruyter.

PREISLER, B. (1986) *Linguistic Sex Roles in Conversation: Social Variation in the Expression of Tentativeness in English*. Berlín: Mouton de Gruyter.

PRESTON, D.R. (1989) *Sociolinguistics and Second Language Acquisition* (Language in Society Series). Oxford: Basil Blackwell.

PRIDE, J.B. & HOLMES, J. (eds) (1972) *Sociolinguistics: Selected Readings*. Harmondsworth: Penguin Books.

PSATHAS, G. (ed) (1979) *Everyday Language: Studies in Ethnomethodology*. Nueva York: Irvington Publishers.

RAUCH, I. & CARR, G.F. (eds) (1983) *Language Change*. Bloomington, IN: Indiana University Press.

RICKFORD, J.R. (1990) Reseña de P.J. TRUDGILL (1986) *Dialects in Contact*. Oxford: Basil Blackwell. En *Language in Society*, vol. 19, 1990, pp. 268-274.

ROGER, D. & BULL, P. (eds) (1989) *Conversation*. Londres: Multilingual Matters.

ROMAINE, S. (1978) «Postvocalic /r/ in Scottish English: Sound Change in Progress?», en TRUDGILL (ed) (1978 b), pp. 144-157.

ROMAINE, S. (1982) *Socio-historical Linguistics*. Cambridge: CUP.

ROMAINE, S. (1984) *The Language of Children and Adolescents. The Acquisition of Communicative Competence* (Language in Society Series). Oxford: Basil Blackwell.

ROMAINE, S. (1988) *Pidgin & Creole Languages*. Nueva York: Longman.

ROMAINE, S. (1989) *Bilingualism* (Language in Society Series). Oxford: Basil Blackwell.

ROTAETXE AMUSATEGI, K. (1988) *Sociolingüística*. Madrid: Síntesis.

RYAN, E.B. & GILES, H. (eds) (1982) *Attitudes Towards Language Variation Social and Applied Contexts*. Londres: Edward Arnold.

RYAN, E.B., GILES, H. & HEWSTONE, M. (1988) «The Measurement of Language Attitudes», en AMMON, DITTMAR & MATTHEIER (eds) (1987), pp. 1068-1081.

RYEN, E. (ed) (1976) *Språk og Kjønn*, Oslo: Novus.

SACHS, J., LIEBERMAN, P. & ERICKSON, D. (1973) «Anatomical and Cultural Determinants of Male and Female Speech», en SHUY & FASOLD (eds) (1973), pp. 74-84.

SACKS, H., SCHEGLOFF, E., & JEFFERSON, G. (1974) «A Simplest Systematic for the Organization of Turn-taking for Conversations», en *Language*, vol. 50:4, 1974, pp. 696-735.

SAMARIN, W.J. (1987) «Lingua Franca», en AMMON, DITTMAR & MATTHEIER (eds) (1987), pp. 371-374.

SANKOFF, D. (ed) (1978) *Linguistic Variation: Models and Methods*. Nueva York: Academic Press.

SANKOFF, G. (1969) «Mutual Intelligibility, Bilingualism and Linguistic Boundaries», en *International Days of Sociolinguistics*. Roma: Baldassini, pp. 839-848.

SANKOFF, G & CEDERGREN, H. (1971) «Les Contraintes Linguistiques et Sociales de l'elision du l chez les Montréalais», en BOUDREAULT & MOEHREN (eds) *Actes du XIIIe Congrès Internationale de Linguistique et de Phonologie Romanes*. Laval University Press

SAPIR, E. (1929) «The Status of Linguistics as a Science». En *Language*, vol 5, pp. 207-214.

SAVARD, J.G. & VIGNEAULT, R. (eds) (1975) *Les États Multilingues*. Quebec: Laval University Press.
SAVILLE-TROIKE, M. (1982) *The Ethnography of Communication: An Introduction* (Language in Society Series). Oxford: Basil Blackwell (2ª Edición 1989).
SCHEGLOFF, E. (1968) «Sequencing in Conversational Openings», en *American Anthropologist*, vol. 70.
SCHEGLOFF, E. & SACKS, H. (1973) «Opening up Closings», en *Semiotica*, vol. 8, 1973, pp. 289-327.
SCHERER, K. & GILES, H. (eds) (1979) *Social Markers in Speech*. Cambridge: C.U.P.
SCHIFFRIN, D. (1987) *Discourse Markers*. Cambridge: C.U.P.
SHUCHARDT, H. (1889) «Beiträge zur Kenntnis des kreolischen Romanisch V. Allgemeineres über das Indoportugiesische (Asioportugiesische)», en *Zeitschrift für Romanische Philologie*, vol. 13, pp. 463-475.
SELINKER, L. (1972) «Interlanguage», en *IRAL*, vol. X, 1972, pp. 209-230.
SHUY, R., WOLFRAM, W. & RILEY, W.K. (1967) *Linguistic Correlates of Social Stratification in Detroit Speech*. Cooperative Research Project 6-1347. East Lansing: US Office of Education.
SHUY, R. & FASOLD, R. (eds) (1973) *Language Attitudes: Current Trends and Prospects*. Washington, DC: Georgetown University Press.
SHUY, R.W. (1984) «The Decade ahead for Applied Sociolinguistics», en *The International Journal of the Sociology of Language*, vol. 45, 1984, pp. 101-111.
SILVA CORVALAN, C. (1988) *Sociolingüística: Teoría y Análisis*. Madrid: Alhambra.
SMITH, P.M. (1979) «Sex Markers in Speech», en SCHERER & GILES (eds) (1979), pp. 109-146.
SMITH, P.M. (1985) *Language, the Sexes and Society* (Language in Society Series). Oxford: Blackwell.
SPENDER, D. (1980) *Man Made Language*. Londres: Routledge & Kegan Paul.
SPERBER, D. & WILSON, D. (1986) *Relevance: Communication and Cognition*. Oxford: Blackwell.

SPOLSKY, B. (1986). Reseña de TRUDGILL, P.J. (ed) (1984) *Applied Sociolinguistics*. Londres: Academic Press. En *Language*, Vol. 62:2, 1986.

STERN, H.H. (1983) *Fundamental Concepts of Language Teaching*. Oxford: O.U.P.

STRANG, B.M.H. (1968) «The Tyneside Linguistic Survey», en *Verhandlung des zweiten internationalen Dialektologen-kongresses (Zeitschrift für Mundartforschung, Beiheft*, Neue Folge, 4.2), pp. 788-94).

STREECK, J. (1987) «Ethnomethodologie», en AMMON, DITTMAR & MATTHEIER (eds) (1987), pp. 672-679.

STUBBS, M. (1980) *Language and Literacy*: *The Sociolinguistics of Reading and Writing*. Londres: Routledge.

STUBBS, M. & HILLIER, H. (eds) (1983) *Readings on Language, Schools and Classrooms*, Londres: Methuen.

STUBBS, M. (1983) *Discourse Analysis: The Sociolinguistic Analysis of Natural Language* (Language in Society Series). Oxford: Basil Blackwell.

TANNEN, D. (1982) «Ethnic Style in Male-Female Conversation», en GUMPERZ (ed) (1982), pp. 217-31.

TANNEN, D. (1989) *Talking Voices: Repetition, Dialogue and Imagery in Conversational Discourse*. Cambridge: CUP.

THOMAS, A.R. (ed) (1988) *Methods in Dialectology* VI. Clevedon: Multilingual Matters.

THORNE, B. & HENLEY, N. (eds) (1975) *Language and Sex: Difference and Dominance*, Massachusetts: Newbury House.

TODD, L. (1984) *Modern Englishes: Pidgins and Creoles*. Oxford: Blackwell.

TODD, L. & HANCOCK, I. (1986) *International English Usage*. Londres: Routledge.

TRUDGILL, P.J. (1972a) «Sex, Covert Prestige and Linguistic Change in the Urban British English of Norwich», en *Language in Society*, Vol. 1, 1972, pp. 179-195. También reimpreso en THORNE & HENLEY (eds) (1975), pp. 88-104; en AEBISCHER & FOREL (eds) (1983); y en BAUGH & SHERZER (eds) (1984); una versión revisada en TRUDGILL (1983 b), pp. 169-186.

TRUDGILL, P.J. (1972 b). Reseña de BURLING, R. (1970) *Man's Many Voices: Language in its Cultural Context*. Nueva York: Holt, Rinehart and Winston. En *Journal of Linguistics*, Vol. 8, 1972, pp. 306-311.

TRUDGILL, P.J. (1973 a) «Phonological Rules and Sociolinguistic Variation in Norwich English», en C.J. BAILEY & R.W. SHUY (eds) (1973), pp. 149-163.

TRUDGILL, P.J. (1973 b). Reseña de HYMES, D. (ed) (1971) *Pidginization and Creolization of Languages*. Londres: C.U.P. En *Journal of Linguistics*, Vol. 9, 1973, pp. 193-195.

TRUDGILL, P.J. (1974 a) *The Social Differentiation of English in Norwich*. Cambridge: C.U.P.

TRUDGILL, P.J. (1974 b) «Linguistic Change and Difussion: Description and Explanation in Sociolinguistic Dialect Geography», en *Language in Society*, vol. 3, 1974, pp. 215-246. Una versión revisada en TRUDGILL (1983 b), pp. 52-87.

TRUDGILL, P.J., GILES, H., BOURHIS, R., & LEWIS, A. (1974) «The Imposed Norm Hypothesis: A Validation», en *Quarterly Journal of Speech*, Vol. 60, 1974, pp. 405-410.

TRUDGILL, P.J. (1975 a) *Accent, Dialect and the School*. Londres: Edward Arnold.

TRUDGILL, P.J. (1975 b) «Linguistic Geography and Geographical Linguistics», en C. BOARD, R. CHORLEY, P. HAGGET & D. STODDART (eds) (1975), pp. 227-252.

TRUDGILL, P.J. (1975 c) «Sociolinguistics and Scots Dialects», en J.D. McCLURE (ed) (1975), pp. 28-34.

TRUDGILL, P.J. (1975 d). Reseña de BERNSTEIN, B. (1973) *Class, Codes and Control*, St. Albans: Paladin. En *Journal of Linguistics*, Vol. 11, 1975, pp. 147-151.

TRUDGILL, P.J. & TZAVARAS, G.A. (1975) *A Sociolinguistic Study of Albanian Dialects Spoken in the Attica and Biotia Areas of Greece*, Social Science Research Council Report (SSRC).

TRUDGILL, P.J. (1976) «Språk og kjønn i det engelske språket», en E. RYEN (ed.),pp. 155-169: También en TRUDGILL (1983 b), pp. 161-8.

TRUDGILL, P.J. (1977) «Language Disadvantage: Further Discussion», en *Northern Ireland Speech and Language Forum Journal*, Vol. 3, 1977, pp. 37-43.

TRUDGILL, P.J. & TZAVARAS, G.A. (1977) «Why Albanian-Greeks are not Albanians: Language Shift in Attica and Biotia», en H. GILES (ed) (1977), pp. 171-184. También en TRUDGILL (1983b), pp. 127-140.

TRUDGILL, P.J. (1978 a) «Creolisation in Reverse: Reduction and Simplification in the Albanian Dialects of Greece», en *Transactions of the Philological Society 1976-7*, 1978, pp. 32-50. También en TRUDGILL (1983 b), pp. 108-126.

TRUDGILL, P.J. (ed) (1978 b) *Sociolinguistic Patterns in British English*. Londres: Edward Arnold.

TRUDGILL, P.J. (1978 c) «Introduction: Sociolinguistics and Sociolinguistics», en P.J. TRUDGILL (ed) (1978 b), pp. 1-18.

TRUDGILL, P.J. (1978 d) «Where does Sociolinguistics Stops?», en W. DRESSLER & W. MEID (eds) (1978 b), pp. 53-56. Una versión revisada y ampliada en TRUDGILL (1983 b), pp. 1-7.

TRUDGILL, P.J. & FOXCROFT, T. (1978) «On the Sociolinguistics of Vocalic Mergers: Transfer and Approximation in East Anglia», en P.J. TRUDGILL (ed) (1978 b), pp. 69-79. También en TRUDGILL (1983 b), pp. 88-101.

TRUDGILL, P.J. & GILES, H. (1978) «Sociolinguistics and Linguistic Value Judgements: Correctness, Adequacy and Aesthetics», en F. COPPIETERS & D. GOYVAERTS (eds) (1978), pp. 167-180. También en TRUDGILL (1983 b), pp. 201-26.

TRUDGILL, P.J. (1979) «Standard and Non-Standard Dialects of English in the United Kingdom: Problems and Policies», en *International Journal of the Sociology of Language*, Vol. 21, 1979, pp. 9-24. También publicado en STUBBS & HILLIER (eds) (1983). También en TRUDGILL (1983 b), pp. 186-200.

TRUDGILL, P.J., LABOV, W. & FASOLD, R. (1979) «Editor's Preface: Language in Society Series», en GILES & ST CLAIR (eds) (1979).

TRUDGILL, P.J. & JAHR, E.H. (1979) «Tal Dialekt, Skriv Dialekt!» («Speak Dialect, Write Dialect», discusión entre P.J. TRUDGILL y E.H. JAHR), en L. VIKOR & G. WIGGEN (eds) (1979), pp. 189-199.

TRUDGILL, P.J. (1980) «Acts of Conflicting Identity: A Sociolinguistic Look at British Pop Songs», en M.W.S. DE SILVA (ed) (1980); también en TRUDGILL (1983 b) pp. 141-160.

TRUDGILL, P.J. (1981 a) «Linguistic Accommodation: Sociolinguistic Observations on a Socio-psychological Theory», en C. MASEK, R. HENDRICK & M. MILLER (eds) (1981), pp. 218-237. También en FRETHEIM & HELLAN (eds) (1982), pp. 284-297.

TRUDGILL, P.J. (1981 b). Reseña de ORTON, SANDERSON & WIDDOWSON (eds) (1979) *The Linguistic Atlas of England.* Atlantic Highlands, N.J.: Humanities Press. En *Journal of English and Germanic Philology*, Vol. 79, 1981, pp. 425-428.

TRUDGILL, P.J. & HANNAH, J. (1982) *International English: A Guide to Varieties of Standard English.* Londres: Arnold.

TRUDGILL, P.J. (1982 a) «On the Limits of Passive 'Competence': Sociolinguistics and the Polylectal Grammar Controversy», en D. CRYSTAL (ed) (1982), pp. 172-191; una versión modificada en TRUDGILL (1983 b), pp. 8-30.

TRUDGILL, P.J. (1982 b) «The Contributions of Sociolinguistics to Dialectology», en *Language Sciences*, Vol. 4:2, 1982, pp. 237-250; una versión modificada en TRUDGILL (1983b), pp. 31-51.

TRUDGILL, P.J. (1982 c) «Series Editor's Foreword», en SAVILLE-TROIKE (1982).

TRUDGILL, P.J. (1983 a) *Sociolinguistics: An Introduction to Language and Society.* Londres: Penguin (Edición Revisada; 1ª Edición 1974).

TRUDGILL, P.J. (1983 b) *On Dialect: Social and Geographical Perspectives*. Oxford: Blackwell.

TRUDGILL, P.J. (1983 c) «Editor's Preface», en STUBBS (1983).

TRUDGILL, P.J. (Ed) (1984 a) *Applied Sociolinguistics*. Londres: Academic Press.

TRUDGILL, P.J. (Ed) (1984 b) *Language in the British Isles*. Cambridge: C.U.P.

TRUDGILL, P.J. (1984 c) «Editor's Preface», en FASOLD (1984).

TRUDGILL, P.J. (1984 d) «Editor's Preface», en ROMAINE (1984).

TRUDGILL, P.J. (1985 a) *Coping with America: A Beginner's Guide to the USA*. Oxford: Blackwell (2ª Edición).

TRUDGILL, P.J. (1985b) «Scandinavian Sociolinguistics: An Outsider's View», en *Norsk Lingvistisk Tidsskrift 1985/1*, 1985, pp. 34-43.

TRUDGILL, P.J. (1985 c). Reseña de JAHR, E.H. (1984) *Talemålet i Skolen*. Oslo: Novus Forlag. En *Scandinavica*, Vol. 24:2, 1985, pp. 248-249.

TRUDGILL, P.J. (1985 d) «Editor's Preface», en SMITH (1985).

TRUDGILL, P.J. (1985 f) «Editor's Preface», en VERSTERGAARD & SCHRODER (1985).

TRUDGILL, P.J. & WALTON, S. (1985) «To Engelskmenn om Norsk Språkpolitikk», en *Syn og Segn*, Vol. 4, 1985, 355-360.

TRUDGILL, P.J. (1986 a) *Dialects in Contact* (Language in Society Series). Oxford: Blackwell.

TRUDGILL, P.J. (1986b) «The Role of Irish English in the Formation of Colonial Englishes», en J. HARRIS, D. LITTLE & D. SINGLETON (eds) (1986), pp. 3-7.

TRUDGILL, P.J. (1986 c) «New-Dialect Formation and the Analysis of Colonial Dialects: The Case of Canadian Raising», en H. WARKENTYNE (ed) (1986), pp. 35-46.

TRUDGILL, P.J. (1986 d) «The Pronunciation of /l/ in Sphakia, Crete», en *University of Reading Working Papers in Phonetics*, 1986, pp. 97-101.

TRUDGILL, P.J. (1986 e) «Editor's Preface», en MÜHLHÄUSLER (1986).

TRUDGILL, P.J. (1987 a). Reseña de VENÅS, K. (1984) *Mål of Miljø: Innføring i sosiolingvistikk eller Språksosiologi*. Oslo: Novus. En *Norsk Lingvistisk Tidsskrift*, 1/1987, pp. 112-114.

TRUDGILL, P.J. (1987 b). Reseña de KIRK, SANDERSON & WIDDOWSON (eds) (1985) *Studies in Linguistic Geography: The Dialects of English in Britain and Ireland*. Beckenham: Croom Helm. En *Journal of Linguistics*, Vol. 23:2, 1987, pp. 491-492.

TRUDGILL, P.J. (1987 c) «Dialectology: Present Directions», en I. MARI (ed) (1987) *Proceedings of the II International Congress on the Catalan Language*.

TRUDGILL, P.J. (1987 d) «Editor's Preface», en L. MILROY (1987).

TRUDGILL, P.J. (1987 e) «Editor's Preface to the Second Edition», en L. MILROY (1980).

TRUDGILL, P.J. (1988 a) «On the Role of Dialect Contact and Interdialect in Linguistic Change», en J. FISIAK (ed) (1988), pp. 547-563.

TRUDGILL, P.J. (1988 b) «Norwich Revisited: Recent Linguistic Changes in an English Urban Dialect», en *English World-wide*, Vol. 9, 1988, pp. 33-49.

TRUDGILL, P.J. & CHESHIRE, J. (1989) «Dialect and Education in the United Kingdom», en J. CHESHIRE, V. EDWARDS, H. MÜNSTERMANN & B. WELTENS (eds) (1989), pp. 94-109.

TRUDGILL, P.J. (1989 a) «Interlanguage, Interdialect and Typological Change», en S. GASS, C. MADDEN, D. PRESTON & L. SELINKER (eds) (1989), pp. 244-253.

TRUDGILL, P.J. (1989 b) «Language Contact and Simplification», en *Nordlyd*, Vol. 15, 1989, pp. 113-121.

TRUDGILL, P.J. (1989 c) «Contact and Isolation in Linguistic Change», en L.E. BREIVIK & E.H. JAHR (eds) (1989), pp. 227-237.

TRUDGILL, P.J. (1989 d) «The Sociophonetics of /l/ in the Greek of Sphakiá», en *Journal of the International Phonetics Association*, Vol. 15:2, 1989, pp. 18-22.

TRUDGILL, P.J. (1989 e). Reseña de BIRKELAND, B. & KVALSVIK, B.N. (1986) *Folkemål og Danning: Nynorse Lærebøker 1867-1915*. Oslo: Det Norske Samlaget; y GERDENER, W. (1986) *Der Purismus im Nynorsk: Historische Entwicklung und Heutiger Sprachgebrauch*. Münster: Kleinheinrich. En *Scandinavica*, Vol. 28:1, 1989, pp. 110-112.

TRUDGILL, P.J. (1989 f) «Editor's Preface», en PRESTON (1989).

TRUDGILL, P.J. (1989 g) «Editor's Preface», en ROMAINE (1989).

TRUDGILL, P.J. (1990 a) *The Dialects of England*. Oxford: Blackwell.

TRUDGILL, P.J. (1990 b) «Dialect Geography», en E. POLOMÉ (ed) (1990), pp. 257-271.

TRUDGILL, P.J. (1990 c). Reseña de AMMON, DITTMAR & MATTHEIER (eds) (1987/88) *Soziolinguistik* (2 vols.). Berlín: de Gruyter. En *Sociolinguistica* 4, 1990, pp. 191-195.

TRUDGILL, P.J. (1990 d). Reseña de JOHNSEN, E.B. (ed) (1987) *Vårt Eget Språk* (3 vols.). Oslo: Aschehoug. En *Scandinavica*, 29:2, 1990, pp. 279-291.

TRUDGILL, P.J. (1990 e). Reseña de LEHISTE, I. (1988) *Lectures on Language Contact*. Cambridge: MIT Press; y THOMASON, S.G. & KAUFMAN, T. (1988) *Language Contact, Creolization and Genetic Linguistics*. Berkeley: University of California Press. En *Journal of Linguistics*, Vol. 26:2, 1990, pp. 513-517.

TRUDGILL, P.J. (1990 f) «Dialect Contact and Dialect Mixture: The Svalbard Perspective», en *NAVE Report*, 1990, pp. 103-8.

TRUDGILL, P.J. (1990 g) «Dialect Contact and the Transmission of Linguistic Forms», en W. WANG (ed) (1990).

TRUDGILL, P.J. (1990 h) «Editor's Preface», en MÜHLHÄUSLER & HARRÉ (1990).

TRUDGILL, P.J. (1990 i) «Editor's Preface», en FASOLD (1990).

TRUDGILL, P.J. (1990 j) «Editor's Preface», en WILSON (1990).

TRUDGILL, P.J. (1991 a) «Editor's Preface», en BELL (1991).

TRUDGILL, P.J. (1991 b) «Editor's Preface», en N. COUPLAND, J. COUPPLAND & H. GILES (1991).

TRUDGILL, P.J. (en preparación) «Dialect Typology and Social Structure», en E.H. JAHR (ed).

TRUDGILL, P.J. & CHAMBERS, J.K. (Eds.) (1991) *Dialects of English: Studies in Grammatical Variation*. Nueva York: Longman.

TRUDGILL, P.J. (1992 a) *Introducing Language and Society*. Harmondsworth, Inglaterra: Penguin Books.

TRUDGILL, P.J. (1992 b) «Editor's Preface», en J. MILROY (1992).

TRUDGILL, P.J. (1992 c) «Dialect Contact, Dialectology and Sociolinguistics», en K. BOLTON & H. KWOK (eds) (1992).

TRUDGILL, P.J. (n.d.) *A Sociolinguistic Study of Linguistic Change in Urban East Anglia*, Report to the Social Science Research Council (SSRC).

TURNER, R. (1974) *Ethnomethodology*. Harmondsworth, Inglaterra: Penguin Books.

URIBE VILLEGAS, O. (1970) *Sociolingüística: una Introducción a su Estudio*. México: UNAM.

VAN EK, J.A. (1975) *The Threshhold Level*. Estraburgo: Consejo de Europa.

VESTERGAARD, T. & SCHRØDER, K. (1985) *The Language of Advertising* (Language in Society Series). Oxford: Basil Blackwell.

VIKOR, L. & WIGGEN, G. (eds) (1979) *Språklig Samling på Folkemåls Grunn*. Oslo: Novus.

WALTERS, K. (1988) «Dialectology», en F.J. NEWMEYER (ed) (1988), pp. 119-139.

WANG, W. (ed) (1990) *Language Transmission and Change*, Oxford: Blackwell.

WARKENTYNE (ed) (1986) *Methods in Dialectology V*, Victoria, Canadá: University of Victoria.

WARDHAUGH, R. (1985) *How Conversation Works*. Oxford: Basil Blackwell.

WARDHAUGH, R. (1986) *An Introduction to Sociolinguistics*. Oxford: Basil Blackwell.

WARDHAUGH, R. (1987) *Languages in Competition*. Oxford: Blackwell.

WEINREICH, U. (1953) *Languages in Contact*. La Haya: Mouton.

WEINREICH, U. (1954) «Is a Structural Dialectology Possible?», en *WORD*, vol. 10, 1954, pp. 388-400.

WEINREICH, U., LABOV, W. & HERZOG, M (1968) «Empirical Foundations for a Theory of Language Change», en W.P. LEHMANN & Y. MALKIEL (eds) (1968).

WELLS, J.C. (1982) *Accents of English* (3 vols.). Cambridge: C.U.P.

WEST, C. & ZIMMERMAN, D. (1977) «Women's Place in Everyday Talk: Reflections on Parent-Child Interaction», en *Social Problems*, vol. 24(5), 1977, pp. 521-9.

WIDDOWSON, H.G. (1978) *Teaching Language as Communication*. Londres: O.U.P.

WILDE, W.C. (1889) «Some Words of the Thief Talk», en *Journal of American Folklore* II, 7, 1889, pp. 301-6.

WILKINS, D.A. (1976) *Notional Syllabuses*. Londres: O.U.P.

WILLIAMS, G. (1992) *Sociolinguistics: A Sociological Critique*. Londres: Routledge.

WILSON, J. (1990) *Politically Speaking* (Language in Society Series). Oxford: Basil Blackwell.

WOLFRAM, W.A. (1969) *A Sociolinguistic Description of Detroit Negro Speech*. Washington, D.C.: Center for Applied Linguistics.

WOLFRAM, W. (1971) «Black-White Speech Differences Revisited», en WOLFRAM & CLARKE (eds) (1971).

WOLFRAM, W. (1974) *Sociolinguistic Aspects of Assimilation: Puerto Rican English in New York City*. Arlington, VA: Center for Applied Linguistics.

WOLFRAM, W. & CLARKE, N. (eds) (1971) *Black-White Speech Relationships*. Washington, DC: Center for Applied Linguistics.

WOLFRAM, W. & WOLFRAM, T. (1977) «How Come You asked How Come?», en FASOLD & SHUY (eds) (1977), pp. 237-54.

WOLFSON, N. (1987) *Perspectives on Sociolinguistics*. Harper & Row.

YAEGER-DROR, M. (1986). Reseña de TRUDGILL, P.J. (1983) *On Dialect: Social and Geographical Perspectives*. Oxford: Blackwell. En *Language*, Vol. 62:4, 1986.

ZIMMERMAN, D.H. & WEST, C. (1975) «Sex Roles, Interruptions and Silences in Conversation», en THORNE & HENLEY (eds) (1975), pp. 105-129.